建設業経理士検定試験
学習テキスト
2級

一般財団法人
建設産業経理研究機構

はじめに

　建設業者が健全な発展を図るうえで、適正な経理と計数を行うことは必要不可欠でありますが、建設業は受注請負産業であるため会計処理に特殊な論点が多いことから、財務・経理の担当者には実務上、高い専門性が求められます。

　また、建設業界には「経営事項審査（経審）」という、公共工事を発注者から直接請け負おうとする建設業者が必ず受けなければならない審査がありますが、「建設業経理検定試験」の1級、2級合格者を雇用している建設業者は、この「経営事項審査（経審）」で評点がアップされるというメリットがあります。

　「建設業経理検定試験」は、建設業会計に関する知識の普及および処理能力の向上のため、一般財団法人建設業振興基金において、建設業法施行規則に規定する登録経理試験として実施されています。

　本書は、「建設業経理検定試験」の2級レベルの学習用教材として最適です。本書を十分ご活用していただけましたら学習効果が上がります。

　また、当財団より出版の「建設業会計概説」および「建設業経理士検定試験 問題集［解答＆解説］」と併せてご活用いただけましたら幸いです。

2018年7月

　　　　　　　　　　　　　　　　　　　　　　　　一般財団法人　建設産業経理研究機構

本書の構成と利用方法

(1) 構成

① 本編
　理解すべき内容の要点を、ポイントをしぼって記載し、また、「建設業会計概説」から図表を引用して理解しやすいようにまとめてあります。

② 例題
　小項目ごとに、学習した内容を確認するために例題を用意しています。例題ごとに解答解説を記載して問題の解き方を説明していますので、都度復習ができ、理解しやすい構成となっています。

③ 演習
　項目ごとに、学習した内容を確認するための演習問題を解きます。演習問題は、試験に出題された過去問を参考にしているので試験対策にも有効です。

(2) 利用方法

① 本編にて各項目の内容を理解する。

② 例題により、問題の解き方を理解する。

③ 演習問題を解くことにより、学習の成果を確認する。

④ わからない箇所、理解できない箇所は、理解できるまで学習する。

⑤ 何度も繰り返し学習する。

試験制度の概要

（1）試験の内容
　　建設業の簿記、原価計算及び会社会計

（2）試験の程度
　　実践的な建設業簿記、基礎的な建設業原価計算を修得し、決算等に関する実務を行えること。

（3）試験の日程
　　年2回、9月（上期）および3月（下期）に実施されます。

（4）試験制度についてのお問い合わせ先
　　一般財団法人　建設業振興基金
　　（URL：https://www.keiri-kentei.jp/）

目 次

① 3級の復習と建設業会計の基礎 … 9
❶ 2級に向けての3級の復習 … 9
1　2級の出題内容 … 9
2　複式簿記の手続 … 10
3　工事原価の仕訳法──2つの仕訳法 … 11
4　精算表作成問題の復習 … 12
❷ 2級で新たに学習する内容 … 14
1　仕訳問題及び計算問題 … 14
2　精算表作成問題 … 14
3　原価計算──工事間接費の取扱いが中心となる … 15
❸ 建設業の特性と建設業会計の基礎 … 16
1　建設業の特性 … 16
2　建設業の財務諸表 … 17
3　建設業簿記と原価計算制度 … 19
4　工事原価の基本的諸概念と分類 … 20
5　工事原価計算の種類と基本構造 … 23

② 工事原価の費目別計算 … 29
❶ 費目別原価計算の意義 … 29
❷ 材料費の分類と計算・記帳 … 30
❸ 労務費の分類と計算・記帳 … 41
❹ 外注費の分類と計算・記帳 … 46
❺ 経費の分類と計算・記帳 … 50
❻ 工事原価の費目別計算のまとめ … 54
1　工事原価明細表 … 54
2　直接材料費及び直接労務費の計算問題 … 60

③ 工事間接費（現場共通費）の配賦 … 63
❶ 工事間接費（現場共通費）の意義と集計 … 63
❷ 工事間接費の配賦原則と方法 … 66
❸ 予定配賦法と配賦差異 … 72
1　予定配賦法の意義 … 72
2　配賦差異の計算 … 75
3　工事間接費の予定配賦法による総合問題 … 80

④ 工事原価の部門別計算 … 87
❶ 部門別計算と原価部門の意義 … 87
❷ 部門共通費の配賦──部門費配分表の作成 … 89
❸ 補助部門費の配賦──部門費振替表の作成 … 91

- ❹ 部門別計算における配賦差異の計算 ……………………………………………… 102
- ❺ 部門別計算の予定配賦法による総合問題 ……………………………………… 103

⑤ 主要取引の会計処理（その1） …………………………………………………… 111
❶ 完成工事高 …………………………………………………………………………… 111
- 1 建設工事の収益の認識基準 ……………………………………………………… 111
- 2 工事契約会計における認識基準の選定 ………………………………………… 112
- 3 工事進行基準の会計処理 ………………………………………………………… 112
- 4 工事完成基準の会計処理 ………………………………………………………… 114

❷ 現金預金 ……………………………………………………………………………… 117
- 1 現金と現金過不足 ………………………………………………………………… 117
- 2 小口現金制度 ……………………………………………………………………… 118
- 3 当座預金と当座借越 ……………………………………………………………… 118
- 4 銀行勘定調整表 …………………………………………………………………… 119

❸ 有価証券 ……………………………………………………………………………… 122
- 1 有価証券の意義 …………………………………………………………………… 122
- 2 有価証券の取得と売却 …………………………………………………………… 123
- 3 有価証券利息 ……………………………………………………………………… 124
- 4 有価証券の差入 …………………………………………………………………… 126
- 5 有価証券の評価 …………………………………………………………………… 126

❹ 建設業特有の資産と負債 ……………………………………………………………… 129
- 1 未成工事受入金と完成工事未収入金 …………………………………………… 129
- 2 前渡金と工事未払金 ……………………………………………………………… 129
- 3 材料貯蔵品（資産） ……………………………………………………………… 130
- 4 未成工事支出金（資産） ………………………………………………………… 131

❺ 手形 …………………………………………………………………………………… 133
- 1 手形の分類 ………………………………………………………………………… 133
- 2 受取手形と支払手形 ……………………………………………………………… 133
- 3 手形権利の譲渡（手形の裏書譲渡と割引） …………………………………… 134
- 4 手形の更改と不渡 ………………………………………………………………… 139
- 5 営業外受取手形と営業外支払手形 ……………………………………………… 142
- 6 金融手形（手形貸付金と手形借入金） ………………………………………… 144

❻ その他の債権・債務 ………………………………………………………………… 144
- 1 貸付金・借入金 …………………………………………………………………… 144
- 2 未収入金・未払金 ………………………………………………………………… 144
- 3 立替金・預り金 …………………………………………………………………… 145
- 4 仮払金・仮受金 …………………………………………………………………… 145
- 5 金銭債権の評価 …………………………………………………………………… 146

❻ 主要取引の会計処理（その2） ……………………………………………… 149
❶ 固定資産 …………………………………………………………………… 149
　1　固定資産の意義 ………………………………………………………… 149
　2　有形固定資産の分類 …………………………………………………… 149
　3　有形固定資産の取得 …………………………………………………… 150
　4　資本的支出と収益的支出 ……………………………………………… 151
　5　建設仮勘定 ……………………………………………………………… 151
　6　減価償却計算方法 ……………………………………………………… 152
　7　有形固定資産の処分 …………………………………………………… 155
　8　総合償却法 ……………………………………………………………… 157
　9　無形固定資産 …………………………………………………………… 158
　10　投資その他の資産 ……………………………………………………… 160
❷ 繰延資産 …………………………………………………………………… 162
❸ 引当金 ……………………………………………………………………… 162
　1　引当金の意義 …………………………………………………………… 162
　2　貸倒引当金 ……………………………………………………………… 163
　3　完成工事補償引当金 …………………………………………………… 166
　4　退職給付引当金 ………………………………………………………… 168
　5　修繕引当金 ……………………………………………………………… 171
　6　工事損失引当金 ………………………………………………………… 172
❹ その他 ……………………………………………………………………… 173
　1　未決算勘定 ……………………………………………………………… 173
　2　完成工事高に関する値引・割戻・割引 ……………………………… 174
❺ 株式会社の会計 …………………………………………………………… 176
　1　株式会社の株主資本 …………………………………………………… 176
　2　株式会社の設立 ………………………………………………………… 178
　3　会社設立後における新株の発行 ……………………………………… 180
　4　資本金の減少 …………………………………………………………… 183
　5　資本剰余金 ……………………………………………………………… 184
　6　利益剰余金 ……………………………………………………………… 185
　7　利益の処分 ……………………………………………………………… 188
　8　損失の処理 ……………………………………………………………… 189
　9　法人税等の処理 ………………………………………………………… 190
　10　消費税の処理 …………………………………………………………… 192
❻ 社債 ………………………………………………………………………… 197
　1　社債の発行 ……………………………………………………………… 197
　2　社債発行費 ……………………………………………………………… 197
　3　社債利息 ………………………………………………………………… 198
　4　社債の償還 ……………………………………………………………… 198

⑦ 決算と財務諸表 ·· 201
   1 決算手続 ·· 201
   2 決算整理 ·· 201
   3 収益・費用の繰延と見越 ··· 202
   4 精算表の作成 ·· 208

⑧ 本支店会計 ·· 219
   1 本支店会計の意義 ·· 219
   2 本支店会計の固有の問題 ··· 219
   3 「本店」及び「支店」勘定の開設──支店独立会計制度の採用 ········ 220
   4 本支店間の取引 ··· 221
   5 未達取引の整理 ··· 227
   6 内部利益の控除 ··· 229
   7 支店相互間の取引──本店集中計算制度 ···································· 233

●演習問題 解答・解説

演習 1−1 ·· 237
演習 2−1 ·· 240
演習 2−2 ·· 242
演習 2−3 ·· 243
演習 2−4 ·· 244
演習 2−5 ·· 246
演習 2−6 ·· 247
演習 2−7 ·· 248
演習 3−1 ·· 250
演習 3−2 ·· 251
演習 3−3 ·· 251
演習 3−4 ·· 252
演習 3−5 ·· 253
演習 3−6 ·· 254
演習 3−7 ·· 255
演習 3−8 ·· 257
演習 3−9 ·· 259
演習 4−1 ·· 261
演習 4−2 ·· 263
演習 4−3 ·· 264
演習 4−4 ·· 265
演習 4−5 ·· 266
演習 4−6 ·· 268

演習 4 − 7	269
演習 4 − 8	271
演習 4 − 9	273
演習 4 − 10	276
演習 5 − 1	278
演習 5 − 2	281
演習 5 − 3	282
演習 5 − 4	284
演習 5 − 5	285
演習 5 − 6	286
演習 6 − 1	287
演習 6 − 2	289
演習 6 − 3	291
演習 6 − 4	292
演習 6 − 5	294
演習 7 − 1	295
演習 7 − 2	298
演習 7 − 3	301
演習 8 − 1	304
演習 8 − 2	305
演習 8 − 3	307

3級の復習と建設業会計の基礎

❶ 2級に向けての3級の復習

1 2級の出題内容

(1) 2級の過去の出題傾向
　第1問　仕訳問題
　第2問　計算問題
　第3問　原価計算の個別問題
　第4問　原価計算の総合問題
　第5問　精算表作成問題

(2) 2級と3級との関連
　① 出題の前提
　　3級まで……個人企業が対象
　　2級から……法人企業が対象
　　　　　　　➡ 株式会社固有の取引が出題範囲に加わる。
　② 仕訳問題・計算問題
　　3級レベルの勘定科目及び会計処理の理解は、2級を学習するうえでの基本となる。2級では、3級レベルの取引をより複雑にした内容及び株式会社固有の取引が出題される。
　③ 原価計算
　　3級では、材料費等の工事原価の発生額が、特定の工事に対して個別的に把握できる（直接費）取引として出題されていた。2級では、企業規模の拡大に伴って、特定の工事に対して個別的に把握できない原価（間接費）の会計処理が問題となる。
　　このような原価の取扱い、いわゆる「工事間接費（現場共通費）の配賦」が学習の中心となる。
　④ 精算表作成問題
　　3級レベルの決算整理事項は、2級でも出題範囲に含まれる。それに2級独自の決算整理事項が加わるものと理解していただきたい。
　　精算表の作成方法は、3級も2級も同じである。
　　2級では、貸借対照表作成問題も出題されたことはあるが、その出題頻度は非常に低い

ので、精算表作成問題が学習の中心となる。
★2級の学習にあたっては、3級レベルの知識が基礎となる。ここでは、3級レベルの基本的な内容を確認し、演習問題としては、3級レベルの精算表作成問題をとりあげる。

2 複式簿記の手続

(1) 簿記の一連の手続

簿記の一連の手続を要約すると次のようになる。

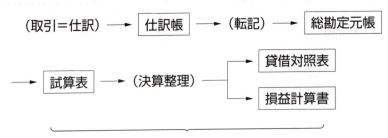

このプロセスを一表にまとめたものが「**精算表**」である。

(2) 精算表のしくみ

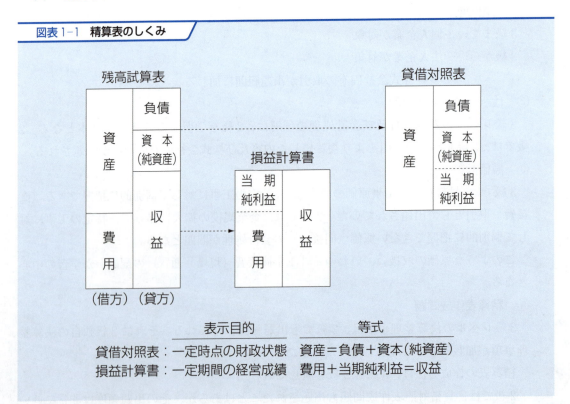

図表1-1　精算表のしくみ

3 工事原価の仕訳法──2つの仕訳法

(1) 原価要素別仕訳法

　工事原価の発生時に、その内容に従って材料費、労務費、外注費、経費の各勘定の借方に計上し、一定の時期（月末あるいは期末）に未成工事支出金勘定に振り替える方法。

```
材料費 ┐
労務費 │ （振替）           （振替） ┌→ 完成工事原価（完成分）
外注費 │────→ 未成工事支出金 ────→ │
経　費 ┘                            └→ 次期繰越　　（未完成分）
```

(2) 統制勘定仕訳法

　工事原価の発生時に、未成工事支出金勘定の借方に計上する方法。

```
                （振替） ┌→ 完成工事原価（完成分）
未成工事支出金 ────→ │
                        └→ 次期繰越　　（未完成分）
```

(3) 試験問題にはどう対応するのか（工事原価発生時）

　基本的には出題者の指示した方法（仕訳であれば使用する勘定科目群、精算表であれば使用している勘定科目等）に従うことになるが、過去の出題内容からみるとおおむね次のとおりである。

　★4・3級……………… 原価要素別仕訳法
　★2級 ┌ 原価計算関連…… 原価要素別仕訳法
　　　　└ 精算表………… 統制勘定仕訳法
　　　　　（2級では仕訳問題としての出題例はあまりないが、
　　　　　　使用する勘定科目に従うことになる。）

4 精算表作成問題の復習

演習 1-1

次の決算整理事項によって、精算表を完成しなさい。なお、工事原価は未成工事支出金勘定を経由して処理する方法によっている。

〈決算整理事項〉
(1) 受取手形と完成工事未収入金に対して2%の貸倒引当金を設定する。（差額補充法）

(2) 有価証券の時価は￥158,000である。評価損を計上する。

(3) 機械装置（工事現場用）について￥95,000、備品（一般管理部門用）について￥34,000の減価償却費を計上する。

(4) 未成工事支出金の次期繰越額は￥186,000である。

(5) 販売費及び一般管理費のなかには、保険料の前払分￥7,500が含まれており、ほかに家賃の未払分￥21,000がある。

(6) 利息の未収分は￥16,000である。

精算表

(単位:円)

勘定科目	残高試算表 借方	残高試算表 貸方	整理記入 借方	整理記入 貸方	損益計算書 借方	損益計算書 貸方	貸借対照表 借方	貸借対照表 貸方
現　　　　金	123,000							
当　座　預　金	217,000							
定　期　預　金	200,000							
受　取　手　形	260,000							
完成工事未収入金	340,000							
貸　倒　引　当　金		7,300						
有　価　証　券	170,000							
未成工事支出金	253,000							
材　　　　料	31,000							
機　械　装　置	800,000							
機械装置減価償却累計額		240,000						
備　　　　品	300,000							
備品減価償却累計額		130,000						
支　払　手　形		206,000						
工　事　未　払　金		240,000						
借　　入　　金		300,000						
未成工事受入金		250,000						
資　　本　　金		1,000,000						
完　成　工　事　高		3,408,000						
受　取　利　息		18,700						
材　　料　　費	1,050,000							
労　　務　　費	810,000							
外　　注　　費	450,000							
経　　　　費	170,000							
販売費及び一般管理費	602,000							
支　払　利　息	24,000							
	5,800,000	5,800,000						
完　成　工　事　原　価								
有　価　証　券　評　価　損								
前　払　保　険　料								
未　払　家　賃								
未　収　利　息								
当　期（　　　）								

❷ 2級で新たに学習する内容

1 仕訳問題及び計算問題

いわゆる財務会計と呼ばれる分野（仕訳及び計算問題）において、2級で新たに学習する内容を整理すると次のとおりである。

(1) **完成工事高**………… 完成工事高の計上基準（工事進行基準など）
(2) **現金預金**………… 銀行勘定調整表
(3) **有価証券**………… 有価証券の購入と売却及び関連する有価証券利息（特に端数利息）の処理、有価証券の差入
(4) **建設業特有の資産と負債**…… 特に材料関連の取引
　　　　　　　　　　　　　　（割戻、割引、材料の減耗損と評価損など）
(5) **手　　形**………… 為替手形、営業外受取手形と営業外支払手形、
　　　　　　　　　　　特殊な手形取引（裏書、割引、更改、不渡）
(6) **固定資産**………… 建設仮勘定、交換、現物出資、固定資産の処分、
　　　　　　　　　　　無形固定資産など
(7) **引　当　金**………… 貸倒引当金（洗替法）、完成工事補償引当金、
　　　　　　　　　　　退職給付引当金、修繕引当金など
(8) **株式会社の会計**…… 株式会社の株主資本、増資、減資、
　　　　　　　　　　　法人税等の処理
(9) **社　　債**………… 社債の発行と償還、社債利息、社債発行に伴う繰延資産
　　　　　　　　　　　（社債発行費）
(10) **そ の 他**………… 火災未決算と保険差益
(11) **本支店会計**………… 本支店間取引の会計処理

2 精算表作成問題

(1) 3級レベルに新たに加わる内容
　① 貸倒引当金……洗替法
　② 退職給付引当金、完成工事補償引当金など
　③ 未払法人税等の計上
　④ その他（材料の棚卸減耗損、仮払金・仮受金の整理など）

(2) **出題形式の変更**
 ① 工事原価は統制勘定仕訳法
 ② 減価償却
  ア．減価償却計算
  イ．予定計算の導入

3 原価計算──工事間接費の取扱いが中心となる

　工事原価計算の中心的な目的は、適正な工事別原価を算定することにある。そして、個別原価計算である工事原価計算の最も重要かつ困難な計算作業が、各工事に直接的に賦課することのできない原価の取扱いである。
──→工事間接費（現場共通費）の配賦

(1) 費目別原価計算

(2) 部門別原価計算

　企業規模の拡大に伴って、工事に共通してサービスを提供する部署が多くなると、単純な〔費目別計算──→工事別計算〕の手法では厳格な原価計算が不十分な状態になる。そこで、より正確な工事別原価計算を実施するために、〔費目別計算──→部門別計算──→工事別計算〕の順序で進める必要性が生ずる。具体的には工事間接費を「部門費」化することが、部門別原価計算であると理解する。

(3) 予定配賦法の導入

　　後述（P.72以降）

❸ 建設業の特性と建設業会計の基礎

1 建設業の特性

　建設業は、わが国の産業の中で、独特の存在特性を有している。
　次に述べるような建設業の特性の故に、一般にいわれる建設業会計は、他の製造業（家電産業や自動車産業等）とは、本質的に異なった部分を持っている。
　2級では、一般会計の理論とそれに関する処理のレベル・アップとともに、特に、原価計算に関する基礎知識の習得が要求される。

(1) 受注請負生産業であること

　建設業は、典型的な受注産業としての請負業である。従って、原価計算的には、個々の工事番号別に原価を集計する個別原価計算が採用される。

(2) 公共工事の多いこと

(3) 生産期間（工事期間）の長いこと

　建設業では、受注から完成引渡しまで、通常の会計期間（1年）を超える工期を持った工事を抱える企業が多い。このために、財務会計上は、「工事進行基準」といった例外的な処理方法を工夫しているが、原価計算的にも、この特質は、間接費や共通費の配賦が期間損益の算定に、大きな影響を与えることになる。

(4) 移動性の生産現場であること

　建設業の生産現場は常に一定せず、移動的であるとともに、同時にいくつかの生産現場を保有することもある。建設業では、生産現場の共通費をどのように配賦すべきかが、重要なテーマの一つであるといってよい。

(5) 常置性固定資産の少ないこと

(6) 工事種類（工種）及び作業単位が多様であること

(7) 外注依存度が高いこと

　一つの建設工事の完成のためには、多種多様な専門工事あるいは作業を必要とし、すべての工事完了のためには、多くの外注業者を必要とする。そのため、通常の原価計算では、原価を材料費・労務費・経費の3つに区分しているが、建設業原価計算では、材料費・労務費・外注費・経費の4区分が採用されている。

(8) **建設活動と営業活動との間にジョイント性があること**

　建設業においては、本来の建設活動と受注や工事全般管理に関する営業活動とを、厳格に区別しえない活動がある。たとえば、同一人員について、固有の現場監督に従事する時間と、関連工事の受注促進や本社の総務的作業に費やす時間が混在する場合がある。原価計算的には、これらも極力、工事原価と営業関係費（販売費及び一般管理費）とに峻別する努力が必要である。

(9) **請負金額及び工事支出金が多額であること**

(10) **自然現象や災害との関連が大きいこと**

(11) **共同企業体による受注があること**

2　建設業の財務諸表

　建設業会計は、建設業を営む企業の経済活動を、一定の会計ルールに従って記録・測定・伝達するシステムであって、その基本目的は企業の利害関係者に対して、財務諸表を用いて企業の経営成績と財政状態とを明らかにすることにある。

　建設業者による外部利害関係者への報告書すなわち財務諸表の作成に当たっては、一般の企業が拘束を受ける会社法、金融商品取引法以外に、特に建設業法の規制を受けている。

　建設業の会計制度は次の3つの財務情報の開示制度から成り立っている。

(1) **建設業法にもとづく開示制度**

(2) **会社法にもとづく開示制度**

(3) **金融商品取引法にもとづく開示制度**

　これら3つの開示制度の相互関係を図表にまとめると次のようになる。

図表1-2　建設業における開示制度　　　　　　　　（「建設業会計概説2級」から引用）

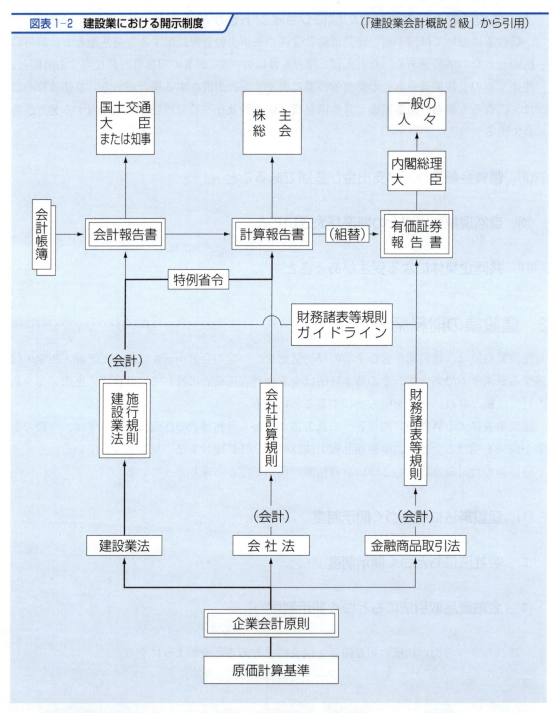

★建設業経理士検定試験の2級では、建設業法の会計法規である「建設業法施行規則」に沿った出題が行われている。2級レベルでは、その内容及び様式の完全な理解は必要としないが（1級の範囲）、今後の学習は「建設業法施行規則」の内容を前提に進めていくことになる。

3 建設業簿記と原価計算制度

(1) 原価計算の目的

わが国における原価計算の実践規範として「原価計算基準」（大蔵省企業会計審議会が公表したもの―以下「基準」と略称する）がある。「基準」では、原価計算の目的を次の5つにまとめている。（具体的な内容は1級原価計算で学習する。）

ア．財務諸表作成目的
イ．価格計算目的
ウ．原価管理目的
エ．予算編成及び統制目的
オ．基本計画設定目的

(2) 原価計算制度と特殊原価調査

原価計算制度……複式簿記を基礎にして行う財務諸表作成のための会計（財務会計）と有機的に結合した原価計算システム。

　　⇒ 2級ではこの原価計算制度を前提としている。

特殊原価調査……財務会計機構外で実施される原価計算システムであり、原価に関するデータの作成が、事前における各種の経営意思決定のために行われる。

(3) 建設業簿記

建設業は、広義の生産を業とする産業であるから、建設業簿記は、一種の工業簿記ないし工業簿記の応用形態であるといえる。従って、一般的な財務会計的処理（外部取引処理）以外に、企業内部での価値移転現象を処理する部分（内部取引処理）が存在することを十分に認識し、両者の関連をしっかり理解する必要がある。
両者の関連を図に示すと次のようになる。

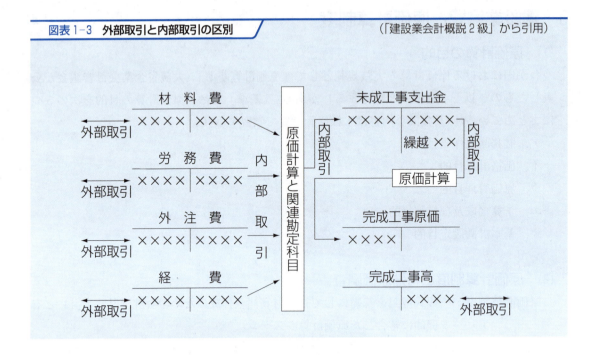

図表1-3 外部取引と内部取引の区別　　（「建設業会計概説2級」から引用）

【参考】
　簿記は仕訳と勘定記入であり、原価計算はそれらの記帳に必要な振替データの提供であると考えておけばよいであろう。

4　工事原価の基本的諸概念と分類

(1)　原価の一般概念と非原価

わが国の「原価計算基準」では、原価の一般概念を次のように定義している。

> 原価とは、経営における一定の給付にかかわらせて、は握された財貨又は用役の消費を、貨幣価値的に表わしたものである。

さらに、具体的にその本質を4つの項目に分けて解説している。
　イ．原価は経済価値の消費である。
　ロ．原価は、経営において作り出された一定の給付に転嫁される価値であり、その給付にかかわらせて、把握されたものである。
　ハ．原価は経営目的に関連したものである。
　ニ．原価は、正常的なものである。
なお、詳細は1級原価計算で学習する。

(2) 非原価項目

「原価計算基準」の示す非原価項目は次のとおりである（一部要約）。

① 経営目的に関連しない価値の減少

（例）

ア．次の資産に関する減価償却費、管理費、租税等の費用
- 投資資産たる不動産、有価証券、貸付金等
- 未稼動の固定資産
- 長期にわたり休止している設備等

イ．寄付金等であって経営目的に関連しない支出

ウ．支払利息、割引料（手形売却損）、社債発行費償却等の財務費用

エ．有価証券の評価損及び売却損

② 異常な状態を原因とする価値の減少

（例）

ア．異常な仕損、減損、棚卸減耗等

イ．火災、震災、風水害、盗難、争議等の偶発的事故による損失

ウ．予期し得ない陳腐化等によって固定資産に著しい減価を生じた場合の臨時償却費

エ．延滞償金、違約金、罰課金、損害賠償金

オ．固定資産売却損及び除却損等

③ 税法上特に認められている損金算入項目

④ その他の利益剰余金に課する項目

(3) 原価の基本的諸概念

① 事前原価と事後原価

原価は、経営における諸行為の事前と事後で測定し得る。

事前原価……行為の開始される前に測定される原価で、予定原価と呼ばれることもある。

　　➡ 2級では、はじめて予定原価の考え方を学習する。

事後原価……行為の実際の姿を測定する原価で、通常は〔実際消費量×実際価格〕で計算される。事後原価は、歴史的原価または実際原価と呼ばれることも多い。

　　➡ 財務諸表作成のための原価計算として把握される。

② プロダクト・コストとピリオド・コスト

原価は、プロダクト・コスト（一般には製品原価と訳されている）とピリオド・コスト（期間原価）に区分される。

プロダクト・コスト……生産物に集計され、期末に損益計算書（売上原価）と貸借対照表（棚卸資産）に配分されるもの
　　　　　　　　　➡ 工事原価
　　　　　　　　　（未成工事支出金勘定に集計される）
ピリオド・コスト……当該会計期間の費用として処理されてしまうもの
　　　　　　　　　➡ 販売費及び一般管理費

(4) 原価の基礎的分類基準

① 計算目的別分類
　ア．取得原価
　イ．製造原価（建設業では工事原価）
　ウ．販売費及び一般管理費

② 発生形態別分類

原価の発生形態とは、原価を構成する経済財の消費がどのような形態または特性で生ずるかということであり、その基準によって原価を分類することを(発生)形態別分類という。

図表1-4　形態別分類に基づく一般的原価分類　　（「建設業会計概説2級」から引用）

〈原価の発生形態〉　　　　　　　　　　　　　　　〈原価要素〉
物品の消費………………………………………………「材料費」
労働用役の消費…………………………………………「労務費」
設備等用役の消費……………………「減価償却費」
外部供給用役の消費……………………………………「外注費」　｝一般にいう「経費」
その他用役の消費あるいは社会的負担等……………「経　費」

③ 作業機能別分類

作業機能別分類とは、原価が企業経営を遂行した上で、どのような機能のために発生したかによる分類である。

　（例）材料費……主要材料費、補助材料費、仮設材料費など
　　　　労務費……工種別直接賃金、間接作業賃金など

④ 計算対象との関連性分類
　● 直接費（直接原価）……最終生産物の生成に関して、直接的に認識できる原価
　● 間接費（間接原価）……最終生産物の生成に関して、直接的に認識できない原価

建設業では、最終生産物は工事であるから、工事直接費と工事間接費として分類される。

⑤ 操業度との関連性分類

原価計算でいう操業度とは、生産能力または販売能力を一定とした場合における予定あるいは実際のその利用度合を示すものである。
- 変動費……操業度の増減に応じて比例的に動く原価
- 固定費……ある特定期間中（通常は１年内）は、操業度の増減にかかわらず変化しない原価

(5) 工事費と工事原価計算

建設業では、発注者との契約に基づく工事価額を「工事費」と呼んでいるが、この工事費と原価の分類との関連を表にまとめると次のようになる。

図表1-5　工事費と工事原価計算　　　　　　　　　　（「建設業会計概説２級」から引用）

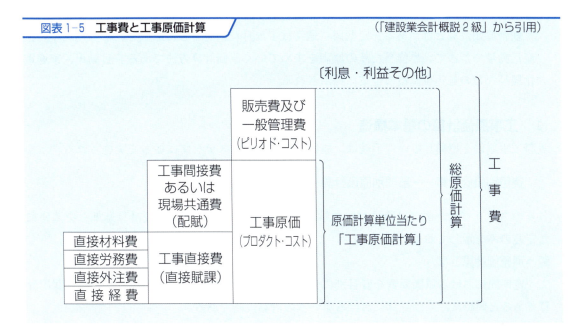

5　工事原価計算の種類と基本構造

(1) 工事原価計算の基礎条件

① 原価計算期間

わが国の計算実務では、その経営管理目的の重視から、原価計算期間を１ヵ月とする企業が多い。

② 原価計算単位

発生する原価を関係づける給付量の単位を原価計算単位という。一般的な原価計算単位としては、個数、キログラム、メートル、枚数などのような最終給付（製品）の単位を使用したものがある。

建設業では、工事番号を付した各々の工事を１つの原価計算単位とすることになる。

(2) 工事原価計算の種類

① 事前原価計算と事後原価計算

原価の測定が請負工事の事前に実施されるか、工事の進行中及び工事終了後に実施されるかの相違による区分である。

建設業では、工事の適正な受注価額の算定や、実行予算の設定等の原価管理の観点から事前原価計算が重視される。

事後原価計算は、実際原価の測定により、工事の進行中に累積され工事終了後に確定される原価計算である。

② 個別原価計算と総合原価計算

建設業のような受注生産型の企業では、個々の受注単位に対して原価を集計・計算する個別原価計算が採用される。

総合原価計算とは、ある一定期間（通常は1ヵ月）に発生した原価を、その期間中の生産活動量で割って、単位当たりの原価を求めていく原価計算方法である。自動車、家庭電化製品などの見込生産型の企業に採用される。

(3) 工事原価計算の基本構造

実際工事原価を把握していく手続は、原則として、次のステップに従って実施される。

費目別原価計算 ⟶ 部門別原価計算 ⟶ 工事別原価計算

各々のステップは、次項以降において学習するので、ここでは、「原価計算基準」を基礎にした定義のみを示しておく。

費目別原価計算とは、

一定期間における原価要素を費目別に分類測定する手続をいい、財務会計における費用計算であると同時に、原価計算における第一次の計算段階である。

部門別原価計算とは、

費目別原価計算において把握された原価要素を、原価部門別に分類集計する手続をいい、原価計算における第二次の計算段階である。

工事別原価計算とは、

原価要素を一定の工事単位に集計し、単位たる工事別原価を算定する手続をいい、原価計算における第三次の計算段階である。

3つの計算ステップの詳細は、「④工事原価の部門別計算」を参照願います（P.87）。

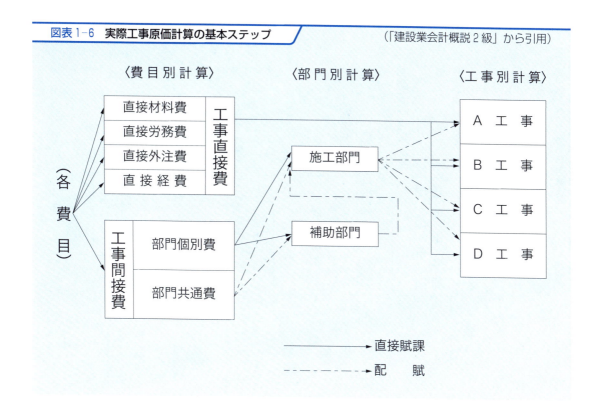

図表1-6 実際工事原価計算の基本ステップ　（「建設業会計概説2級」から引用）

　工事原価計算の位置づけを明確にするために、費用や損失の概念を含めて体系化してみると、図表1-7のようになる。

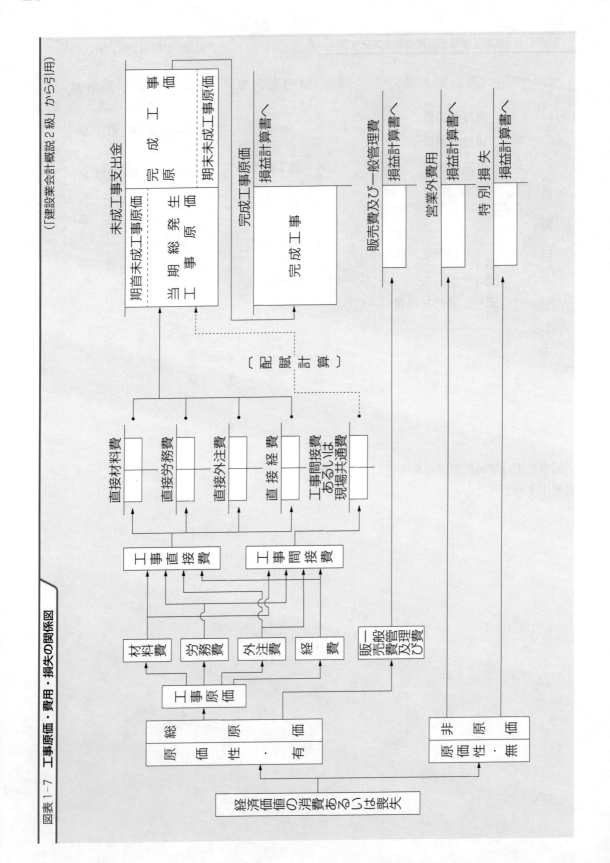

図表1-7 工事原価・費用・損失の関係図　（「建設業会計概説2級」から引用）

例題 1-1

(1) 下に示す費用あるいは損失は、次のいずれの区分に属するか、記号で解答しなさい。

〈区分〉① 工事原価に含める。
② 原価であるがピリオド・コストとして処理する。
③ 非原価として処理する。

イ．銀行借入金利子の支払
ロ．工事現場監督者の人件費支払
ハ．鉄骨材の購入と現場搬入
ニ．本社経理部職員の出張旅費
ホ．資材盗難による損失を計上

(2) 次の文章は、下記の〈原価計算の種類〉のいずれと最も関係深い事象か、記号（A～F）で解答しなさい。なお、同一記号を複数回使用してはならない。

1．建設業や造船業では、原則として、受注した工事別の原価を集計する。
2．原価計算基準にいう「原価の本質」の定義から判断すれば、工事原価と販売費及び一般管理費を含めたものがいわゆる原価性を有するものと考えられる。
3．個別工事について実行予算を設定しておくことは、建設業の原価管理にとって重要な意義がある。
4．見込み量産をしている鉄筋工場の原価計算では、素材とそれを加工する作業との区分が大切である。

〈原価計算の種類〉
A 個別原価計算　　B 総合原価計算　　C 総原価計算　　D 形態別原価計算
E 機能別原価計算　　F 事前原価計算

(3) わが国の原価計算基準では、原価は次の4つの本質を有するものとしている。次の文の□□□の中に入れるべき最も適当な用語を下記の〈用語群〉の中から選び、その記号（ア～ク）を解答用紙の所定の欄に記入しなさい。

(1) 原価は、□1□の消費である。
(2) 原価は、経営において作り出された□2□に転嫁される価値である。
(3) 原価は、□3□に関連したものである。この□3□には、基本的に財務活動は含まない。
(4) 原価は、□4□である。原則として偶発的、臨時的な価値の喪失を含めるべきではない。

〈用語群〉
ア 経営目的　　イ 生産目的　　ウ 経営活動　　エ 一定の給付
オ 経済価値　　カ 市場価値　　キ 正常的なもの　ク 標準的なもの

(4) 次の各文章は、下記の〈原価の基礎的分類基準〉のいずれと最も関係の深い事柄か、記号（A～D）で解答しなさい。
1. 原価は、最終的には生産物ごとにこれを算定する必要があるから、建設工事原価は工事直接費と工事間接費に分類される。
2. 建設業法施行規則における完成工事原価報告書では、「材料費」、「労務費」、「外注費」、「経費」の勘定科目に分類することが定められている。
3. 工事の出来高に比例的に動く原価を変動費という。これに対して出来高にかかわらず変化しない原価を固定費という。
4. 建設業では、一般的に工事原価を管理するための実行予算の作成に当たっては、原価を工事種類（工種）別に区分して計算する方法が用いられている。

〈原価の基礎的分類基準〉
A　発生形態別分類　　　　B　作業機能別分類
C　計算対象との関連性分類　D　操業度との関連性分類

解答

(1)
イ	ロ	ハ	ニ	ホ
③	①	①	②	③

(2)
1	2	3	4
A	C	F	B

(3)
1	2	3	4
オ	エ	ア	キ

(4)
1	2	3	4
C	A	D	B

2 工事原価の費目別計算

❶ 費目別原価計算の意義

(1) 工事原価の費目別計算

費目とは……原価計算処理上要求される原価要素の区分項目

工事原価の費目別原価計算とは
　　……発生した原価要素を適切な費目として把握し、これを一定期間において分類集計する手続
　　➡ 実際原価計算における第一次の計算段階としての意味をもつ

(2) 原価要素の分類

① 形態別分類 ➡ 材料費・労務費・外注費・経費
② 工事との関連性分類 ➡ 工事直接費（現場個別費）
　　　　　　　　　　　　　工事間接費（現場共通費）

上記2つの分類を中心とした出題になっている。

③ 建設業法による「完成工事原価報告書」
　　➡ 材料費・労務費・外注費・経費に区分

(3) 建設省告示「完成工事原価報告書」

建設業法施行規則に定める工事原価の内容は次のとおりである。

完成工事原価報告書

科　目	摘　　　要
材　料　費	工事のために直接購入した素材、半製品、製品、材料貯蔵品勘定等から振り替えられた材料費（仮設材料の損耗額等を含む。）
労　務　費	工事に従事した直接雇用の作業員に対する賃金、給料及び手当等 工種・工程別等の工事の完成を約する契約でその大部分が労務費であるものは、労務費に含めて記載することができる。(注1)
（うち労務外注費）	労務費のうち、工種・工程別等の工事の完成を約する契約でその大部分が労務費であるものに基づく支払額 (注2)

外 注 費	工種・工程別等の工事について素材、半製品、製品等を作業とともに提供し、これを完成することを約する契約に基づく支払額。ただし、労務費に含めたものを除く。
経　　費	完成工事について発生し、又は負担すべき材料費、労務費及び外注費以外の費用で、動力用水光熱費、機械等経費、設計費、労務管理費、租税公課、地代家賃、保険料、従業員給料手当、退職金、法定福利費、福利厚生費、事務用品費、通信交通費、交際費、補償費、雑費、出張所等経費配賦額等
(うち人件費)	経費のうち従業員給料手当、退職金、法定福利費及び福利厚生費

(注1) 労務費に含めて記載できる外注費を特に「労務外注費」とよぶ。
(注2) 上記の労務外注費を労務費に含めて記載した場合には、その金額を「うち労務外注費」として内書きする。

以下、建設業法で定めた工事原価の内容を学習していくことになる。

❷ 材料費の分類と計算・記帳

(1) 材料・材料費の意義と分類

① 材料・材料費の意義

ア．材　料……経営の目的とする生産物（建設業では建設物）の製造及び販売のために、外部から購入した物品

イ．材料費……材料が目的に従って消費された額

（事故などの異常な状況から生じた物品の減耗分は、材料費ではない。）

(注) 材料が消費されたときの仕訳

　　（借）材　料　費　×××　　（貸）材　　　　料　×××
　　　（または未成工事支出金）

② 建設省告示による材料費

建設業界で多く使われる「材料費」の定義に次のようなものがある（建設省告示「勘定科目分類」による）。

> 工事のために直接購入した素材、半製品、製品、材料貯蔵品勘定等から振り替えられた材料費（仮設材料の損耗額等を含む）。

この定義に含まれる材料費には、次のようなものが含まれると理解される。
- ア．コンクリート工事、鉄筋工事等、建設工事の直接的な主体となって消費され、完成建設物の価値を形成していく材料の消費分。
- イ．仮設用材料、移動性仮設建物等の当該工事損耗分あるいは社内使用料、これらを外部から借入れた場合の賃借料。
- ウ．主としてイの維持修繕用材料の消費分。
- エ．ア、イ、ウに係わる現場搬入諸掛（材料外部副費）。

(2) 材料の購入手続と購入原価

① 材料の購入手続

材料は、その購入手続の相違によって、2つに区分することができる。
- ア．常備材料……生産（建設業では建設）のために常時保有しておくことが望ましい材料。
- イ．特定材料（特殊材料または引当材料ともいう）
　　　　　　……生産の必要が生じた都度購入していく材料。

建設業は受注生産の単品生産であるから、資材等を貯蔵することは原価管理上得策ではない。従って、建設業では、原則として、特定材料としての購入手続が採用される。ただし、汎用性のある資材で、大量購入や物価変動の考慮上、メリットのあるものについては常備材料として購入することもある。

② 材料の購入に関する処理

2つの方法がある。
- ア．購入時資産処理法（原則）

　　材料の購入の都度、購入原価を決定し、材料在庫として貯蔵し、消費の際に、この決定された購入原価を基礎にして材料費を確定していく方法。この場合、材料の受払に関する記録が不可欠である（注1）。
- イ．購入時材料費処理法（簡便法）

　　材料の受払記録を省略し、材料の購入時にすべて消費されたと仮定して、その総額を材料費（あるいはその他の消費科目）として処理してしまう方法。この場合、残存材料の評価と材料費勘定からのその控除が必要となる（注2）。

（注1）材料元帳の記帳が必要となる。
（注2）残存材料の評価額によって次の仕訳が必要となる。
　　　（借)材　　　料　×××　　（貸)材　料　費　×××
　　　　　　　　　　　　　　　　　　（または未成工事支出金）

建設業の特性などの理由から、購入時材料費処理法で処理されることも多いが、これはあくまでも簡便法であり、原価計算上は、後で述べるような材料の購入原価を決定していく方法の原則を理解することが必要である。

③　材料の購入原価

$$\boxed{材料の購入原価＝材料主費＋材料副費}$$

ア．材料主費……材料の購入代価
イ．材料副費……材料の購入から消費に至るまでの作業に付随する費用
　　　　　　　　（買入手数料、引取運賃、保険料等）
ウ．値　　引……取扱品の量目不足・品質不良・破損等の理由により仕入価額を引下げること　→　仕入単価の訂正
　　　　　　➡　材料または材料費の購入原価の控除項目
　　　　　　　（購入原価を減少させる）
エ．割　　戻……特定の購入先から一定期間に多量または多額の物品を購入したとき、購入代金の一部を戻されること　→　仕入単価の訂正
　　　　　　➡　材料または材料費の購入原価の控除項目
　　　　　　　（購入原価を減少させる）

（注）割引……掛仕入代金の決済にあたり、その決済が約定日よりも早く行われるとき、購入代金の一部を割り引くこと
　　　　　→　期日よりも早く代金決済したことに対する金融収益（受取利息と考える）
　　　　　➡　仕入割引（● 営業外収益として表示する
　　　　　　　　　　　　● 材料または材料費の購入原価を減少させない）

④　材料の購入に関する記帳

材料の購入に関する仕訳は、通常、次のようになる。
ア．購入時資産処理法
　　（借）材　　　　料　×××　　（貸）工事未払金　×××
イ．購入時材料費処理法
　　（借）材　料　費　×××　　（貸）工事未払金　×××
　　　（または未成工事支出金）

(3) 材料の払出（消費）手続と材料費計算 ➡ 常備材料

★特定材料……仕入先から現場へ直接搬入され、記帳も、購入時材料費処理法が採用される。
　　　　　　→消費に関する特別な手続を必要としない。
★常備材料……現場が材料を必要とするつど、倉庫から払い出しが行われる。
　　　　　　→消費に関する所定の手続を必要とする。

$$\boxed{材料費＝消費量×単価}$$

① 消費量の計算

材料の実際消費量の把握方法には、次の2つの方法がある。

ア．継続記録法

材料の種類別に口座を設けた帳簿（通常は「材料元帳」）により、その受払を記録し、帳簿上での消費量を確認していく方法である。

（欠点）減耗、盗難等の減量分を把握しえない。
　　　　→定期的な実地棚卸により補完していく必要がある。

イ．棚卸計算法

期首繰越量と期中受入量を記録しておき、実地調査による期末棚卸量から、期中の払出量を逆算する方法である。

$$\boxed{期首繰越量＋期中受入量－期末棚卸量＝期中払出量}$$

（欠点）正常な消費量とその他の減耗量等を区分しえない。

（注）2つの方法の選択
　(1) 原則として継続記録法が採用されるべきである。
　(2) 計算の重要性、経済性、困難性などの観点から、棚卸計算法によることもよい。

② 消費単価の決定

常備材料は、購入の単価が購入日によって異なることが多いので、消費時にいずれの単価をもって消費価格とするかの問題が生ずる。

材料消費（払出）単価の決定方法には、次のようなものがある。

ア．原価法

★個　別　法……材料の購入単価を異にするものを区別して保管し、その個々の実際原価によって、払出単価を算定する方法

★先入先出法……最も古く購入されたものから順次払出されるとの仮定にもとづいて払出単価を算定する方法

★移動平均法……単価の異なる購入が行われるつど、その購入金額と購入直前の残高金額の合計を、購入数量と残高数量との合計で割って算定された平均単価を払出単価とする方法

★総平均法……一定期間（月または年）における繰越金額と購入金額の合計を、繰越数量と受入数量の合計で割って算定された平均単価を払出単価とする方法

$$\frac{前期（月）繰越金額＋期（月）中受入金額}{前期（月）繰越数量＋期（月）中受入数量}$$

イ．予定価格法……1級で学習する。

例題 2-1

次の資料により、2月原価計算期間における甲材料の材料費を計算しなさい。なお、単価の決定方法は、原価法の先入先出法、移動平均法、総平均法の各々について計算してみること。

（資料）　甲材料2月中の受払状況

　　　　2月 1日　前月繰越　　300本　　@500円
　　　　　 8日　受　　入　　500本　　@580円
　　　　　12日　払　　出　　480本
　　　　　18日　受　　入　　200本　　@615円
　　　　　25日　払　　出　　380本

解答・解説　（単位：円）

出題を表形式にしてみると次のとおりである。

		受　入		払　出	残　高
2月 1日	前月繰越	300本	@500		300本
8日	受　入	500本	@580		800本
12日	払　出			480本	320本
18日	受　入	200本	@615		520本
25日	払　出			380本	140本
	計	(1,000本)		(860本)	

(1) 先入先出法

　2月材料費(12日) 300本×500＋180本×580＝254,400
　　　　　　(25日) 320本×580＋ 60本×615＝222,500
　　　　　　　　　　　　　　　　　　　　　　476,900

(2) 移動平均法

　2月材料費(12日) (300本×500＋500本×580)÷800本＝550
　　　　　　　　　 480本×550＝264,000 ①
　　　　　　(25日) (320本×550＋200本×615)÷520本＝575
　　　　　　　　　 380本×575＝218,500 ②
　　　　　　　　　　①＋②＝482,500

(3) 総平均法
　2月中の総仕入額　　300本×500＋500本×580＋200本×615＝563,000
　2月中の平均単価　　563,000÷1,000本＝563
　2月材料費　　　　　（480本＋380本）×563＝484,180

（注）2級では「材料元帳」を直接作成させる出題は少ない。材料の消費額（材料費）は、「材料元帳」を作成しなくても計算できるように練習することが必要である。

　③　材料消費に関する記帳（購入時資産処理法の場合（原則））
　　材料が現場に払出された時、原則として、次の仕訳が行われる。
　　　（借）材　料　費　×××　　（貸）材　　　料　×××
　　　　（または未成工事支出金）

(4) **棚卸減耗費（損）と材料評価損**
　①　棚卸減耗費（損）
　　ア．棚卸減耗……紛失、盗難、化学反応などの原因によって発生する棚卸資産の数量的な減少をいう。
　　　　➡ 材料元帳などの帳簿記録と、実際に棚卸（実地棚卸）して計算した数量の差額
　　イ．発生原因によって区分処理
　　　　★正常状態での発生──「原価性」有
　　　　　　➡棚卸減耗費 ｛・工事原価中の経費
　　　　　　　　　　　　　　あるいは工事間接費
　　　　　　　　　　　　　・販売費及び一般管理費
　　　　★異常状態での発生──「原価性」無
　　　　　　➡棚卸減耗損 ｛・営業外費用
　　　　　　　　　　　　　・特別損失
　②　材料評価損
　　ア．意　義……ある一定の時点における材料等の棚卸資産について、その原価と時価を比較したとき、時価が原価を下回っている場合の差額
　　イ．発生原因による区分処理
　　　　★低価基準を適用した時
　　　　　　工事原価の経費、工事間接費、営業外費用
　　　　★回復見込なき時価下落の状態の時
　　　　　　営業外費用、特別損失

★品質低下、陳腐化等の原因による時
・「原価性」有──工事原価の経費、工事間接費、販売費及び一般管理費
・「原価性」無──営業外費用または特別損失

例題 2-2
（「建設業会計概説 2 級」から引用：一部改）

材料元帳の期末残高欄は次のようであった。
　　数量　324 kg　　単価　￥2,870　　金額　￥929,880
実地棚卸の結果、次のことが判明した。
　a. 数量につき 9 kg の不足が生じ、内 2 kg は管理上やむをえざる目減りによるもの、7 kg は地震によるものと判明した。
　b. この材料については、現在の取引価格が￥2,650 であった。評価損を計上することにした。
以上の資料によって適切な会計処理をしなさい。

解答・解説　（単位：円）

★期末あるいは月末において、減耗と評価損を同時に処理しなければならない場合
　● まず数量の減少に係る棚卸減耗費（損）を処理する。
　● 実際数量に対して評価損を計上する。

1. 棚卸減耗費（損）の計算
　2,870×2 kg＝5,740（棚卸減耗費）
　2,870×7 kg＝20,090（棚卸減耗損）
2. 材料評価損の計算
　(2,870－2,650)×315 kg＝69,300（材料評価損）
3. 期末の仕訳（購入時資産処理法の場合（原則））
　　（借）棚卸減耗費　　5,740（注1）　　（貸）材　　　料　95,130
　　　　　棚卸減耗損　20,090（注2）
　　　　　材料評価損　69,300（注3）

(注1) 原価性有
　　　　→ 経費
(注2) 原価性無
　　　　→ 営業外費用
(注3) ｜原価性有
　　　　　→ 経費
　　　｜原価性無
　　　　　→ 営業外費用

(5) 仮設材料費の把握

　工事完了時あるいはそれ以前に工事現場から撤去される仮設材料は、建設物の構造物となる材料と異なり、再び他の工事に使用する可能性をもっている。この仮設材料及び仮設建物の消費分については、一般の材料費の把握と異なり、建設業固有の処理方法を研究しなければならない。

　これには次の2つの方法が考えられる。

① 社内損料計算方式（1級で学習する）

　あらかじめ当該仮設材料等の使用による損耗分等の各工事負担分を、使用日数当たりについて予定しておき、後日、差異の調整をする。

② すくい出し方式

　工事の用に供した時点において、その取得原価の全額を原価処理し（材料費あるいは未成工事支出金）、もし当該仮設物の撤去時において、それが何らかの資産価値を有する場合には、その評価額を当該工事原価から控除する。

　〈設例〉

　　★仮設材料の消費分の把握については、すくい出し方式を採用している。工事が完了して倉庫に戻された仮設材料は×××であった。

　　(借)材　　　料　×××　　(貸)材　料　費　×××
　　　　　　　　　　　　　　　　（または未成工事支出金）

例題 2-3

次の材料に関する資料により、材料勘定、未成工事支出金（材料費のみ）及び完成工事原価勘定（材料費のみ）を記入しなさい。

(1) 月初及び月末の材料に関する資料

	月　初	月　末
①材　料	¥230,000	¥350,000
②未成工事支出金 （うち材料費）	¥170,000	¥260,000

(2) 当月材料仕入に関する資料

①材料総仕入高	¥2,500,000
②仕入返品高	¥100,000
③仕入値引高	¥80,000
④仕入割戻高	¥60,000
⑤仕入割引高	¥40,000

解答

材　料

前月繰越	230,000	仕入返品高	100,000
材料総仕入高	2,500,000	仕入値引高	80,000
		仕入割戻高	60,000
		当月材料費発生高	2,140,000
		次月繰越	350,000
	2,730,000		2,730,000

未成工事支出金（材料費のみ）

前月繰越	170,000	完成工事原価	2,050,000
当月材料費発生高	2,140,000	次月繰越	260,000
①	2,310,000		2,310,000

②

完成工事原価（材料費のみ）

未成工事支出金	2,050,000		

（注）　☐　：逆算で算出する

〈ポイントとなる仕訳〉

① （借）未成工事支出金　2,140,000　　（貸）材　料　2,140,000
② （借）完成工事原価　2,050,000　　（貸）未成工事支出金　2,050,000

演習 2-1

次の □ に入る金額を計算しなさい。

(1) 甲材料 190 個を 50 号現場に出荷した。出庫前の材料の残高 400 個の内訳が、前月繰越分 70 個 @¥450、第 1 回仕入分 150 個 @¥460、第 2 回仕入分 180 個 @¥455 であったとすると、出庫した甲材料の金額は、先入先出法によれば ¥ ① 、総平均法によれば ¥ ② と計算される。

(2) 材料の期末の帳簿残高が 700 個、原価 @¥430、その実際在高が 685 個、時価 @¥405 であるとすれば、棚卸減耗損は ¥ ③ 、材料評価損は ¥ ④ となる。

(3) 乙材料についての記録は、期首棚卸高 ¥535,000、当期仕入高 ¥3,670,000、仕入値引高 ¥26,000、仕入割戻高 ¥41,000、仕入割引高 ¥32,000 であり、期末の実地棚卸高は ¥428,000 である。いま異常な原因による乙材料の棚卸減耗損が ¥17,000 であったとすれば、工事原価に含めうる乙材料の当期消費高は ¥ ⑤ と計算される。

(4) 当期の材料の仕入高が ¥585,000 であり、かつ、未成工事支出金に含まれている材料費の期首残高が ¥83,000、期末残高が ¥102,000 であったとすれば、当期の完成工事原価報告書に記載される材料費の額は ¥ ⑥ である。なお、材料の期首残高は、¥36,000、期末残高は ¥47,000 である。

① ¥ _____

② ¥ _____

③ ¥ _____

④ ¥ _____

⑤ ¥ _____

⑥ ¥ _____

演習 2-2

次の材料に関する資料により、材料勘定、未成工事支出金勘定（材料費のみ）及び完成工事原価勘定（材料費のみ）を記入し（摘要欄は取引の内容又は相手勘定科目を記入すること）、材料に関する当月発生工事原価と当月完成工事原価の金額を記入しなさい。

(1) 月初及び月末の材料に関する資料

	月 初	月 末
① 材　料	¥ 67,000	¥ 71,000
② 未成工事支出金 （材料費のみ）	¥264,000	¥249,000

(2) 当月材料仕入高
　イ．総仕入高　　　¥993,000
　ロ．値引・返品高　¥ 51,000
　ハ．仕入割引高　　¥ 24,000

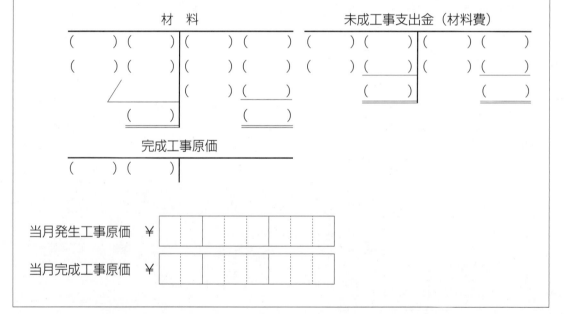

当月発生工事原価　¥ ☐☐☐☐☐☐☐

当月完成工事原価　¥ ☐☐☐☐☐☐☐

❸ 労務費の分類と計算・記帳

(1) 労務・労務費の意義と分類

① 労務・労務費の意義

　ア．一般原価計算で対象とする労務……労働用役

　イ．一般原価計算で対象とする労務費……労働用役の消費分

　　　　➡ 目的生産物の完成に関係するものに限定される。

　(注) 建設工事の原価計算における労務費の範囲は、一般原価計算の範囲より、さらに限定される（後述）。

② 建設省告示による労務費

建設業界には、次のような固有の労務費概念がある（建設省告示「勘定科目分類」による）。

> 工事に従事した直接雇用の作業員に対する賃金、給料及び手当等（注1）
> 工種・工程別等の完成を約する契約でその大部分が労務費であるものは、労務費に含めて記載することができる。（注2）
> （うち労務外注費）労務費のうち、工種・工程別等の工事の完成を約する契約でその大部分が労務費であるものに基づく支払額

(注1)　建設業における労務費概念は、かなり限定的であること。➡要注意

(注2)　特定の工種あるいは工程を協力会社等に外注したが、材料のほとんどは発注者負担で処理されるようなケース

　● 形式的……契約に基づく外注行為

　● 実質的……労務費であるとも考えられる

　➡「建設省告示」では、労務費に含めて処理することができる、としている（本来ならば「外注費」で処理するが、「労務費」として処理することも認められる）。

　➡ 労務費に含めて記載した場合には、その金額を「うち労務外注費」として内書きする。

この定義によって、原価計算理論でいう労務費と建設省告示で規定する労務費との間には、大きな相違点があることに気付かれよう。その関連を図表2-1によって示してみよう。

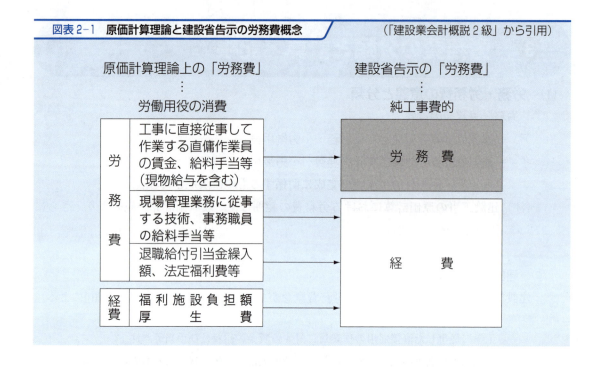

(2) 賃金の支払計算期間と原価計算期間の相違

賃金の支払計算期間と原価計算期間とは、次の表のように必ずしも一致しない。

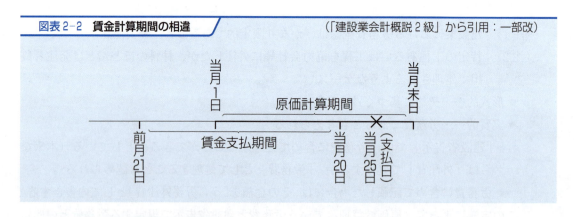

① 当月の労務費……当月の原価計算期間に帰属する労務費

　　当月の支払賃金
　-）前月21日から前月末日分に該当する賃金
　+）当月21日から当月末日分に該当する賃金
　＝　当月の労務費

② 当月の労務費算定のための会計処理

〈設例〉

(1) 前月末未払額(前月21日から前月末)　50,000円
(2) 当月支払額(前月21日から当月20日)　340,000円(現金支払)
(3) 当月末未払額(当月21日から当月末)　60,000円
(4) 使用する勘定科目……労務費、工事未払金(注)

（注）一般的には、「未払賃金(労務費)」勘定が使用されるが、建設業では、「工事未払金」勘定を使用することになる。

〈会計処理〉

(1) (借)工事未払金　　50,000　　(貸)労　務　費　　50,000
　　前月末に、
　　(借)労　務　費　　50,000　　(貸)工事未払金　　50,000
として前月の工事原価に計上されているので、当月の工事原価から除外する(月初における「再振替仕訳」ともいう)。

(2) (借)労　務　費　　340,000　　(貸)現　　　金　　340,000
　　当月の賃金の支払日の仕訳である。

(3) (借)労　務　費　　60,000　　(貸)工事未払金　　60,000
　　当月中に賃金の支払はないが、当月中の労働用役の消費に対する対価であるから、当月の工事原価に計上する。

〈総勘定元帳〉

労務費				工事未払金（労務費のみ）			
(2)現　　金	340,000	(1)工事未払金(前月)	50,000	(1)労　務　費	50,000	前月繰越	50,000
(3)工事未払金(当月)	60,000	未成工事支出金	350,000(注)	次月繰越	60,000	(3)労　務　費	60,000
	400,000		400,000		110,000		110,000

（注）当月の労務費を意味する。……逆算で算出する。

(借)未成工事支出金　　350,000　　(貸)労　務　費　　350,000

という仕訳が行われる。

〈図による解説〉

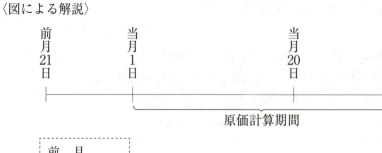

当月労務費 ＝ 340,000 － 50,000 ＋ 60,000 ＝ 350,000
　　　　　　（当月支払額）（前月未払額）（当月未払額）

(3) 現場作業員の賃金支払時の仕訳（預り金がある場合）

〈設例〉

★現場作業員の当月の賃金は¥935,000であった。源泉所得税¥67,200と社会保険料自己負担分¥57,600を控除して現金で支払った。

(借) 労　務　費　　　　935,000　　(貸) 現　　　金　　　　810,200
　　（または未成工事支出金）　　　　　　所得税預り金(注)　67,200
　　　　　　　　　　　　　　　　　　　　社会保険料預り金(注) 57,600

(注)「預り金」あるいは「従業員預り金」などの場合もある。勘定科目群の指示に注意したい。

演習2-3

次の労務費に関する資料により、労務費勘定、未成工事支出金（労務費のみ）及び完成工事原価勘定（労務費のみ）を記入し（摘要欄は取引の内容または相手勘定科目を記入すること）、労務費に関する当月発生工事原価と当月完成工事原価の金額を記入しなさい。

(1) 月初及び月末の労務費に関する資料

	月　初	月　末
① 未成工事支出金（うち労務費）	¥120,000	¥150,000
② 工事未払金　賃金	¥23,000	¥29,000

(2) 当月賃金支払額　¥360,000

　　　　　労務費　　　　　　　　　　　未成工事支出金（労務費のみ）
（　）（　）｜（　）（　）　　（　）（　）｜（　）（　）
（　）（　）｜（　）（　）　　（　）（　）｜（　）（　）
　　　　　（　）｜　　　（　）　　　　　（　）｜　　（　）

　　完成工事原価（労務費のみ）
（　）（　）｜

① 当月発生工事原価　¥ ☐☐☐☐☐
② 当月完成工事原価　¥ ☐☐☐☐☐

❹ 外注費の分類と計算・記帳

(1) 外注・外注費の意義と分類

① 原価要素の分類
　ア．一般の製造業……材料費・労務費・経費の3区分
　　　　　　　　　　　（外注費は経費に含められる）
　イ．建　設　業……材料費・労務費・外注費・経費の4区分
　　　　　　　　　　　理由──建設工事原価に占める外注費の比率が高い。

② 外注の意義
　ア．一般の製造業……目的生産物の完成作業のうち、自社で賄いきれない部分を他の企業に委託すること。
　イ．建　設　業……自社で施工しえない工種・工程の一部を他の業者に発注すること。

③ 建設省告示による外注費
建設省告示での外注費の定義は次のとおりである。

> 工種・工程別等の工事について素材、半製品、製品等を作業とともに提供し、これを完成することを約する契約に基づく支払額。ただし、労務費に含めたものを除く。

　ア．建設業における外注費……外注された各工種・工程に、通常、材料、労働用役、その他のサービスの消費が複合的に生ずるもの。
　　　　　　　　　　　　　　➡ 材料費、労務費、経費の合成物
　イ．労務外注の場合……臨時雇用者に対する賃金の支払と本質的に異ならない。
　　　　（材料の発注者）
　　　　（支給の場合　）➡ 労務費として処理することが認められる

(2) 外注費の計算と記帳

● 外注費の総額……「下請契約書」あるいは「注文請書」等によって把握できる。
● 工事進行中の外注費の計上……「工事出来高調書」と、「工事金請求書」の照合によって発生原価の把握ができる。

① 下請業者に出来高払をする場合

「工事出来高調書」を基礎にして、出来高に応じて提出される「工事金請求書」により支払を行う。

仕訳は、支払のつど、次のように行う。

　　(借)外　注　費　×××　　(貸)現　金　預　金　×××
　　　(または未成工事支出金)

② 施工前に工事代金の一部を前払する場合

建設業では、外注費の金額が多額である場合、工事の施工前に前払あるいは前渡する慣習がある。

　ア．前払時の仕訳

　　(借)前　渡　金(注)　×××　　(貸)現　金　預　金　×××

　イ．出来高に応じて外注費に振り替える仕訳

　　(借)外　注　費　×××　　(貸)前　渡　金　×××
　　　(または未成工事支出金)

(注)「前渡金」勘定について

　① 仕訳問題……「前渡金」勘定を用いて仕訳を行う。
　② 「前渡金」が期末に残存する場合……「未成工事支出金」に含めて表示する。
　★「建設業法施行規則」――材料購入、外注のための前渡金は、「未成工事支出金」に含めて表示する。

　　　　⇒ 貸借対照表上では「未成工事支出金」として表示される。

③ 外注工事費を完成後に支払う場合

大きな外注工事では資金面で問題があるので、この方法はほとんどないが、小さな作業外注の場合にみられる方法である。

　ア．支払時の仕訳

　　(借)外　注　費　×××　　(貸)現　金　預　金　×××
　　　(または未成工事支出金)

　イ．外注工事に重要性がある場合 ⟶ 工事出来高に応じて、外注費として計上する。

　　(借)外　注　費　×××　　(貸)工　事　未　払　金　×××
　　　(または未成工事支出金)

例題 2-4

次の取引の仕訳を示しなさい。ただし、外注費の前払分は「前渡金」勘定を使用し、原価要素別仕訳法による。

10月5日　岩手建設㈱と下請負契約を締結する。請負代金総額は、5,000,000円である。

　　9日　契約により、契約金額の30％を小切手にて前払する。

　　15日　第1回の出来高調書（25％完了）の提出がある。ただし、前払分の内であるので、支払はしない。

　　25日　第2回の出来高調書（75％完了（注））の提出があり、請求を受ける。

　　31日　第2回の出来高調書により前払分を差し引き、普通預金口座からの銀行振込により支払う。

（注）出来高の累計の意味である。

解答

10/ 5　仕訳なし

10/ 9　（借）前渡金　　1,500,000　　（貸）当座預金　1,500,000
　　　　5,000,000×0.3＝1,500,000

10/15　（借）外注費　　1,250,000　　（貸）前渡金　　1,250,000
　　　　5,000,000×0.25＝1,250,000
　　　　この時点で「前渡金」の残高は250,000円となる。

10/25　（借）外注費（注）2,500,000　　（貸）前渡金　　　250,000
　　　　　　　　　　　　　　　　　　　　　　工事未払金　2,250,000
　　　　（注）(5,000,000×0.75)－1,250,000＝2,500,000

10/31　（借）工事未払金　2,250,000　　（貸）普通預金　2,250,000

(3) 外注費関連の記帳

次の例題によって確認しよう。

例題 2-5

次の外注費に関する資料により、指示された元帳の記入を行うとともに、外注費に関する当月発生工事原価と当月完成工事原価の金額を記入しなさい。

〈月初及び月末の外注費に関する資料〉

	月 初	月 末
ア．未成工事支出金 （うち外注費）	¥340,000	¥420,000
イ．工事未払金 　　外注費	¥89,000	¥106,000
ウ．当月外注費支払額	¥1,230,000	

解答

```
         外注費                           未成工事支出金（外注費のみ）
(当月支払額)(1,230,000)|(工事未払金)( 89,000)   (前月繰越)( 340,000)|(完成工事原価)(1,167,000)
                      |(前月未払)               (外注費)  (1,247,000)|(次月繰越)  ( 420,000)
(工事未払金)( 106,000)|(未成工事支出金)(1,247,000)  (当月発生)
(当月未払)            |(当月発生)                        (1,587,000)         (1,587,000)
           (1,336,000)|          (1,336,000)

       完成工事原価（外注費のみ）
(未成工事支出金)(1,167,000)|
```

① 当月発生工事原価　¥ 1 2 4 7 0 0 0

② 当月完成工事原価　¥ 1 1 6 7 0 0 0

〈ポイントとなる仕訳〉

★月初未払外注費の振替　（借）工事未払金　　89,000　（貸）外注費　　　　89,000
★当月外注費支払額　　　（借）外注費　　1,230,000　（貸）現　金　　1,230,000
★月末未払外注費の計上　（借）外注費　　　106,000　（貸）工事未払金　　106,000
★当月外注費の発生高　　（借）未成工事支出金 1,247,000　（貸）外注費　　1,247,000
★完成工事原価への振替　（借）完成工事原価 1,167,000　（貸）未成工事支出金 1,167,000

❺ 経費の分類と計算・記帳

(1) 経費の意義と分類
① 経費の意義
　ア．経費とは……材料費、労務費、外注費として区分した原価要素に所属させることのなかったその他のすべての費用
　イ．建設業の経費の内容……一般の製造業より多種多様

② 建設省告示による経費
建設省告示は、経費を次のように定義している。

> 完成工事について発生し、又は負担すべき材料費、労務費及び外注費以外の費用で、動力用水光熱費、機械等経費、設計費、労務管理費、租税公課、地代家賃、保険料、従業員給料手当、退職金、法定福利費、福利厚生費、事務用品費、通信交通費、交際費、補償費、雑費、出張所等経費配賦額等
> （うち人件費）経費のうち従業員給料手当、退職金、法定福利費及び福利厚生費

(2) 経費の計算
① 支払経費……支払の事実に基づいてその発生額を測定する費目。
　　（例）通信交通費、交際費、事務用品費、外部に支払う設計費等
② 月割経費……1事業年度あるいは1年という期間の全体についてその発生額が把握される場合、通常の原価計算期間である1ヵ月に割り当て、その発生額を確定するもの。
　　（例）減価償却費、保険料、租税公課等
③ 測定経費……原価計算期間における消費額を、計器類等によって測定し、それを基礎として当該期間の経費額を決定するもの。
　　（例）電力料、ガス代、水道料等
④ 発生経費……原価計算期間中の発生額をもってしか、その消費分を測定できないもの。
　　（例）棚卸減耗費等

(3) 経費関連の記帳

次の例題によって確認しよう。

例題 2-6

次の経費に関する資料により、指示された元帳の記入を行うとともに、経費に関する当月発生工事原価と当月完成工事原価の金額を記入しなさい。

(1) 月初及び月末の経費に関する資料

		月　初	月　末
ア．未成工事支出金			
	経　費	¥358,000	¥349,000
	（経費中、人件費）	(¥ 87,000)	(¥ 74,000)
イ．工事未払金			
	事務用品費	¥ 52,000	¥ 59,000
ウ．前払費用			
	保険料	¥ 45,000	¥ 38,000
	地代家賃	¥ 39,000	¥ 32,000

(2) 当月経費支払額

動力用水光熱費	¥156,000	機械等経費	¥147,000	地代家賃	¥136,000
保険料	¥123,000	従業員給料手当	¥194,000	法定福利費	¥138,000
福利厚生費	¥145,000	事務用品費	¥127,000	通信交通費	¥ 31,000

解答

経　費

（当月支払）	(1,197,000)	（工事未払金） （前月未払）	(52,000)
（前払費用） （前月前払）	(84,000)	（前払費用） （当月発生）	(70,000)
（工事未払金） （当月未払）	(59,000)	（未成工事支出金） （当月発生）	(1,218,000)
	(1,340,000)		(1,340,000)

工事未払金

（経　費）	(52,000)	（前月繰越）	(52,000)
（次月繰越）	(59,000)	（経　費）	(59,000)
	(111,000)		(111,000)

未成工事支出金（経費のみ）				前払費用			
（前月繰越）	(358,000)	（完成工事原価）	(1,227,000)	（前月繰越）	(84,000)	（経　　費）	(84,000)
（経　費）（当月発生）	(1,218,000)	（次月繰越）	(349,000)	（経　　費）	(70,000)	（次月繰越）	(70,000)
	(1,576,000)		(1,576,000)		(154,000)		(154,000)

完成工事原価（経費のみ）	
（未成工事支出金）(1,227,000)	

経費（うち人件費）				未成工事支出金（経費――人件費）			
（当月支払）	(477,000)	（未成工事支出金）（当月発生）	(477,000)	（前月繰越）	(87,000)	（完成工事原価）	(490,000)
				（経　費）（当月発生）	(477,000)	（次月繰越）	(74,000)
					(564,000)		(564,000)

完成工事原価（経費――人件費）	
（未成工事支出金）(490,000)	

① 当月発生工事原価　¥ 1,218,000　（うち人件費）(¥ 477,000)

② 当月完成工事原価　¥ 1,227,000　（うち人件費）(¥ 490,000)

〈ポイントとなる仕訳〉

　（注）経費の細分科目は、単なる明細と考え、仕訳は「経費」勘定を用いるとよい。

★月初未払経費の振替　（借）工事未払金　52,000　（貸）経　　費　52,000
★月初前払経費の振替　（借）経　　費　84,000　（貸）前払費用　84,000
★当月経費支払額　　　（借）経　　費　1,197,000　（貸）現　　金　1,197,000
★月末未払経費の計上　（借）経　　費　59,000　（貸）工事未払金　59,000
★月末前払経費の計上　（借）前払費用　70,000　（貸）経　　費　70,000
★当月経費の発生高　　（借）未成工事支出金　1,218,000　（貸）経　　費　1,218,000
★完成工事原価への振替（借）完成工事原価　1,227,000　（貸）未成工事支出金　1,227,000

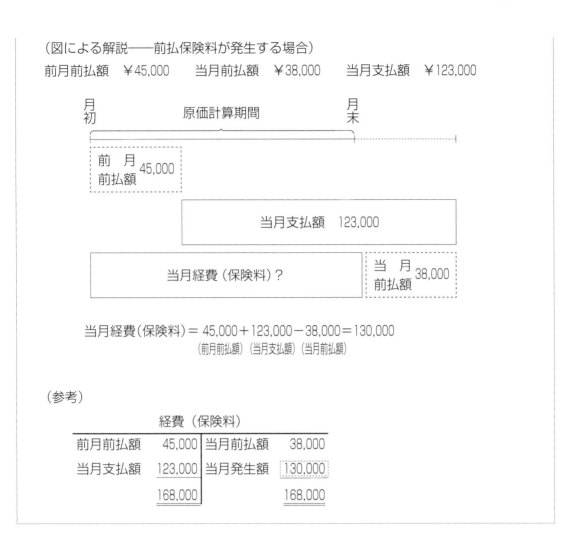

❻ 工事原価の費目別計算のまとめ

1 工事原価明細表

(1) 発生工事原価と完成工事原価

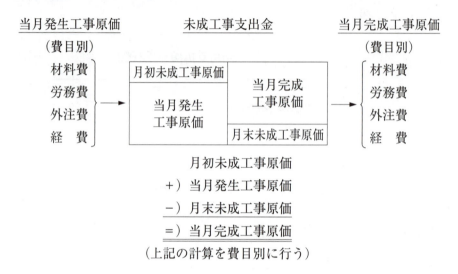

月初未成工事原価
+）当月発生工事原価
−）月末未成工事原価
＝）当月完成工事原価
（上記の計算を費目別に行う）

(2) 工事原価明細表の作成

　発生工事原価と完成工事原価という2つの工事原価を対比するために「工事原価明細表」を作成することがある。

例題 2-7

令和X1年10月の工事原価に関する次の〈資料〉に基づいて、解答用紙に示す月次の「工事原価明細表」を完成しなさい。

〈資料〉(単位:円)

1. 月初・月末の各勘定残高

		月　初	月　末
イ．	材料	69,400	72,300
ロ．	未成工事支出金	361,210	362,460
	内訳：材料費	143,860	139,780
	労務費	56,240	60,840
	外注費	123,500	119,750
	経　費	37,610	42,090
	（経費中、人件費）	(24,550)	(31,670)
ハ．	工事未払金		
	未払賃金	15,400	18,960
	未払外注費	18,000	19,500
	未払交際費	4,600	5,800
ニ．	前払費用		
	地代家賃	17,000	18,000
	保険料	2,350	3,490

2. 当月材料仕入高

　イ．総仕入高　1,867,630　　ロ．値引・返品高　39,240　　ハ．仕入割引高　38,620

3. 当月工事関係費用支払高（材料費を除く）

賃　　金	680,930	外注費	957,610	動力用水光熱費	84,360
機械等経費	109,570	地代家賃	76,680	保険料	9,300
従業員給料手当	114,630	法定福利費	10,760	福利厚生費	31,020
事務用品費	54,390	通信交通費	24,350	交際費	27,560

解答

工事原価明細表
令和X1年10月
(単位:円)

	当月発生工事原価	当月完成工事原価
Ⅰ. 材 料 費	1,825,490	1,829,570
Ⅱ. 労 務 費	684,490	679,890
Ⅲ. 外 注 費	959,110	962,860
Ⅳ. 経 費	541,680	537,200
(うち人件費)	(156,410)	(149,290)
合 計	4,010,770	4,009,520

解説

(1) 元帳記入での解説

材 料

月初	69,400	値引・返品	39,240
総仕入	1,867,630	未成工事支出金	1,825,490
		月末	72,300
	1,937,030		1,937,030

(仕入割引は控除しない)

未成工事支出金(材料費)

月初	143,860	完成工事原価	1,829,570
当月発生	1,825,490	月末	139,780
	1,969,350		1,969,350

賃 金

当月支払	680,930	月初未払	15,400
月末未払	18,960	未成工事支出金	684,490
	699,890		699,890

未成工事支出金(労務費)

月初	56,240	完成工事原価	679,890
当月発生	684,490	月末	60,840
	740,730		740,730

外注費

当月支払	957,610	月初未払	18,000
月末未払	19,500	未成工事支出金	959,110
	977,110		977,110

未成工事支出金(外注費)

月初	123,500	完成工事原価	962,860
当月発生	959,110	月末	119,750
	1,082,610		1,082,610

経 費

(注1)当月支払	542,620	月初未払(注2)	4,600
(注3)月初前払	19,350	月末前払(注5)	21,490
(注4)月末未払	5,800	未成工事支出金	541,680
	567,770		567,770

未成工事支出金(経費)

月初	37,610	完成工事原価	537,200
当月発生	541,680	月末	42,090
	579,290		579,290

(注1) 資料3. のうち賃金と外注費以外の科目の合計額
(注2) 資料1. ハの未払交際費の額（月初）
(注3) 資料1. ニの地代家賃と保険料の合計額（月初）
(注4) 資料1. ハの未払交際費の額（月末）
(注5) 資料1. ニの地代家賃と保険料の合計額（月末）

経費（うち人件費）				未成工事支出金（経費中、人件費）			
(注)当月支払	156,410	未成工事支出金	156,410	月初	24,550	完成工事原価	149,290
				当月発生	156,410	月末	31,670
					180,960		180,960

（注）資料3. のうち、従業員給料手当、法定福利費、福利厚生費の合計額

(2) 未成工事支出金の元帳記入を省略した場合は、次の要領で完成工事原価の計算ができる。

	材料費	労務費	外注費	経費	（うち人件費）	計
月初未成工事原価	143,860	56,240	123,500	37,610	(24,550)	361,210
＋）当月発生工事原価	＋）1,825,490	＋）684,490	＋）959,110	＋）541,680	（＋）156,410	＋）4,010,770
－）月末未成工事原価	－）139,780	－）60,840	－）119,750	－）42,090	（－）31,670	－）362,460
＝）完成工事原価	1,829,570	679,890	962,860	537,200	(149,290)	4,009,520

演習 2-4

次の資料は、令和×年11月の工事原価関係資料である。月次の「工事原価明細表」を完成しなさい。なお、材料については購入時資産処理法によっている。

〈資料〉（単位：円）

(1) 月初及び月末の各勘定残高

		月　初	月　末
イ．	材　料	65,000	72,000
ロ．	未成工事支出金		
	材料費	173,000	158,000
	労務費	114,000	99,000
	外注費	136,000	117,000
	経　費	67,000	54,000
	（経費中、人件費）	(38,000)	(26,000)
ハ．	工事未払金		
	未払賃金	25,000	19,000
	未払外注費	36,000	33,000
	未払事務用品費	8,000	12,000
ニ．	前払費用		
	前払保険料	4,000	5,000
	前払地代家賃	7,000	9,000

(2) 当月材料仕入高
- イ．総仕入高　　904,000
- ロ．値引・返品高　38,000
- ハ．仕入割引高　　16,000

(3) 当月賃金支払高　426,000

(4) 当月外注費支払高　585,000

(5) 当月経費支払高

動力用水光熱費	59,000	機械等経費	48,000
地代家賃	29,000	保険料	13,000
従業員給料手当	97,000	法定福利費	26,000
福利厚生費	24,000	事務用品費	31,000
通信交通費	22,000		

工事原価明細表
令和X年11月

(単位:円)

	当月発生工事原価	当月完成工事原価
Ⅰ. 材 料 費		
Ⅱ. 労 務 費		
Ⅲ. 外 注 費		
Ⅳ. 経　　費		
(うち人件費)	( )	( )
合　計		

2 直接材料費及び直接労務費の計算問題

演習2-5

当月実施した807号工事の工事台帳の作成に関して、下記の設問に解答しなさい。計算の過程で端数が生じた場合は、すべて円位未満四捨五入すること。

問1　807号工事と812号工事のため、商社から鉄骨材を購入し各工事現場に搬入した。仕入と搬入に関するデータは次のとおり。

　　　購入単価　¥10,900　　　購入数量　74本
　　　現場搬入数量　807号現場へ　41本　　　812号現場へ　33本
　　　仕入・搬入に要した運賃　¥11,544

807号工事の工事台帳に記入すべき材料費はいくらか、計算しなさい。

問2　常雇のクレーン運転手の月額給与は¥310,620である。当月は、807号工事現場での夜勤作業のため、¥27,900（9時間作業）の超勤手当が追加して支給された。当月の作業日報のデータは次のとおり。

　　　807号工事　83時間　　812号工事　42時間　　814号工事　51時間

807号工事の工事台帳に記入すべき労務費はいくらか、計算しなさい。

問3　当月には、次のような費用が発生した。807号工事の工事台帳に記入すべき項目には○、当該工事原価に算入すべきでない項目に×を、所定の欄に記入しなさい。なお、解答欄のすべてに「○」または「×」と記入した場合は、採点の対象としない。

　① 807号工事を管轄する支店の総務課員給与
　② 807号工事現場の安全管理講習会費用
　③ 807号工事の外注契約書印紙代
　④ 本社営業部員との懇親会費用
　⑤ 807号工事現場での資材盗難による損失

問1　材料費　¥ [　　　　　]

問2　労務費　¥ [　　　　　]

問3　（○あるいは×）

①	②	③	④	⑤

演習 2-6

神奈川建設株式会社における2月度の甲材料の受払状況は、〈資料〉のとおりであった。同社の甲材料の2月度払出し価額を先入先出法及び総平均法により計算しなさい。なお、総平均法の計算過程において算出される、払出し単価は円位未満を切り捨てること。

〈資料〉

甲材料の2月度の受払状況

2月1日	前月繰越	200kg	@¥480
5日	払 出 し	160kg	
10日	受 入 れ	130kg	@¥520
17日	払 出 し	80kg	
21日	払 出 し	70kg	
24日	受 入 れ	60kg	@¥530

先入先出法　¥ 153,200

総 平 均 法　¥ 155,310

演習 2-7

千葉建設株式会社の令和X6年9月の甲材料の受払の状況は、次の〈資料〉のとおりである。これに基づき、下記の設問に解答しなさい。なお、払出単価の計算の過程で端数が生じた場合、円未満を四捨五入すること。

〈資料〉

材 料 元 帳

甲材料　　　　　　　　　　令和X6年9月　　　（数量：kg、単価及び金額：円）

月	日	摘　要	受　入			払　出			残　高		
			数量	単価	金額	数量	単価	金額	数量	単価	金額
9	1	前月繰越	400	150	60,000				400	150	60,000
	5	品川建材より仕入れ	100	140	14,000				500	XXX	XXX
	9	X工事に払出し				250	XXX	(A)	250	XXX	XXX
	12	川崎建材より仕入れ	500	160	80,000				750	XXX	XXX
	16	Y工事に払出し				400	XXX	(B)	350	XXX	XXX
	20	川崎建材より仕入れ	250	150	37,500				600	XXX	XXX
	26	Z工事に払出し				370	XXX	(C)	230	XXX	XXX
	30	次月繰越				230	XXX	XXX			
			1,250	—	XXX	1,250	—	XXX			

問1　払出単価の計算を移動平均法で行う場合の（A）～（C）の金額を計算しなさい。
問2　払出単価の計算を先入先出法で行う場合の（A）～（C）の金額を計算しなさい。

問1　移動平均法　　　　　問2　先入先出法

（A）¥ 　　　（A）¥

（B）¥ 　　　（B）¥

（C）¥ 　　　（C）¥

3 工事間接費（現場共通費）の配賦

❶ 工事間接費（現場共通費）の意義と集計

(1) 工事間接費（現場共通費）の意義

工事原価計算の中心的な目的……適正な工事別原価を算定すること
★工事直接費……各工事に固有に発生する工事原価
★工事間接費……複数の工事に共通して発生する工事原価
　　　　　　　→ 各工事に直接的に賦課することのできない原価
　　　　　　　⇒ 各工事に配賦する計算手続が必要になる
　　　　　　　　（工事原価計算の最も重要かつ困難な計算作業）
建設業では、工事間接費を現場共通費と呼ぶこともある。

① 工事間接費の主な内容
　ア．複数の工事現場で連続的に、しかも長期的に使用される建設設備や物品の使用損耗分及びその稼動に関連する支出。たとえば、仮設材料費、建設機械・車両の減価償却費等。
　イ．複数の工事を管理する現場事務所（あるいは出張所）の経費。
　ウ．複数の工事に関係する技術や現場管理に携わる給料手当等。
　エ．材料副費のうち、各材料の取得原価に算入しなかったもの。
　　　（注）材料副費とは、材料の購入から消費に至るまでに付随して発生する費用をいう。たとえば、買入手数料、引取運賃、保険料等である。
　オ．労務副費で、各工事の労務費に賦課しなかったもの。

② 工事間接費の位置づけ
　「工事間接費」という勘定は、費目別計算と工事別計算を結びつける役割を果たしているともいえる。この関係を図示すると次のようになる。

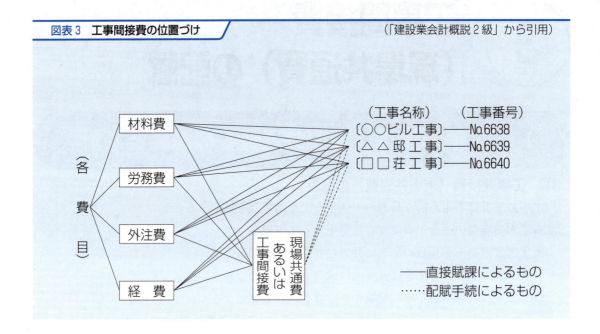

図表3　工事間接費の位置づけ　　　　　　　　（「建設業会計概説2級」から引用）

(2) 工事間接費の集計

★工事直接費……「未成工事支出金」勘定に直接集計する。
　　　　　　　（工事台帳には、その発生額を直接記帳する。）

★工事間接費……一旦「工事間接費」勘定に集計する。その後、何らかの配賦基準に基づいて、各工事への配賦額を計算する。配賦額が決定した時点で「工事間接費」勘定から「未成工事支出金」勘定に振り替えるとともに工事台帳に記帳する。

上記の関係をまとめると次のとおりである。

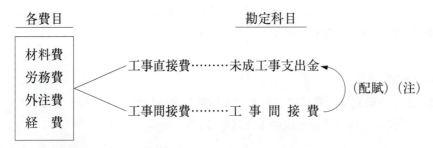

（注）配賦基準……価額基準、時間基準、数量基準等（後述）

① 振替関係の仕訳
［設例］

	当月発生額	うち工事直接費	うち工事間接費
材料費	2,500	2,100	400
労務費	2,600	2,300	300
外注費	3,400	3,200	200
経　費	2,200	1,500	700
	10,700	9,100	1,600

ア．材料費の振替
　　（借）未成工事支出金　2,100　　（貸）材料費　　2,500
　　　　　工事間接費　　　　400
イ．労務費の振替
　　（借）未成工事支出金　2,300　　（貸）労務費　　2,600
　　　　　工事間接費　　　　300
ウ．外注費の振替
　　（借）未成工事支出金　3,200　　（貸）外注費　　3,400
　　　　　工事間接費　　　　200
エ．経費の振替
　　（借）未成工事支出金　1,500　　（貸）経　費　　2,200
　　　　　工事間接費　　　　700
オ．工事間接費から未成工事支出金への振替

［設例］工事間接費の各工事への配賦額は次のとおり計算された。
　　　（101号工事）900　　（102号工事）600　　（103号工事）100
　　　（借）未成工事支出金　1,600　　（貸）工事間接費　　1,600

② 振替関係の勘定連絡図

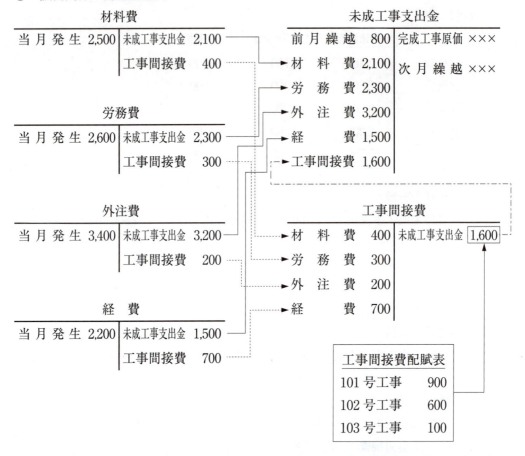

❷ 工事間接費の配賦原則と方法

　工事間接費は、工事間接費勘定に集計され、適切な配賦基準を選択して、個々の工事に配賦されなければならない。
　ここでは、工事間接費を直接的に各工事に配賦する方法について学習していきたい。

(1) 配賦の一般原則

　工事間接費の各工事現場への配賦計算は、原則として、次の算式に従って実施される。
① 配賦率を求める。

$$\text{配賦率（注）} = \frac{\text{一定期間の工事間接費}}{\text{同上期間の配賦基準数値の総計}}$$

② 各工事への配賦額を計算する。

$$\text{各工事への配賦額} = \text{各工事の配賦基準数値} \times \text{配賦率}$$

(注)

　配賦率という言葉から、％あるいは割合をイメージするが、「配賦基準数値1単位あたりの金額」つまり「単価」と考えると理解しやすい（後で実際に計算する時に確認してほしい）。

（参考）①と②を合算して計算する方法もある。

$$各工事への配賦額 = 一定期間の工事間接費 \times \frac{各工事の配賦基準数値}{一定期間の配賦基準数値の総計}$$

試験対策としては、①②の計算方式をしっかり理解していきたい。

(2) 具体的な配賦基準

工事間接費の具体的な配賦基準には、次のようなものがある。
① 価額基準（あるいは金額基準）
　ア．直接材料費基準
　イ．直接賃金基準（あるいは直接労務費基準）
　ウ．直接原価基準
　エ．直接材料費プラス直接労務費基準（素価基準）
　オ．直接労務費プラス外注費基準
② 時間基準
　ア．直接作業時間基準
　イ．機械運転時間基準
　ウ．車両運転時間基準
③ 数量基準
　　材料や製品の個数、重量、長さ等の数量を基準とする方法
④ 売価基準
　　工事契約額、完成工事高等を基準とする方法

上記のうち、試験では①と②を配賦基準とする出題が多い。

(3) 価額基準による配賦額の計算

① 直接材料費基準

　工事間接費の発生が、主として、工事用材料の購入、保管、運搬等に関連している場合に適切な基準である。その算式は次のとおりである。

$$配賦率 = \frac{一定期間の工事間接費}{同上期間の直接材料費総額}$$

$$各工事への配賦額 = 各工事の直接材料費 \times 配賦率$$

演習 3-1 （下に示してある「計算過程」に従って計算すること）

次の資料に基づき、当月に発生した工事間接費￥360,000を価額基準（直接材料費基準）によって配賦額を計算し、工事間接費配賦表を作成しなさい。また、工事間接費勘定から未成工事支出金勘定に振り替える仕訳と総勘定元帳への転記を示しなさい。

当月の直接原価資料	1号現場	2号現場	3号現場	4号現場	合　計
材　料　費	￥180,000	￥240,000	￥140,000	￥160,000	￥720,000
労　務　費	￥130,000	￥160,000	￥90,000	￥70,000	￥450,000
外　注　費	￥140,000	￥150,000	￥160,000	￥90,000	￥540,000
経　　　費	￥30,000	￥20,000	￥10,000	￥30,000	￥90,000
計	￥480,000	￥570,000	￥400,000	￥350,000	￥1,800,000

工事間接費配賦表

配賦基準	工事間接費	配賦率	1号現場	2号現場	3号現場	4号現場
直接材料費基準						

〈工事間接費から未成工事支出金への振替仕訳〉

借方科目	金　額	貸方科目	金　額

```
        工事間接費                              未成工事支出金
材料費等  360,000 │ (    )(        )      材料費等 ×××××  │
                                          (      )(        ) │
```

----計算過程----

工事間接費(￥　　　　)÷直接材料費合計(￥　　　　)＝(　　　　)配賦率

1号現場の直接材料費(￥　　　　)×配賦率(　　　　)＝(￥　　　　)1号現場の配賦額
2号現場の直接材料費(￥　　　　)×配賦率(　　　　)＝(￥　　　　)2号現場の配賦額
3号現場の直接材料費(￥　　　　)×配賦率(　　　　)＝(￥　　　　)3号現場の配賦額
4号現場の直接材料費(￥　　　　)×配賦率(　　　　)＝(￥　　　　)4号現場の配賦額

② 直接労務費基準及び直接原価基準
　ア．直接労務費基準……工事間接費の発生が、主として、工事に直接的に従事する労務者賃金と比例的である場合に適切な基準である。
　イ．直接原価基準……直接材料費、直接労務費、直接外注費、直接経費の合計額を配賦基準として用いる方法である。工事間接費の発生が、直接原価全体と比例関係にあると考えた場合に適用する基準である。

演習 3-2

《演習3-1》の資料に基づき、工事間接費¥360,000を直接労務費基準及び直接原価基準によって配賦額を計算し、工事間接費配賦表を作成しなさい。

工事間接費配賦表

配賦基準	工事間接費	配賦率	1号現場	2号現場	3号現場	4号現場
直接労務費基準						
直接原価基準						

(4) 時間基準による配賦額の計算

① 直接作業時間基準

配賦基準数値として、各工事に要した直接工事作業時間総数を用いる方法である。建設業では、労務管理などの現場管理業務についての工事間接費の配賦に適しているといえる。

$$配賦率 = \frac{一定期間の工事間接費}{同上期間の直接作業時間総数}$$

各工事への配賦額＝各工事の直接作業時間数×配賦率

② 機械運転時間基準

建設機械の運転時間数を配賦基準とする方法である。機械減価償却費、修繕費、運搬費等は、各工事の間接費であることがほとんどである。これらの機械等経費の配賦には、機械運転時間基準が適切である。

③ 車両運転時間基準

機械や人員の運搬、輸送に使用する車両の運転時間数を配賦基準とする方法である。建設業では、工事規模が大きくなるほど、車両関係の費用が多額となり、工事間接費となることが多い。

演習 3-3　（下に示してある「計算過程」に従って計算すること）

次の資料に基づき、当月に発生した工事間接費￥360,000 について、時間基準によって配賦額を計算し、工事間接費配賦表を作成しなさい。

当月の稼動時間資料	1号現場	2号現場	3号現場	4号現場	合　計
直接作業時間	140 時間	250 時間	170 時間	190 時間	750 時間
機械運転時間	85 時間	68 時間	53 時間	94 時間	300 時間
車両運転時間	42 時間	65 時間	49 時間	84 時間	240 時間

工事間接費配賦表

配賦基準	工事間接費	配賦率	1号現場	2号現場	3号現場	4号現場
直接作業時間基準	360,000					
機械運転時間基準	360,000					
車両運転時間基準	360,000					

計算過程（直接作業時間基準）

工事間接費(￥　　　)÷直接作業時間合計(　　時間)＝(￥　　　)配賦率

1号現場の直接作業時間(　　時間)×配賦率(￥　　　)＝(￥　　　)1号現場の配賦額
2号現場の直接作業時間(　　時間)×配賦率(￥　　　)＝(￥　　　)2号現場の配賦額
3号現場の直接作業時間(　　時間)×配賦率(￥　　　)＝(￥　　　)3号現場の配賦額
4号現場の直接作業時間(　　時間)×配賦率(￥　　　)＝(￥　　　)4号現場の配賦額

3 工事間接費(現場共通費)の配賦

(5) 工事間接費の配賦に関する個別問題

例題 3-1

D建設㈱では、2名の技術職員を配して、工事現場管理を実施している。次の資料によって、個別配賦法と平均配賦法による人件費の配賦を行いなさい。

〈資料〉

1. 技術職員2名の作業日報の総括

	技術職員(甲)	技術職員(乙)
A工事現場	54時間	28時間
B工事現場	71	66
C工事現場	37	73
計	162時間	167時間

2. 技術職員2名の人件費(月間)

    技術職員(甲) 420,860円
    技術職員(乙) 351,550円

解答

〔個別配賦法〕

	技術職員(甲)	技術職員(乙)	合 計
配賦率	$\frac{420,860}{162 時間}=2,597.90123\cdots\cdots$☆	$\frac{351,550}{167 時間}=2,105.0898\cdots\cdots$★	
A工事	☆×54時間=140,287	★×28時間= 58,942	199,229
B工事	☆×71時間=184,451	★×66時間=138,936	323,387
C工事	☆×37時間= 96,122	★×73時間=153,672	249,794
	420,860	351,550	772,410

(注) ☆……配賦率を電卓にメモリーし、配賦額は四捨五入。　★……配賦率を電卓にメモリーし、配賦額は四捨五入するが、総額の調整のためA工事については切り捨てている。

〔平均配賦法〕

配賦率 $\frac{420,860+351,550}{162 時間+167 時間}=\frac{772,410}{329 時間}=2,347.75075\cdots\cdots$☆

A工事　☆×(54+28)=☆× 82時間= 192,515　(総額調整のため切り捨て)

```
  B工事   ☆×(71+66)＝☆×137時間＝ 321,642
  C工事   ☆×(37+73)＝☆×110時間＝ 258,253  （四捨五入）
                                    ───────
                                    772,410
```

❸ 予定配賦法と配賦差異

1 予定配賦法の意義

　工事間接費の配賦について、今まで学習してきた内容は、実際配賦法に基づく計算であった。つまり、工事間接費の実際発生額を基礎に配賦率を求め各工事への配賦額を決定する方法である。

　ところが、この実際配賦法は、工事間接費の実際発生額を把握してから配賦計算を実施することになり、計算の迅速性と配賦の正常性の2面から欠陥をもっている。

　その欠陥を補うために生まれた予定配賦法とは、工事間接費の実際発生額が確定する前に、予定配賦率を定め、各工事への配賦額を決定する方法である。予定配賦法によれば、工事間接費の予定配賦額と実際発生額との間に差異が発生することになるが、この差異を"**工事間接費配賦差異**"と呼ぶ。

(1) 予定配賦の方法

$$予定配賦率＝\frac{一定期間の工事間接費予定額（予算額）}{同上期間の予定配賦基準数値（基準操業度）}$$

$$各工事への予定配賦額＝各工事の配賦基準数値×予定配賦率$$

(2) 予定配賦法の優位点

① 計算の迅速性

　工事間接費の配賦計算を実際額によって行うとすると、その計算は原価計算期末にならないと実施できない。なぜならば、上記予定配賦率の計算式の分母である配賦基準数値の実際値が月末にならないと確定しないからである。

　予定配賦法では、期のはじめから配賦率をもっているので、完了作業の原価を迅速に算出できることになる。

② 配賦の正常性

建設業でいう工事間接費は、操業度の変動にほとんど影響されることのない固定費が大半を占めている（たとえば、機械等の減価償却費、現場管理要員の人件費もほぼ月給化した固定費である）。

ア．実際配賦法の場合

★工事繁忙期……各工事現場に負担させる配賦額は少額となる。（配賦率の計算式の分母となる配賦基準数値が大きくなるが、分子は一定と考えるため）

★工事閑散期……各工事現場に負担させる配賦額は多額となる。（分母の数値は小さくなるが分子は一定と考えるため）

上記のようにその月の操業度の相違によって、工事間接費の負担額が異なるのは不公平になる。

イ．予定配賦法の場合

各月の操業度の変動ではなく、同じような規模の工事には同程度の共通費負担をさせるように配慮し、実際配賦法による不公平を排除する。

③ 情報あるいはデータの適時性と有効性

入札価格や契約価格等の適切な見積及び差異の算出による原価管理等、経営管理上有効なコントロール・システム作りの基礎になりうる。

(3) 予定配賦基準数値（基準操業度）

予定配賦率の計算式の分母の設定のために、予定配賦基準数値を選択しなければならない。最もよく利用されるものとして基準操業度がある。

基準操業度とは、予算の設定上選択された企業の生産活動度合をいう。それには、次のようなものがある。

① 次期予定操業度

対象期間において、現実に予想される操業度である。短期予算管理にはマッチしやすい。

② 長期正常操業度

長期すなわち数年間の平均化された操業度をいう。長期利益計画を重視する企業では選択する意義がある。

③ 実現可能最大操業度

経営の有する能力を、正常状態で最大限に発揮した時に期待される操業度である。工事現場への配賦額は他の操業度概念を利用した場合より少なくなり（配賦率の分母が最大となるため）、機械等の未使用によるコスト（アイドル・コスト）を知るために役立つ。

演習 3-4

神奈川建設株式会社は、所有する建設機械について各現場で共通に使用しており、各工事原価への賦課については、機械稼働時間に基づく予定配賦法を採用している。以下の〈資料〉に基づき各設問に答えなさい。なお、計算過程で端数が生じた場合は、円位未満を四捨五入すること。

〈資料〉

1. M建設機械（馬力数800馬力）の年間予算

    減価償却費　¥150,000
    機械保守費　¥840,000
    機械修繕費　¥520,000
    機械運搬費　¥380,000

2. 建設機械全体の共通予算

    共通費総額　¥2,384,000
    機械総馬力数　3,200馬力
    共通予算は機械馬力数によって個々の機械に負担させる。

3. M建設機械の最大稼動時間　年間220日　1日8時間

4. 次期以降のM建設機械の予定稼動時間

    1年目（次期）　1,720時間
    2年目　1,630時間
    3年目　1,610時間
    4年目　1,540時間

問1　次期予定操業度におけるM建設機械の予定配賦率を計算しなさい。
問2　長期正常操業度におけるM建設機械の予定配賦率を計算しなさい。
問3　実現可能最大操業度におけるM建設機械の予定配賦率を計算しなさい。

問1　¥　　　　　　　　問2　¥　　　　　　　　問3　¥

2 配賦差異の計算

予定配賦率を使用すれば、予定配賦額と実際発生額との間に差異が生ずる。この差異を工事間接費配賦差異と呼ぶ。

(1) 仕訳と勘定記入

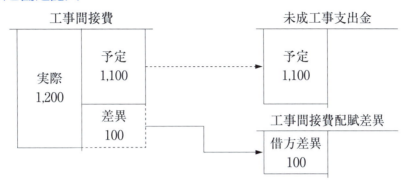

ア．予定配賦額　（借）未 成 工 事 支 出 金　1,100　（貸）工 事 間 接 費　1,100
イ．実際発生額　（借）工 事 間 接 費　1,200　（貸）諸　　　口　1,200
ウ．配 賦 差 異　（借）工事間接費配賦差異　100　（貸）工 事 間 接 費　100

借方(に発生した)差異

(2) 配賦差異の内容

① 実際発生額＞予定配賦額

　ア．配賦不足

　イ．工事間接費配賦差異勘定の借方に計上される ➡ 借方差異

　ウ．不利差異と呼ぶ場合もある（注）

② 実際発生額＜予定配賦額

　ア．配賦超過

　イ．工事間接費配賦差異勘定の貸方に計上される ➡ 貸方差異

　ウ．有利差異と呼ぶ場合もある（注）

　（注）

　　予定配賦額は、いわば原価の目標額を意味する。

　●実際＞予定

　　"コスト・アップ" ➡ 会社にとって望ましくない

　　　　　　　　　　　➡ 不利差異

　●実際＜予定

　　"コスト・ダウン" ➡ 会社にとって望ましい

　　　　　　　　　　　➡ 有利差異

(3) 配賦差異の月次処理

配賦差異は、原則として、月次では処理せず、会計年度末で、その残額を一括して処理するのが通例である。その詳細は1級の範囲であり、2級では、その残額は「次月繰越」として記帳する出題になっている。

例題 3-2
（「建設業会計概説2級」から引用：一部改）

秋田建設㈱の現場技術者に対する従業員給料手当（工事間接費）に関する資料は下記のとおりである。

(1) 今会計年度の予定配賦率を計算しなさい。
(2) 当月のNo.107工事に対する配賦額を計算しなさい。
(3) 配賦差異を算出しなさい。
(4) 次の勘定を使用しているとして、その勘定記入面を示しなさい。
〔未成工事支出金〕〔工事間接費〕〔工事間接費配賦差異〕

〈資料〉

イ．今会計年度の従業員給料手当予算額　　37,840,000円
ロ．今会計年度の現場管理延予定作業時間　17,200時間
ハ．当月の工事別現場管理実際作業時間
　　No.107工事　　　348時間
　　その他の工事　1,092時間
　　　　計　　　　1,440時間
ニ．当月の従業員給料手当実際発生額　　　3,190,000円

解答

(1) 今会計年度の予定配賦率
　　37,840,000円÷17,200時間＝2,200円
(2) No.107工事への配賦額
　　2,200円×348時間＝765,600円
(3) 配賦差異の計算
　　予定配賦額　2,200円×1,440時間＝3,168,000
　　実際発生額　　　　　　　　　　　3,190,000
　　　配賦差異　　　　　　　　　　　△22,000（借方差異、不利差異）

(4) 勘定記入

工事間接費		未成工事支出金	
（実際）3,190,000	3,168,000（予定）	3,168,000	
	22,000（差異）		

工事間接費配賦差異	
22,000	

〔仕訳〕
- 予定配賦額　（借）未成工事支出金　　　3,168,000　（貸）工事間接費　　3,168,000
- 実際発生額　（借）工事間接費　　　　　3,190,000　（貸）諸　　　口　　3,190,000
- 配 賦 差 異　（借）工事間接費配賦差異　　22,000　（貸）工事間接費　　　　22,000

⇩
借方(に発生した)差異

演習 3-5　（現場監督者給料手当の予定配賦に関する問題）

株式会社山形工務店は、複数の工事現場を監督するために 2 名（A 及び B）の専任要員を雇用している。このコストについては、現場監督作業時間を基準とした予定配賦法を採用している。次の各問に解答しなさい。

問 1　当会計期間の予定配賦率（単一配賦率）を計算しなさい。なお、この計算過程において生じた端数は円位未満を四捨五入する。

問 2　当月の№ 545 工事に対する現場監督者給料手当の予定配賦額を計算しなさい。

問 3　当月の現場監督者給料手当に関する配賦差異を計算しなさい。なお、配賦差異については借方差異の場合には“借”、貸方差異の場合には“貸”の記号を所定の欄に記入しなさい。

〈資料〉

(1) 当会計期間の現場監督者給料手当予算額　監督者 A　￥5,245,650
　　監督者 B　￥4,368,200
(2) 当会計期間の現場監督延予定作業時間　2,370 時間
(3) 当月の工事別現場監督実際作業時間　№ 545 工事　83 時間
　　その他の工事　321 時間
(4) 当月の現場監督者給料手当実際発生額　￥1,512,420

問 1　￥

問 2　￥

問 3　￥

3 工事間接費（現場共通費）の配賦

演習 3-6　（車両関係費の予定配賦に関する問題）

藤沢建設株式会社は、所有する2台の車両（A・B）を使用して各現場の管理を行っている。車両関係費合計額を各工事に配賦するために、車両走行距離を基準とした予定配賦法を採用している。下記の〈資料〉に基づき、次の設問に答えなさい。なお、計算過程で端数が生じた場合は、円未満を四捨五入すること。

問1　当会計期間の予定配賦率を計算しなさい。
問2　当月の甲工事に対する車両関係費予定配賦額を計算しなさい。
問3　当月の車両関係費に対する配賦差異を計算しなさい。なお、配賦差異については、有利差異「A」か不利差異「B」かを記号で解答すること。

〈資料〉
(1) 当会計期間の車両関係費予算
　　A：減価償却費　　　￥390,000
　　B：減価償却費　　　￥430,000
　　車両修繕管理費　　￥135,400
　　車両保険料その他　￥ 57,500
(2) 当会計期間の車両走行距離（予定）　2,530km
(3) 当月の工事現場別車両利用実績
　　甲工事：85km　　その他工事：148km
(4) 当月の車両関係費実際発生額　総額　￥92,350

問1　￥[　　　　　]

問2　￥[　　　　　]

問3　￥[　　　　　]　記号（AまたはB）[　]

3 工事間接費の予定配賦法による総合問題

　複数の工事に共通して発生する工事原価、すなわち工事間接費は、何らかの配賦基準に基づいて各工事への配賦額が決定された。

　その配賦方法には、実際配賦法（工事間接費の実際発生額を配賦する方法）と予定配賦法（工事間接費の予定額または予算額を配賦する方法）の2つの方法があった。

　前項までは、その2つの方法の個別問題を中心に学習してきた。ここでは、過去の試験で出題された総合問題を検討してみよう。工事間接費について予定配賦法を採用している総合問題である。この出題は、工事原価に関連する元帳記入、工事別原価計算表の作成（注）、及び完成工事原価報告書の作成を要求した総合的な問題といえる。本テキストでは、このような総合問題を「報告書作成問題」と呼ぶことにする。

　（注）工事別原価計算表は解答として要求されない出題もある。

(1) 報告書作成問題―工事間接費〈原価計算表あり〉

解き方のヒント

① 工事別原価計算表の空白の部分を埋める作業を中心に進めていく。
② 工事別原価計算表の合計欄の金額と未成工事支出金の元帳金額は、一致する関係にあること。
③ 工事間接費の予定配賦額……〈資料〉2.及び3.から計算して、工事別原価計算表に記入する。

演習 3-7

次の資料を参照して、解答用紙の各勘定と工事別原価計算表を完成し、完成工事原価報告書を作成しなさい。

〈資料〉
1. 前月からの繰越額
  (1) 未成工事支出金￥469,000の内訳
     材料費　￥232,620　　労務費　￥85,680　　外注費　￥112,460
     経　費　￥38,240（うち人件費￥20,630）
  (2) 工事間接費配賦差異　￥5,430（借方差異）

2. 工事間接費の配賦は予定配賦法であり、その配賦基準は機械運転時間である。
   今年度の予定配賦率は1時間あたり@￥230である。

3. 当月の工事別機械運転時間は次のとおり。

工事番号	No.807	No.808	No.809	合計
機械運転時間（時間）	21	241	78	340

4. 工事間接費として各工事に配賦される原価は、すべて経費に属するものである。また経費中に含まれる工事別人件費は次のとおり。

工事番号	No.807	No.808	No.809	合計
人件費（円）	2,140	47,890	20,780	70,810

未成工事支出金

前月繰越		完成工事原価	
材料費	975,260	次月繰越	
労務費			
外注費	292,480		
直接経費	122,610		
工事間接費			

工事間接費

諸口	74,520	未成工事支出金	
工事間接費配賦差異			

工事間接費配賦差異

前月繰越		工事間接費	
		次月繰越	

工事別原価計算表

(単位：円)

摘要＼工事番号	No.807	No.808	No.809	合計
月初未成工事原価	469,000	—	—	469,000
当月発生工事原価				
材料費		478,680	342,890	
労務費	54,130	172,170		342,160
外注費	62,050	123,710	106,720	292,480
経費				
直接経費	6,240	72,850	43,520	122,610
工事間接費				
当月完成工事原価			—	
月末未成工事原価	—	—		

3　工事間接費（現場共通費）の配賦　83

```
                    完成工事原価報告書
                                              （単位：円）
        Ⅰ. 材 料 費        □□□□□□□
        
        Ⅱ. 労 務 費        □□□□□□□
        
        Ⅲ. 外 注 費        □□□□□□□
        
        Ⅳ. 経    費        □□□□□□□
        
        （うち人件費    □□□□□□□ ）
        
           完成工事原価     □□□□□□□
```

(2) 報告書作成問題―工事間接費〈原価計算表なし〉

解き方のヒント

① 解答欄に工事別原価計算表が用意されていないので、自分で略式の原価計算表を作成する（メモ書でよい）。
② 工事間接費配賦差異又は現場共通費配賦差異の月末残高を計算するにあたっては、自分で工事間接費配賦差異勘定又は現場共通費配賦差異勘定の元帳を作成する。

演習 3-8

次の〈資料〉によって、当月の完成工事原価報告書を作成しなさい。また、工事間接費配賦差異の月末残高を計算しなさい。なお、その残高は借方(A)か貸方(B)かを、解答用紙の所定の欄に記号で解答しなさい。

〈資料〉
1. 当月の工事状況は次のとおりである。

	着　工	竣　工
A工事	前月	当月
B工事	当月	当月
C工事	当月	来月（予定）

2. 前月から繰り越した工事原価に関する勘定残高は次のとおりである。
(1) 未成工事支出金 ¥196,480（A工事分）
　　内訳：材料費 ¥63,910　労務費 ¥25,070　外注費 ¥92,830　経費 ¥14,670
(2) 工事間接費配賦差異 ¥3,871（貸方残高）
3. 当月の発生工事原価（工事間接費を除く）

（単位：円）

	A工事	B工事	C工事	合　計
材　料　費	54,260	341,020	102,950	498,230
労　務　費	24,780	143,650	68,430	236,860
外　注　費	64,290	204,330	147,600	416,220
直　接　経　費	9,540	38,117	57,206	104,863

4. 工事間接費の配賦
(1) 予定配賦法を使用しており、当月の配賦率は車両運転時間当たり＠¥806である。
(2) 当月の工事別車両運転時間

（単位：時間）

	A工事	B工事	C工事	合　計
車両運転時間	15	147	86	248

(3) 工事間接費の当月実際発生額　¥201,574

完成工事原価報告書
（単位：円）

Ⅰ．材　料　費　　　　[　　　]

Ⅱ．労　務　費　　　　[　　　]

Ⅲ．外　注　費　　　　[　　　]

Ⅳ．経　　　費　　　　[　　　]

　　完成工事原価　　　[　　　]

工事間接費配賦差異月末残高　¥[　　　]　　記号 [　]（AまたはB）

演習 3-9

次の〈資料〉によって、解答用紙に示す7月の完成工事原価報告書を作成しなさい。当社の収益認識基準は工事完成基準である。さらに、未成工事支出金及び現場共通費配賦差異の月末残高を計算しなさい。なお、配賦差異残高については借方「A」か貸方「B」かを解答用紙の所定の欄に記号で解答しなさい。

〈資料〉

1. 当月に実施した工事の概要は次のとおり。

83号工事	前月から継続の工事で当月中に完成・引渡した。
84号工事	当月に受注・着工し、当月末に完成・引渡した。
85号工事	当月中に受注・着工したが、当月末においては未完成である。

2. 前月から繰り越した工事原価に関する勘定残高は次のとおり。
   (1) 未成工事支出金　　¥294,080
   　　内訳：材料費 ¥104,810　労務費 ¥57,260　外注費 ¥97,050　経費 ¥34,960
   (2) 現場共通費配賦差異 ¥1,247（貸方残高）

3. 当月の発生工事原価（現場共通費を除く）
   a. 材料の棚卸・受払の状況

7月1日	前月繰越	25kg	@¥1,080
9日	仕入	185kg	@¥1,120
11日	84号工事に投入・消費	160kg	
17日	仕入	45kg	@¥1,150
21日	85号工事に投入・消費	80kg	

   b. 当月の発生工事原価　　　　　　　　　　　　　　　（単位：円）

	83号工事	84号工事	85号工事	合　計
材　料　費	（先入先出法により各自計算のこと）			
労　務　費	36,140	128,970	47,080	212,190
外　注　費	58,920	165,760	81,270	305,950
直　接　経　費	12,760	49,230	39,440	101,430

4. 現場共通費の配賦
   (1) 現場共通費については予定配賦法を採用している。当月の配賦率は機械運転時間当たり@¥380 である。
   (2) 当月の工事別機械運転時間

（単位：時間）

	83号工事	84号工事	85号工事	合　計
機械運転時間	12	147	63	222

(3) 現場共通費の当月実際発生額　¥85,974
(4) 現場共通費はすべて経費である。また、当該配賦差異は月次では繰り越すこととしている。

完成工事原価報告書
（単位：円）

Ⅰ．材　料　費　　［　　　　　　　］

Ⅱ．労　務　費　　［　　　　　　　］

Ⅲ．外　注　費　　［　　　　　　　］

Ⅳ．経　　　費　　［　　　　　　　］

完成工事原価　　　［　　　　　　　］

未成工事支出金残高　¥［　　　　　　　］

現場共通費配賦差異残高　¥［　　　　　　　］　記号（AまたはB）［　］

4 工事原価の部門別計算

❶ 部門別計算と原価部門の意義

企業規模の拡大に伴って、工事に共通してサービスを提供する部署が多くなると、単純な〔費目別計算 ⟶ 工事別計算〕の手法では、厳格な原価計算や効果的な原価管理のために不十分な状態が生ずることになる。そこで、より正確な工事別原価計算を実施するために、〔費目別計算 ⟶ 部門別計算 ⟶ 工事別計算〕の順序で進める必要が生ずる。

(1) 部門別計算の意義

一般にいわれる部門別計算の意義は次の2点である。
① より正確かつ妥当な工事原価を算定するためのステップであること。
② 「原価部門」(後述)別の原価を集計することにより、原価責任単位(コスト・センター)である部門の効果的な原価管理(コスト・コントロール)に資すること。

部門別計算とは、原価の発生場所ともいうべき「原価部門」を設定して、その各々に工事間接費(現場共通費)を集合させて、そこから、個々の部門の性質別に各工事に配賦しようとする考え方であるといえる。具体的には、工事間接費を「部門費」化することが部門別計算のポイントであると理解しておこう。

★原価部門……部門別計算のために設定された部門
★部 門 費……原価部門に集計された原価要素

(2) 原価部門の意義

① 原価部門の一般的な定義
「原価計算基準」は、原価部門を次のように定義している。

> 原価部門とは、原価の発生を機能別、責任区分別に管理するとともに、製品原価の計算を正確にするために、原価要素を分類集計する計算組織上の区分をいい、これを諸製造部門と諸補助部門とに分ける。

② 建設業の特性と原価部門
　ア．広義の原価部門
　　建設業では、広義の原価部門として、工事関係部門と本社管理関係部門がある。
　　　　工 事 関 係 部 門 ………▶「工事原価」
　　　　本社管理関係部門 ………▶「販売費及び一般管理費」
　イ．部門別計算の対象となる原価部門……工事関係部門

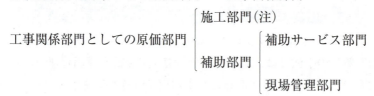

　　（注）　工事部門と呼ぶ場合もある。
　★施工部門……直接、工事の施工を担当する部門
　★補助部門……施工部門に対して、補助的なサービスを提供する部門
　　　補助サービス部門──施工部門の建設活動を円滑に進行させるために、直接的な
　　　　　　　　　　　　サービスを提供する部門。
　　　現 場 管 理 部 門──各工事現場の管理的機能を行う部門。
　ウ．実際工事原価計算の基本ステップ
　　３つの計算ステップの基本を概括的に示すと次表のようになる。

図表4　実際工事原価計算の基本ステップ　　　　（「建設業会計概説2級」から引用）

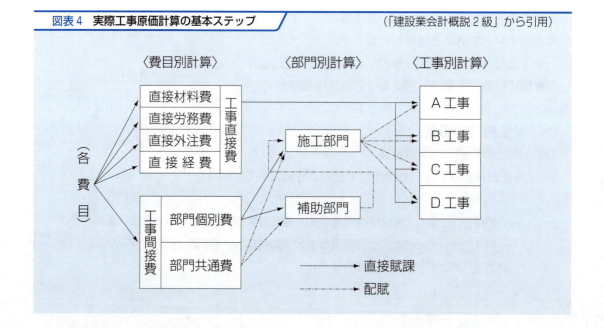

(3) 検定試験に対する部門別原価計算の考え方

部門別原価計算のポイントを整理すると次のとおりである。

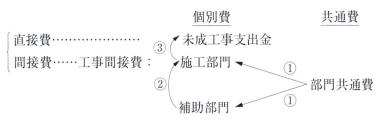

（注）
① 部門費配分表
② 部門費振替表
　　……直接配賦法、階梯式配賦法、相互配賦法
③ 部門費配賦表
　（検定試験では工事別原価計算表の形で出題されている）

❷ 部門共通費の配賦──部門費配分表の作成

工事間接費を部門個別費と部門共通費とに分類して、部門個別費はそのまま各原価部門に賦課し、部門共通費は、何らかの配賦基準を選択して、各原価部門に配賦しなければならない。

(1) 部門個別費と部門共通費

① 部門個別費

特定の部門に発生したことが直接的、個別的に認識することができる原価要素

　　➡ 各部門に直接賦課

② 部門共通費

複数の部門に共通して発生した原価要素

　　➡ 適当な配賦基準によって各部門に配賦

(2) 部門費配分表の作成

🖉 解き方のヒント

① 部門共通費の配賦率を求める。

　　（例）減価償却費の配賦率：$\dfrac{225,000（部門共通費）}{300\text{m}^2（占有面積の合計）} = 750$

② 仕訳：補助部門費勘定から施工部門費勘定への振替

演習 4-1

(1) 次の資料によって部門費配分表を作成しなさい。なお計算過程において端数が生じた場合は、円位未満を四捨五入する。

〈部門に関する資料〉

区分	部門名	稼動時間	馬力数	占有面積	従業者数
施工部門	第1部門	120時間	180馬力	80m²	10人
	第2部門	150時間	200馬力	70m²	8人
補助部門	仮設部門	80時間	150馬力	60m²	5人
	車両部門	300時間	200馬力	50m²	4人
	機械部門	400時間	220馬力	40m²	3人

部門費配分表 （単位：円）

費目	配賦基準	金額	施工部門		補助部門		
			第1部門	第2部門	仮設部門	車両部門	機械部門
部門個別費（細目省略）		—	—	—	—	—	—
個別費合計		460,400	211,900	146,400	23,250	35,700	43,150
部門共通費							
減価償却費	占有面積	225,000	( )	( )	( )	( )	( )
燃料費	稼動時間×馬力数	476,100	( )	( )	( )	( )	( )
福利費	従業者数	88,500	( )	( )	( )	( )	( )
共通費合計		789,600	( )	( )	( )	( )	( )
部門費合計		1,250,000	( )	( )	( )	( )	( )

(2) 仕訳と元帳記入を行いなさい。

借方科目	金額	貸方科目	金額

```
          工事間接費                              第1部門費
諸  口    1,250,000  (        )(        )    (        )(        )


          第2部門費                             仮設部門費
(        )(        )                          (        )(        )


          車両部門費                            機械部門費
(        )(        )                          (        )(        )
```

❸ 補助部門費の配賦──部門費振替表の作成

部門共通費の配賦により、すべての工事間接費がいずれかの部門に配分されたことになった。次は、補助部門費を施工部門に配賦しなければならない。

(1) 補助部門費を施工部門へ配賦する方法
① 直接配賦法
② 階梯式配賦法
③ 相互配賦法

(2) 部門費振替表の作成
① 直接配賦法……補助部門相互間のサービスの授受を無視して、補助部門は施工部門にのみサービスを提供しているという前提で配賦計算する方法。

✏️ 解き方のヒント

① 各部門費の発生額……部門費振替表の部門費合計欄に記入する。
② 補助部門費の第1部門及び第2部門への配賦
　　(例)修繕部門費　第1部門へ　180,000×0.45＝81,000
　　　　　　　　　　第2部門へ　180,000×0.55＝99,000

演習 4-2 （直接配賦法）

福島建設㈱は、施工部門として第1部門と第2部門を有し、両部門に共通して補助的なサービスを提供している修繕部門、材料管理部門、事務部門を独立させて各々原価管理を実施している。下記の資料に基づき、(1)直接配賦法による部門費振替表を作成し、(2)補助部門費から施工部門へ振り替える仕訳と元帳記入を行いなさい。

〈資料〉

1. 各部門費の発生額

    施工部門　第 1 部門　￥400,000
    　　　　　第 2 部門　￥300,000
    補助部門　修 繕 部 門　￥180,000
    　　　　　材料管理部門　￥120,000
    　　　　　事 務 部 門　￥160,000

2. 各補助部門の施工部門への配賦割合

（単位：％）

	第1部門	第2部門
修 繕 部 門	45	55
材料管理部門	35	65
事 務 部 門	42	58

(1)

部門費振替表　　　　　　　　　　　　　　　（単位：円）

摘　要	合　計	第1部門	第2部門	修繕部門	材料管理部門	事務部門
部門費合計						
修繕部門費	(　　　)					
材料管理部門費	(　　　)					
事務部門費	(　　　)					
合　計						
（配賦金額）		(　　　)	(　　　)			

(2)

借方科目	金　額	貸方科目	金　額

```
         第 1 部門費                            第 2 部門費
工事間接費    400,000          工事間接費    300,000
諸　　口   (        )          諸　　口   (        )

         修繕部門費                            材料管理部門費
工事間接費    180,000 | 諸　口 (      )   工事間接費    120,000 | 諸　口 (      )

         事務部門費
工事間接費    160,000 | 諸　口 (      )
```

② 階梯式配賦法……補助部門を含む他の部門へ、もっとも多くサービスを提供している補助部門費から配賦を行い、次の補助部門は、その受け取った他の補助部門費を含めて配賦計算を行う方法。
　　　　　　　　→直接配賦法と相互配賦法の中間的な方法。
　　　　　　　　⇒もっとも多くサービスを提供している部門を部門費振替表の一番右におくところがポイントとなる。以下、順次配賦することになる。

解き方のヒント

① 部門費振替表の一番右側から順に配賦計算を行う。
② (例)事務部門費　第1部門へ　　　$160,000 \times 0.32 = 51,200$
　　　　　　　　　第2部門へ　　　$160,000 \times 0.44 = 70,400$
　　　　　　　　　修繕部門へ　　　$160,000 \times 0.16 = 25,600$
　　　　　　　　　材料管理部門へ　$160,000 \times 0.08 = 12,800$

演習4-3　(階梯式配賦法)

茨城建設株式会社は、施工部門として第1部門と第2部門を有し、両部門に共通して補助的なサービスを提供している修繕部門、材料管理部門、事務部門を独立させて各々の原価管理を実施している。下記の資料に基づき、階梯式配賦法により解答用紙の部門費振替表を作成するとともに、補助部門費から施工部門へ振り替える仕訳を示しなさい。

〈資料〉

1. 各部門費の発生額

   施工部門　第 1 部 門　¥400,000
   　　　　　第 2 部 門　¥300,000
   補助部門　修 繕 部 門　¥180,000
   　　　　　材料管理部門　¥120,000
   　　　　　事 務 部 門　¥160,000

2. 各補助部門の他部門への配賦割合

(単位：％)

	第1部門	第2部門	修繕部門	材料管理部門	事務部門
修 繕 部 門	45	55	—	—	—
材料管理部門	35	50	15	—	—
事 務 部 門	32	44	16	8	—

部門費振替表

(単位：円)

摘　　要	合　　計	第1部門	第2部門	修繕部門	材料管理部門	事務部門
部門費合計						
事務部門費	(　　　)					
材料管理部門費	(　　　)					
修繕部門費	(　　　)					
合　　計						
(配賦金額)		(　　　)	(　　　)			

借方科目	金　額	貸方科目	金　額

③ 相互配賦法……補助部門間のサービス授受の実態を反映させるために、第1回の配賦は補助部門間で相互に配賦し、第2回目は、他の補助部門からの配賦額を施工部門へ直接配賦する方法（簡便法）。

（注）「概説」では、連続配賦法（無視してよい程の数値になるまで、数回の相互配賦を連続して行う方法）等の紹介があるが、検定試験では、簡便法での出題になっている。

解き方のヒント

① 第1次配賦
　（例）修繕部門費　第1部門へ　　　180,000×0.50＝90,000
　　　　　　　　　　第2部門へ　　　180,000×0.30＝54,000
　　　　　　　　　　材料管理部門へ　180,000×0.15＝27,000
　　　　　　　　　　事務部門へ　　　180,000×0.05＝ 9,000

② 第2次配賦……他の補助部門からの配賦を〈第2次配賦割合〉に従って配賦する。

演習 4-4　（相互配賦法）

栃木建設株式会社は、施工部門として第1部門と第2部門を有し、両部門に共通して補助的なサービスを提供している修繕部門、材料管理部門、事務部門を独立させて各々の原価管理を実施している。下記の資料に基づき、相互配賦法により解答用紙の部門費振替表を作成するとともに、補助部門費から施工部門へ振り替える仕訳を示しなさい。

〈資料〉
1. 各部門費の発生額
　　　　施工部門　第　1　部　門　¥400,000
　　　　　　　　　第　2　部　門　¥300,000
　　　　補助部門　修　繕　部　門　¥180,000
　　　　　　　　　材料管理部門　　¥120,000
　　　　　　　　　事　務　部　門　¥160,000

2. 各補助部門の他部門への配賦割合

(単位:%)

	部門	第1部門	第2部門	修繕部門	材料管理部門	事務部門
第1次配賦	修繕部門	50	30	——	15	5
	材料管理部門	46	34	8	——	12
	事務部門	48	42	7	3	——
第2次配賦	修繕部門	56	44			
	材料管理部門	55	45			
	事務部門	52	48			

部門費振替表

(単位:円)

摘要	合計	第1部門	第2部門	修繕部門	材料管理部門	事務部門
部門費合計						
〈第1次配賦〉						
修繕部門費	( )			——		
材料管理部門費	( )				——	
事務部門費	( )					——
〈第2次配賦〉						
修繕部門費	( )					
材料管理部門費	( )					
事務部門費	( )					
補助部門費配賦額	( )					
合計						

借方科目	金額	貸方科目	金額

(3) 施工部門費の各工事への配賦に関する記帳

補助部門費は、いくつかの方法による配賦を通じて施工部門に集計される。施工部門に集計された工事間接費は、何らかの基準によって各工事現場へ配賦される。

（演習4-2による第1部門費、第2部門費を工事別に配賦計算を行う）（単位：円）

① 部門費振替表によって集計された施工部門費

   第1部門　590,200

   第2部門　569,800

② 施工部門費の各工事現場への配賦額

部 門 名	施工部門費	1号工事	2号工事	3号工事
第1部門(注1)	590,200	265,590	177,060	147,550
第2部門(注2)	569,800	284,900	170,940	113,960
合計	1,160,000	550,490	348,000	261,510

（注1）第1部門については、施工部門費を1号工事、2号工事、及び、3号工事の各工事現場へ 0.45：0.3：0.25 の割合で配賦している。

（注2）第2部門については、施工部門費を1号工事、2号工事、及び、3号工事の各工事現場へ 0.5：0.3：0.2 の割合で配賦している。

③ 仕訳

借方科目	金　　額	貸方科目	金　　額
未成工事支出金	1,160,000	第1部門費	590,200
		第2部門費	569,800

④ 元帳記入

第1部門費

工事間接費	400,000	（未成工事支出金）	(590,200)
諸口(注3)	190,200		

第2部門費

工事間接費	300,000	（未成工事支出金）	(569,800)
諸口(注3)	269,800		

未成工事支出金

諸口(注4)	3,500,000		
（第1部門費）	(590,200)		
（第2部門費）	(569,800)		

（注3）複数の補助部門費勘定を意味する。

（注4）工事直接費としての材料費、労務費、外注費、経費の合計額を意味する。

演習 4-5

（部門費振替表―直接配賦法）
次の〈資料〉に基づき、解答用紙に示す部門費振替表の空欄に適切な金額を記入しなさい。

〈資料〉

1. 補助部門費の配賦基準と配賦データ

部門名称	配賦基準	A工事	B工事
仮設部門	セット×使用日数	8×12日	18×8日
車両部門	運搬量	?	?
機械部門	馬力数×使用時間	24×55時間	32×52.5時間

2. 関連データ

　当期補助部門費発生総額　￥1,665,000
　当期機械部門費　　　　　￥684,200

3. A工事及びB工事は当期に完成し、両工事の完成工事原価の合計額は￥7,803,500であった。

部門費振替表

（単位：円）

摘　要	工事名称		補助部門費		
	A工事	B工事	仮設部門	車両部門	機械部門
工事直接費・部門費（内訳省略）	3,286,200				
仮 設 部 門 費					
車 両 部 門 費	138,210	315,790			
機 械 部 門 費					
補助部門費配賦額合計					
工 事 原 価					

演習 4-6

（部門費振替表——階梯式配賦法）

銚子建設株式会社では、工事を第1部門と第2部門とで施工している。また、この他、両部門に共通して補助的なサービスを提供している車両部門、機械部門および材料管理部門があり、これらの補助部門は独立して各部門の原価管理を実施している。次の〈資料〉に基づいて、階梯式配賦法により補助部門費を施工部門に配賦し、解答用紙の「部門費振替表」を完成しなさい。なお、補助部門費に関する配賦は第1順位を材料管理部門、第2順位を機械部門、第3順位を車両部門とする。また、解答の記入において端数が生じた場合には、円未満を四捨五入すること。

〈資料〉

1. 「部門費配分表」に集計された各部門費の合計金額
   - 第1部門 ¥2,256,378　第2部門 ¥1,877,923
   - 車両部門 ¥223,115　機械部門 ¥335,698　材料管理部門 ¥400,556

2. 各補助部門の他部門へのサービス提供度合

（単位：％）

	第1部門	第2部門	車両部門	機械部門	材料管理部門
車両部門	45	48	—	5	2
機械部門	42	46	4	—	8
材料管理部門	39	45	12	4	—

部門費振替表

（単位：円）

摘要	合計	第1部門	第2部門	車両部門	機械部門	材料管理部門
部門費合計	5,093,670	2,256,378	1,877,923	223,115	335,698	400,556
材料管理部門	(400,556)	156,217	180,250	48,067	16,022	
機械部門	(351,720)	160,568	175,860	15,292		
車両部門	(286,474)	138,616	147,858			
合計	5,093,670	2,711,779	2,381,891			

演習 4-7

（部門費振替表——相互配賦法）

　四谷建設株式会社では、工事を第1部門と第2部門とで施工している。この他、両部門に共通して補助的なサービスを提供している車両部門、機械部門及び材料管理部門があり、これらの補助部門は独立して各部門の原価管理を実施している。次の〈資料〉に基づいて、相互配賦法（簡便法）により補助部門費を施工部門に配賦し、解答用紙の「部門費振替表」を完成しなさい。なお、解答の記入において端数が生じた場合には、円未満を四捨五入すること。

〈資料〉

1. 「部門費配分表」に集計された各部門費の合計金額

　　　第1部門　¥756,928　　第2部門　¥687,545
　　　車両部門　¥225,190　　機械部門　¥335,186　　材料管理部門　¥156,372

2. 各補助部門の他部門へのサービス提供度合

（単位：％）

	第1部門	第2部門	車両部門	機械部門	材料管理部門
車 両 部 門	47	43	—	6	4
機 械 部 門	35	38	15	—	12
材料管理部門	38	47	4	11	—

4 工事原価の部門別計算

部門費振替表　　　　　　　　　　　　(単位：円)

摘要	合計	第1部門	第2部門	車両部門	機械部門	材料管理部門
部門費合計	2,161,221	756,928	687,545	225,190	335,186	156,372
(第1次配賦)						
車両部門				―		
機械部門					―	
材料管理部門						―
(第2次配賦)						
車両部門						
機械部門						
材料管理部門						
合　計						
配賦金額						

❹ 部門別計算における配賦差異の計算

部門別計算においても予定配賦法が採用される。過去の試験では、施工部門費を各工事へ配賦する時に予定配賦を行う出題になっている。

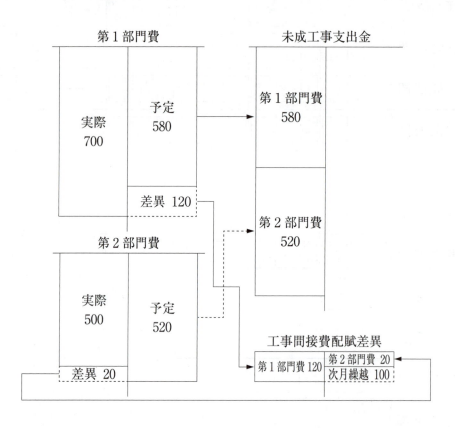

ア．予定配賦額 (借)未成工事支出金　580　　(貸)第 １ 部 門 費　580
　　　　　　　(借)未成工事支出金　520　　(貸)第 ２ 部 門 費　520
イ．実際発生額 (借)第 １ 部 門 費　700　　(貸)諸　　　口　700
　　　　　　　(借)第 ２ 部 門 費　500　　(貸)諸　　　口　500
ウ．配 賦 差 異 (借)工事間接費配賦差異　120　(貸)第 １ 部 門 費　120
　　　　　　　(借)第 ２ 部 門 費　20　　(貸)工事間接費配賦差異　20

❺ 部門別計算の予定配賦法による総合問題

(1) 出題パターン

① 元帳記入、原価計算表、完成工事原価報告書の作成
　　➡ 「報告書作成問題――部門別計算〈原価計算表あり〉」と呼ぶことにする。

② 元帳記入、完成工事原価報告書の作成
　　➡ 「報告書作成問題――部門別計算〈原価計算表なし〉」と呼ぶことにする。
　　　（原価計算表は自分で作成することになる。）

③ その他（元帳記入なし、完成工事原価報告書の作成など）
　　➡ 「報告書作成問題――部門別計算〈その他〉」と呼ぶことにする。

(2) 報告書作成問題――部門別計算〈原価計算表あり〉

✎ 解き方のヒント

● 作業の進め方は《演習 3-7》と同じ要領で行う。ただし、工事間接費が甲部門費と乙部門費に分かれていることに注意する。

演習 4-8

下記の資料を参照して、各勘定及び原価計算表に適切な金額を記入し、当月の完成工事原価報告書を完成しなさい。

〈資料〉

1. 前月からの繰越額
   (1) 未成工事支出金（単位：円）

	No. 252 工事	No. 253 工事
材　料　費	478,250	118,640
労　務　費	197,320	39,260
外　注　費	231,960	51,480
経　　　費	92,340	20,970
計	999,870	230,350

   (2) 工事間接費配賦差異 ¥2,458（貸方差異）

2. 当月発生工事原価（工事間接費を除く。）
   　材料費　¥1,772,300　　労務費　¥925,680
   　外注費　¥1,054,300　　直接経費　¥179,640

3. 工事間接費には、甲部門費と乙部門費とがあり、いずれも予定配賦法を採用している。両部門費の配賦関連データは次のとおり。

(1) 甲部門費　配賦基準は直接材料費法であり、当期の予定配賦率は6%である。
(2) 乙部門費　配賦基準は機械延運転時間法であり、当期の予定配賦率は1時間当たり@¥450である。

当月の工事別機械延運転時間は次のとおり。

摘　　要	No.252	No.253	No.254	No.255
機械延運転時間	42	93	345	108

(3) 予定配賦計算の過程において端数が生じた場合には、すべて円位未満四捨五入する。
(4) 工事間接費はすべて経費に属するものとして処理する。

4. 当月中、No.252工事、No.253工事、No.254工事は完成し、No.255工事は、月末未完成である。

原価計算表

(単位:円)

摘要＼工事番号	No.252	No.253	No.254	No.255	計
月初未成工事原価			—	—	
当月発生工事原価					
材　料　費	57,600	232,600		425,600	1,772,300
労　務　費	73,640	175,390	457,380	219,270	925,680
外　注　費	112,000	213,000	524,300	205,000	1,054,300
直　接　経　費	18,270		92,460	37,840	179,640
甲　部　門　費					
乙　部　門　費					
当月完成工事原価				—	
月末未成工事原価	—	—	—		

完成工事原価報告書

(単位:円)

Ⅰ. 材　料　費　　　　　
Ⅱ. 労　務　費　　　　　
Ⅲ. 外　注　費　　　　　
Ⅳ. 経　　　費　　　　　
　　完成工事原価　　　　

(3) 報告書作成問題——部門別計算〈原価計算表なし〉

✎ 解き方のヒント

① 自分で略式の原価計算表を作成する(メモ書でよい)。
　　様式は「未成工事支出金」の元帳の勘定科目に合わせて作成するとよい。
② あとは《演習4-8》と同じ要領で作業を進める。

演習 4-9

次の〈資料〉に基づいて、①と②に解答しなさい。なお、工事収益の認識については工事完成基準を適用する。

① 解答用紙に示す各勘定口座の空欄に相手勘定及び金額を記入しなさい。なお、相手勘定は、下記の〈勘定科目群〉から選択して記号（ア〜コ）で解答すること。
② 月次（令和X3年9月）の完成工事原価報告書を作成しなさい。

〈資料〉
1. 当月の工事概況

工事番号	着工	竣工
603	令和X3年5月	令和X3年9月
604	令和X3年9月	令和X3年9月
605	令和X3年9月	令和X3年12月予定

2. 前月からの繰越額の内容
　(1) 未成工事支出金　　　　　　　　　　　　　　　　　（単位：円）

工事番号	材料費	労務費	外注費	経費
603	186,590	104,570	87,040	38,610

　(2) 現場共通費配賦差異　　甲部門　¥2,476（借方残高）
　　　　　　　　　　　　　　乙部門　¥1,790（貸方残高）

3. 当月の発生工事原価
　(1) 工事直接費　　　　　　　　　　　　　　　　　　　（単位：円）

工事番号	材料費	労務費	外注費	経費
603	30,550	41,920	47,800	14,680
604	194,650	99,670	87,110	37,280
605	54,050	37,910	45,640	14,370

　(2) 現場共通費の実際発生額は、解答用紙の当該勘定に記入のとおり。

4. 現場共通費の予定配賦
　(1) 甲部門費の配賦基準は直接作業時間法であり、当月の予定配賦率は1時間当たり¥472である。当月の工事別直接作業時間は次のとおり。

（単位：時間）

工事番号	603	604	605
作業時間	19	51	25

(2) 乙部門費の配賦基準は直接材料費法であり、当月の予定配賦率は 12％ である。
(3) 現場共通費はすべて経費に属するものである。
(4) 予定配賦計算の過程で端数が生じた場合は、円未満を四捨五入すること。

〈勘定科目群〉
ア　材料費　　イ　労務費　　　　ウ　外注費　　　エ　経費　　オ　甲部門費
カ　乙部門費　キ　未成工事支出金　ク　完成工事原価　コ　現場共通費配賦差異

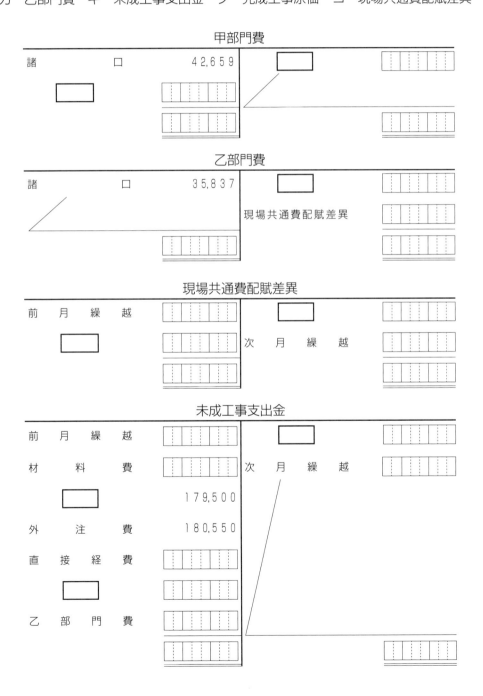

完成工事原価報告書
自 令和X3年9月1日
至 令和X3年9月30日

(単位:円)

Ⅰ. 材 料 費

Ⅱ. 労 務 費

Ⅲ. 外 注 費

Ⅳ. 経 費

完成工事原価

(4) 報告書作成問題——部門別計算〈その他〉

演習 4-10

下記の〈資料〉により、次の設問に解答しなさい。

問 1　工事完成基準により当月の完成工事原価報告書を作成しなさい。

問 2　予定配賦法を採用している工事間接費について、その配賦差異の月末残高を計算しなさい。また、その残高は借方（A）か貸方（B）かを記号で解答しなさい。

〈資料〉

1. 当月の工事状況は次のとおりである。

	着工	竣工
X工事	前月以前	当月
Y工事	当月	当月
Z工事	当月	来月以降

2. 前月から繰り越した工事原価に関する各勘定残高は、次のとおりである。

(1) 未成工事支出金

（単位：円）

工事番号	X工事
材　料　費	125,600
労　務　費	98,200
外　注　費	218,300
経　　　費	35,800
計	477,900

(2) 工事間接費配賦差異

　　甲部門　¥8,520（借方残高）　　乙部門　¥3,750（貸方残高）

（注）工事間接費配賦差異は月次においては繰り越すこととしている。

3. 当月の発生工事費用（工事間接費を除く）

（単位：円）

工事番号	X工事	Y工事	Z工事
材　料　費	762,900	225,680	628,760
労　務　費	283,500	156,800	237,600
外　注　費	523,800	465,200	284,650
直接経費	68,200	41,300	53,400

4. 工事間接費の予定配賦と実際発生額
 (1) 甲部門費の予定配賦率は機械運転1時間当たり￥1,560であり、当月の工事別機械運転時間は次のとおり。

(単位：時間)

工事番号	X工事	Y工事	Z工事	合計
運転時間	22	32	43	97

 (2) 乙部門費の配賦基準は直接労務費法であり、当月の予定配賦率は10％である。
 (3) 工事間接費の当月実際発生額
　　　甲部門費　￥148,150　　乙部門費　￥70,120
 (4) 工事間接費はすべて経費である。

完成工事原価報告書
(単位：円)

Ⅰ. 材　料　費　［　　　　］
Ⅱ. 労　務　費　［　　　　］
Ⅲ. 外　注　費　［　　　　］
Ⅳ. 経　　　費　［　　　　］
　　完成工事原価　［　　　　］

工事間接費配賦差異月末残高　￥［　　　］　　記号（AまたはB）［　］

5 主要取引の会計処理（その1）

❶ 完成工事高

1 建設工事の収益の認識基準

　これまで建設業の収益認識は、短期工事について工事完成基準が、長期工事については工事完成基準と工事進行基準の選択適用が認められていた。

　令和3年4月1日以後開始する事業年度から、一定の企業に対し企業会計基準第29号「収益認識に関する会計基準」が強制適用となり、「工事契約基準」は廃止されましたが、中小建設企業は「中小企業の会計に関する指針」等が用いられており、「収益認識に関する会計基準」は任意適用となっている。

★工事契約に係る認識基準（工事契約会計基準）

　工事契約に関して、工事の進行途上においても、その進捗部分について成果の確実性が認められる場合には工事進行基準を適用し、この要件を満たさない場合には工事完成基準を適用する。成果の確実性が認められるためには、次の各要素について、信頼性をもって見積ることができなければならない。

① 工事収益総額　　② 工事原価総額　　③ 決算日における工事進捗度

⇒工事契約に関しては、工事進行基準が原則であり、上記の要件を満たさない場合に工事完成基準を適用する。従来の工事進行基準と工事完成基準の選択適用の考え方がなくなったので注意を要する。

(1) 工事完成基準

　工事が完成し、目的物の引渡しを行った時点で、工事収益（完成工事高）及び工事原価（完成工事原価）を損益計算書に計上する。

　工事の完成・引渡しまでに発生した工事原価は、「未成工事支出金」等の適切な科目をもって貸借対照表に計上する。

(2) 工事進行基準

　工事収益総額、工事原価総額及び決算日における工事進捗度を合理的に見積もり、これに応じて工事収益（完成工事高）及び工事原価（完成工事原価）を損益計算書に計上する。

　発生した工事原価のうち、いまだ損益計算書に計上されていない部分は、「未成工事支出金」等の適切な科目をもって貸借対照表に計上する。

2 工事契約会計における認識基準の選定

工事契約会計基準によって実際に収益の認識基準を選定するための判断については、「工事契約会計適用ガイドライン」（建設業振興基金編著）において解説が行われているが、1級の範囲と思われる。

3 工事進行基準の会計処理

［引用：「工事契約会計適用ガイドライン」（一部改）］

(1) 原価比例法を用いた場合

「原価比例法」とは、決算日における工事進捗度を見積もる方法のうち、決算日までに実施した工事に関して発生した工事原価が工事原価総額に占める割合をもって決算日における工事進捗度とする方法をいう。原価比例法によって工事進捗度を算定する場合の算式は、以下のとおりである。

$$\text{原価比例法による決算日における工事進捗度} = \frac{\text{決算日までの発生工事原価（注）}}{\text{施工者の義務を果たすための支出総額（＝工事原価総額）}}$$

筆者（注）当期発生工事原価＋前期までに計上した工事原価

★当期の工事収益額＝工事収益総額×工事進捗度－前期までに計上した工事収益額

【設 例】

［工事の概要］
　　工事期間　　　　　　　3年
　　対価の額　　　　　　　¥500,000,000
　　工事原価総額の見積額　¥450,000,000
　　工事進捗度の見積方法　原価比例法
　　着手前に前受金として，¥200,000,000を受領した。
　　各期の工事原価発生額
　　　第1期　¥90,000,000　第2期　¥270,000,000　第3期　¥92,000,000

● 工事進捗度

第1期末：$\dfrac{90,000,000}{450,000,000} = 20\%$

第2期末：$\dfrac{90,000,000 + 270,000,000}{450,000,000} = 80\%$

【仕 訳】
第1期末

未成工事受入金	100,000,000	完成工事高	100,000,000
完成工事原価	90,000,000	未成工事支出金	90,000,000

  $100,000,000 = 500,000,000 \times 20\%$

第2期末

未成工事受入金	100,000,000	完成工事高	300,000,000
完成工事未収入金	200,000,000		
完成工事原価	270,000,000	未成工事支出金	270,000,000

  $300,000,000 = 500,000,000 \times 80\% - 100,000,000$

第3期の引渡時

完成工事未収入金	100,000,000	完成工事高	100,000,000
完成工事原価	92,000,000	未成工事支出金	92,000,000

  $100,000,000 = 500,000,000 - 100,000,000 - 300,000,000$

	第1期	第2期	第3期
完成工事高	100,000,000	300,000,000	100,000,000
完成工事原価	90,000,000	270,000,000	92,000,000
工事利益	10,000,000	30,000,000	8,000,000

(2) その他留意事項

① 見積りを変更した場合…過去に遡った修正は必要なく、変更が行われた期に処理
② 損失の発生が見込まれる場合…工事損失引当金の計上
③ 成果の確実性を事後的に獲得した場合…過去に遡った修正は必要なく、変更が行われた期に処理

上記の会計処理の詳細は、「工事契約会計適用ガイドライン」を参照願います。

4　工事完成基準の会計処理

[引用：「工事契約会計適用ガイドライン」（一部改）]

(1) 利益の発生が見込まれる場合（工事完成基準の原則的会計処理）

【設例】

```
[工事の概要]
    工事期間            3年
    対価の額            ￥500,000,000
    着手前に前受金として，￥200,000,000を受領した。
    各期の工事原価発生額
      第1期　￥90,000,000　第2期　￥270,000,000　第3期　￥92,000,000
    成果の確実性が認められないため、工事完成基準を適用する。
```

【仕訳】

第1期末
　　工事収益、工事原価に係る仕訳なし

第2期末
　　工事収益、工事原価に係る仕訳なし

第3期の引渡時
　　完成工事未収入金　300,000,000　　完成工事高　　　500,000,000
　　未成工事受入金　　200,000,000
　　完成工事原価　　　452,000,000　　未成工事支出金　452,000,000

	第1期	第2期	第3期
完成工事高	0	0	500,000,000
完成工事原価	0	0	452,000,000
工事利益	0	0	48,000,000

(2) その他の留意事項

① 損失の発生が見込まれる場合…工事損失引当金の計上
② 成果の確実性を事後的に喪失した場合…過去に遡った修正は必要なく、変更が行われた期に処理

上記の会計処理の詳細は、「工事契約会計適用ガイドライン」を参照願います。

演習 5-1

(1)

	借方科目	金　額	貸方科目	金　額
第1期末	未成工事受入金	75,000,000	完成工事高	75,000,000
第2期末	未成工事受入金 完成工事未収入金	25,000,000 155,000,000	完成工事高	180,000,000
第3期の 引渡時	完成工事未収入金	45,000,000	完成工事高	45,000,000

(2)

第1期末 ¥10,500,000　　第2期末 ¥25,200,000　　第3期の引渡時 ¥6,000,000

(3)

	借方科目	金　額	貸方科目	金　額
第3期の 引渡時	未成工事受入金 完成工事未収入金	100,000,000 200,000,000	完成工事高	300,000,000

2. 次の取引について仕訳をしなさい。

(1) 前期において契約額￥15,000,000の工事（工期は3年）を受注したが、成果の確実性が見込まれるため前期から工事進行基準を適用している。当該工事の工事原価総額の見積額は￥12,000,000であり、前期は￥3,000,000、当期は￥6,000,000の原価が計上されている。なお、着手前の受入金は￥5,000,000であった。当期の完成工事高及び完成工事原価に関する仕訳を示しなさい。

(2) 次の工事の概要によって、当期の完成工事高および完成工事原価の計上の仕訳を示しなさい。

工事期間3年の工事を前期に受注し、前期から工事進行基準を適用している。受注金額￥6,000,000で、これについて前受金の受入れはない。工事原価総額の見積額について前期受注時点では￥4,000,000であったが、当期末においては工事資材等の値上がりの影響を受け￥4,200,000となった。なお、第1期（前期）の工事原価は￥1,400,000であり、第2期（当期）の工事原価は￥2,100,000である。

（単位：円）

No.	借方科目	金　額	貸方科目	金　額
(1)				
(2)				

3. 次の□に入る正しい数値を計算しなさい。

前期に着工したA工事については、成果の確実性が認められなかったため工事完成基準を適用してきたが、当期に成果の確実性を事後的に獲得したため、当期より工事進行基準を適用することとした。A工事の工期は3年、請負金額￥25,000,000、総工事原価見積額￥22,500,000、前期の工事原価発生額￥3,500,000、当期の工事原価発生額￥14,500,000であった。工事進捗度の算定について原価比例法によっている場合、当期の完成工事高は￥□である。

￥ □□□□□□□

❷ 現金預金

1 現金と現金過不足

(1) 現金

「現金」勘定で処理されるものとしては通常、紙幣・硬貨といった通貨を考えるが、それ以外にも**通貨代用証券**（名宛銀行ないし名宛郵便局に要求すれば即時に通貨に引換えることができるものなど）があることに注意する。

従って、次のような通貨代用証券を受取り、手許に保管している時は「**現金**」勘定で処理する。

> 他人振出小切手・送金小切手・郵便為替証書・
> 電信為替・振替預金払出証書・株主配当金領収証・
> 支払日の到来した公社債の利札など

(2) 現金過不足

手許にある現金有高は、現金勘定の残高とたえず照合される。もし、実際現金有高と現金勘定残高とが不一致の場合、その差額を「**現金過不足**」勘定に記録し、現金勘定残高を実際現金有高と一致させておく。そして、その原因が明らかになった時、その金額を現金過不足勘定から該当する勘定に振り替える。

なお、調査しても原因不明の場合は、月末その他の適当な時期に、現金過不足勘定の残高を「雑損失」または「雑収入」勘定に振り替える。

例題 5-1

次の取引の仕訳を示しなさい。
- (5/10) 現金勘定の残高は 85,850 円であるのに、現金の実際有高は 85,500 円である。不足分は調査中である。
- (5/12) 調査の結果、通信費 300 円が計上もれであることが判明した。
- (5/31) 原因不明の 50 円については、雑損失勘定に振り替える。

解答 （単位：円）

日付		借方	金額		貸方	金額
(5/10)	(借)	現金過不足	350	(貸)	現金	350
(5/12)	(借)	通信費	300	(貸)	現金過不足	300
(5/31)	(借)	雑損失	50	(貸)	現金過不足	50

2 小口現金制度

(1) 小口現金制度

　小口現金制度とは、100円とか500円とかいった小口の支払にあてるため、社内の担当者に一定量の現金を手許においておく制度をいう。

(2) 小口現金出納帳

　小口現金の収支の明細を記録するための補助簿をいう。
　小口現金の係員は、週末、月末などに小口現金出納帳を締切るとともに、収支の明細を会計係に報告し、小口現金の補給を受ける。

(3) 補給の方法

① 定額資金前渡制（インプレストシステム）
② 随時補給制
（注）上記の方法のうち、一般には①定額資金前渡制が多く用いられているといわれる。
　　★小口現金については、2級では過去の出題例はない。

3 当座預金と当座借越

(1) 当座預金

　当座預金は、代金決済のための預金で、いつでも預入・引出のできる無利息の銀行預金であり、その引出に**小切手**が使用される。

(2) 当座借越

　小切手の振出は、当座預金の残高を限度とする。しかし、銀行と借越限度額をあらかじめ決めて当座借越契約を結んでおけば、預金残高を超えて小切手を振出すことができる。預金残高を超えた金額は、銀行からの借入であるから「**当座借越**」**勘定の貸方**に記帳する。

① 当座借越の会計処理 ➡ 2つの方法
　★二勘定制……当座預金勘定のほかに「当座借越」勘定を設けて、当座借越額をその貸方に記帳する方法。
　★一勘定制……「当座」勘定ただひとつを用いて、当座預金の預入・引出とともに、当座借越とその返済をも処理する方法。
　（過去の出題例では、「二勘定制」による出題となっている。）

② 当座借越の貸借対照表における表示
　★通常「当座借越」として表示しない。
　　　➡「借入金（または短期借入金）」として表示する。
　　　（精算表の作成問題でも同様）

4　銀行勘定調整表

(1) 銀行勘定調整表の意義

銀行勘定調整表とは、企業の当座預金勘定残高（自社残高）と銀行が発行する残高証明書の残高とが一致していない場合、その不一致の原因を明らかにするために作成する表である。

　① 企業側で修正を要する不一致項目
　② 企業側で修正を要しない不一致項目

を明確にし、修正項目は修正し、企業の当座預金勘定の残高と銀行残高とが、実質的に一致していることを明らかにする表である。

(2) 不一致の原因

企業の当座預金の出納の記帳と銀行における記帳との間に、**時間的ずれが生ずるため**である。不一致の主な原因には、次のようなものがある。

図表5-1　記帳時点のずれを原因とする差異項目の整理　（「建設業会計概説2級」から一部引用）

形態	名称	具体例	自社	銀行	自社残高の修正	自社における修正仕訳の例
A	時間外預入れ	現金を預入れたが、銀行の閉店後で、翌日入金として取扱われる場合	預入	未入金	不要	──
B	未取立小切手	他人振出の小切手の取立を銀行に依頼したが、銀行でその取立が完了していない場合	預入	未入金	不要	──
C	未取付小切手	振出した小切手を相手先に渡したが銀行からまだ取立てられていない場合	支払	未出金	不要	──
D	入金通知未達	得意先から振込があったが、その通知が遅れたため、自社でまだ記帳していない場合	未収入	入金	要	(借)当座預金 (貸)完成工事未収入金
E	出金通知未達	電話代等が引落されたが、その通知が遅れていたため、自社でまだ記入していない場合	未払	出金	要	(借)通信費 (貸)当座預金
F	未渡小切手	振出した小切手を相手先にまだ渡していない場合	支払	未出金	要	(借)当座預金 (貸)工事未払金

(3) 銀行勘定調整表の作成方法

この作成方法には次の3つがある。

① 企業残高基準法……自社の当座預金勘定の残高を銀行の残高証明書の残高に一致させる方法
② 銀行残高基準法……銀行の残高証明書の残高を自社の当座預金勘定の残高に一致させる方法
③ 企業残高・銀行残高区分調整法
　　　　　　　　……自社の当座預金勘定の残高と銀行の残高証明書の残高とに差異項目をそれぞれ加減して、当座預金勘定の実際有高を算出する形式で作成する方法

図表5-2　企業残高・銀行残高区分調整法　（「建設業会計概説2級」から引用）

銀行勘定調整表

○○銀行○○支店　令和×年×月×日

	自社残高	銀行残高
×月×日残高	×××	×××
加算：時間外預入れ（A）		(+)×××
入金通知未達（D）	(+)×××	
未渡小切手（F）	(+)×××	
未取立小切手（B）		(+)×××
減算：未取付小切手（C）		(−)×××
出金通知未達（E）	(−)×××	
調整後残高（実際有高）	×××	×××

演習5-2

問1　次の　　　に入る正しい金額を計算しなさい。

(1) 当座預金勘定の決算整理前の残高は¥2,635,000であるが、銀行から残高証明書を入手したところ差異があることが判明した。差異原因を分析したところ、①工事代金の入金¥368,000があったが、その通知が未着であった、②工事未払金の支払に小切手¥179,000を振り出したが、いまだ取り立てられていなかった、③電話代の自動引落¥36,800があったが未処理であった。このとき、銀行の当座預金残高は¥　　　である。

(2) 期末に当座預金勘定残高と銀行の当座預金残高の差異分析をしたところ、次の事実が判明した。①銀行閉店後に¥60,000を入金したが、翌日入金として取り扱われた、②工事代金の未収分¥75,000の振込があったが、その通知が当社に届いていなかった、③銀行に取立依頼した小切手¥45,000の取立がまだ完了していなかった、④電気代¥12,000が引き落とされていたが、その通知が当社に未達であった。このとき、当座預金勘定残高は銀行の当座預金残高より¥[　42,000　]多い。

(1) ¥ [　　　　　]　　(2) ¥ [　42,000　]

問2　次の決算整理事項について決算整理仕訳を示しなさい。

当座預金の期末残高証明書を入手したところ、残高は¥525,000であった。差額原因を調査したところ以下のような内容であった。

① 本社事務所の火災保険料の1年分¥12,000が引き落としされていたが、会社に通知されていなかった。なお、4か月分は前払である。
② 材料購入代金の未払分¥200,000の支払のために振り出した小切手が期末現在、未渡しであった。
③ 工事代金の未収分¥300,000が期末に振り込まれていたが、発注者より連絡を受けていなかったため、未記帳であった。
（注）当座預金の決算整理前の残高は¥37,000である。

〈使用する勘定科目〉
　当座預金　　完成工事未収入金　　前払保険料
　工事未払金　販売費及び一般管理費

（単位：円）

No.	借方科目	金額	貸方科目	金額
①	販売費及び一般管理費 前払保険料	8,000 4,000	当座預金	12,000
②	当座預金	200,000	工事未払金	200,000
③	当座預金	300,000	完成工事未収入金	300,000

❸ 有価証券

1 有価証券の意義

有価証券とは、**株式及び社債（国債、地方債その他の債券を含む）**等をいい、投資や他企業の支配などを目的として所有する。

有価証券は、その所有目的・市場価格の有無などを基準にして次のように分類される。

保有期間		勘定科目	摘要		貸借対照表の表示区分
短期保有		有価証券	売買目的有価証券（市場価格のある株式及び社債で、時価の変動により利益を得る目的で保有するもの）および1年以内に満期の到来する有価証券	流動資産	
		親会社株式	（1級の範囲のため記載省略）		
長期保有		投資有価証券	流動資産の部に記載された株式・社債以外の株式と社債。ただし、関係会社有価証券は除く。	固定資産	
		関係会社有価証券	（1級の範囲のため記載省略）		

（注）・金融商品取引法適用会社には、「金融商品に係る会計基準」（以下、「基準」という）の有価証券に関する規定が適用される。しかし、2級では、一般的な会社法適用会社を前提とし、「基準」の有価証券規定の詳細は1級の範囲となっている。

・有価証券の分類について（2級レベル）

　　　有価証券…………時価の変動により利益を得る目的で所有するもの。
　　　　　　　　　　　➡ 短期的に保有する「売買目的有価証券」と考える。
　　　投資有価証券……満期保有目的の債券や、市場価格のない株式・公社債（国債、地方債、社債）などの長期にわたって保有するものと考える。
　　　ア．満期保有目的債券：他社の発行する社債、あるいは国債・地方債等を満期日まで所有する意図で保有するもの。
　　　イ．その他有価証券：「短期売買目的で保有される有価証券」・「満期保有目的債券」以外の有価証券で、長期間にわたって保有されるものが含まれる。長期所有の市場価格のある株式・公社債のほかに、市場価格のない株式・公社債・貸付信託等がこれに属する。

2 有価証券の取得と売却

(1) 有価証券の取得

株式や公社債を取得した場合には、「1 有価証券の意義」(「売買目的有価証券」、「満期保有目的債券」、「その他有価証券」)に従って、有価証券勘定または投資有価証券勘定の借方に、その取得原価で記帳する。

> 有価証券・投資有価証券の取得原価＝購入代価＋付随費用（購入手数料など）

(2) 有価証券の売却

株式や公社債を売却した場合には、その帳簿価額を有価証券勘定または投資有価証券勘定の貸方に記帳する。

売却額と帳簿価額との差額は有価証券売却益（または損）、投資有価証券売却益（または損）などの勘定で処理される。

> 有価証券・投資有価証券の売却額＝売却価額－販売手数料等

例題 5-2

次の取引の仕訳を示しなさい。
(1) 帯広建設㈱は、短期の売買目的で、市場価格のあるA社株式30株を@55,000円で購入し、代金は手数料48,000円とともに小切手を振り出して支払った。
(2) 上記のA社株式30株を@60,000円で売却し、手数料50,000円を差引き、手取金を当座預金に預入れた。

解答・解説　　　　　　　　　　　　　　　　　　（単位：円）

(1) （借）有価証券　　　1,698,000　　（貸）当座預金　　1,698,000
　　（取得原価：30株×55,000＋48,000＝1,698,000）
(2) （借）当座預金　　　1,750,000　　（貸）有価証券　　1,698,000
　　　　　　　　　　　　　　　　　　　　　有価証券売却益　52,000
　　（売却額：30株×60,000－50,000＝1,750,000）

3 有価証券利息

公社債（国債、地方債、社債）を所有している場合には、利息を受取るが、この利息は有価証券利息勘定（収益）の貸方に記帳する。
この利息は、期限の到来した利札（半年または1年ごとに期限が到来する）と引換えに受取る。

> 期限の到来した利札……現金勘定で処理する
> （借）現金　　　×××　　（貸）有価証券利息　×××

(1) 端数利息の会計処理

公社債のような利付有価証券を売買する場合は、通常は利息を含めないで売買価額が決定され、この場合の価額を裸相場と呼んでいる。従ってその売買時には、裸相場による価額のほかに、**端数利息**を別に計算して授受するのが通常である。

① 端数利息

利払日以外に売買が行われた場合の直前の利払日の翌日から売買成立日までの経過日数に応じた利息。

② 端数利息の会計処理

売買時に売手、買手ともに有価証券利息勘定に記帳する。

③ 端数利息の計算

$$額面金額 \times 年利率 \times \frac{直前の利払日の翌日から売買成立日までの日数}{365日}$$

例題 5-3

次の取引により㈱青森工務店と秋田建設㈱の仕訳を行いなさい。

(4月1日) ㈱青森工務店は、B社の社債発行にあたり、額面2,000,000円（利率年7.3％、利払日年2回3月31日及び9月30日）を100円につき@95円で買入れ、小切手を振り出して支払った。

(5月31日) ㈱青森工務店は、秋田建設㈱に、上記社債を@97円で売却し、端数利息とともに現金を受取った。

(9月30日) 秋田建設㈱は、B社より社債の利息を現金で受取った。

（注）㈱青森工務店、秋田建設㈱ともに、短期の売買目的で保有しているものとする。

解答・解説 （単位：円）

（4月1日）〔㈱青森工務店の仕訳〕
　（借）有価証券　　　1,900,000　　（貸）当座預金　　　1,900,000

　〈取得価額〉$2,000,000 \times \dfrac{95}{100} = 1,900,000$

（5月31日）〔㈱青森工務店の仕訳〕
　（借）現金　　　　　1,964,400　　（貸）有価証券　　　1,900,000
　　　　　　　　　　　　　　　　　　　　有価証券売却益　　40,000
　　　　　　　　　　　　　　　　　　　　有価証券利息　　　24,400

（5月31日）〔秋田建設㈱の仕訳〕
　（借）有価証券　　　1,940,000　　（貸）現金　　　　　1,964,400
　　　有価証券利息　　24,400

　〈売却価額＝取得価額〉$2,000,000 \times \dfrac{97}{100} = 1,940,000$

　〈端数利息の計算〉

　　$2,000,000 \times 7.3\% \times \dfrac{61日（4月1日～5月31日）}{365日} = 24,400$

（9月30日）〔秋田建設㈱の仕訳〕
　（借）現金　　　　　　73,000　　（貸）有価証券利息　　73,000

　〈有価証券利息の計算〉（半年ごとに決まるので日割計算はしない）

　　$2,000,000 \times 7.3\% \times \dfrac{6カ月}{12カ月} = 73,000$

```
発行日(4/1)              売買成立日(5/31)                        利払日(9/30)

    ┌───────────────┐
    │   端数利息       │
    │ (青森工務店受取額) 24,400 │
    └───────────────┘
            ┌──────────────────────────────────┐
            │    秋田建設の社債利息受取額　73,000        │
            └──────────────────────────────────┘
                        ┌──────────────────────┐
                        │ 秋田建設実質受取額　48,600 │
                        └──────────────────────┘

        （売手）                           （買手）
   有価証券利息(青森工務店)            有価証券利息(秋田建設)
        │ 5/31 現金 24,400           5/31 現金 24,400 │ 9/30 現金 73,000
```

4　有価証券の差入

手持の有価証券（多くの場合投資有価証券）を借入金・当座借越の担保として銀行その他の金融機関に差入れる場合がある。

この場合、有価証券の所有権は移転しないが、担保に供している事実を明らかにするため「差入有価証券」勘定に振り替える（帳簿価額で記帳）。

例題 5-4

次の取引の仕訳を示しなさい。

投資有価証券（帳簿価額¥4,600,000）を担保に差し入れ、銀行から¥3,500,000を借り入れた。この利息¥12,500を差し引かれた手取金が当座預金に振り込まれた。なお、担保を差し入れた事実についても仕訳すること。

解答　　　　　　　　　　　　　　　　　　　　　　　　（単位：円）

（借）	当座預金	3,487,500	（貸）	借入金	3,500,000
	支払利息	12,500			
	差入有価証券	4,600,000		投資有価証券	4,600,000

5　有価証券の評価

有価証券及び投資有価証券の評価については、従来、原則として原価主義（原価基準）が適用され、時価があるものについては、原価・時価比較低価法（低価基準）が認められていた。

しかし、前述の「金融商品に係る会計基準」（以下、「基準」という）では、有価証券の評価については、かなりキメ細かく規定されている。その詳細は1級の範囲となっているので、ここでは通常の一般的な評価について述べるにとどめる。

(1) 時価のある株式

時価のある株式については、期末には時価で評価しなければならない。

例題 5-5

1. 次の株式の評価損の計算及び仕訳を示しなさい。

決算にあたり、短期の売買目的で保有しているA社株式1,000株（原価@700円）の時価を調べた結果、1株あたり670円であったので時価で評価した。

解答・解説 （単位：円）

（評価損の金額）　700 × 1,000 株 － 670 × 1,000 株 ＝ 30,000
　　　　　　　　　（取得原価）　　　　（時価）
（借）有価証券評価損　30,000　　（貸）有価証券　　　30,000
（注）精算表の問題として出題される場合が多い。

2. 次の一連の取引の仕訳を示しなさい。
   (1) ㈱甲工務店は、B社株式 2,000 株を 1 株 600 円で長期保有目的で購入し、手数料 30,000 円とともに小切手を振り出して支払った。
   (2) 同工務店は、B社株式 1,200 株を 1 株 560 円で保有目的を変更して売却し、手数料等 20,000 円を差し引かれた手取額を当座預金に預け入れた。
   (3) 期末に B 社株式の時価は 1 株あたり 530 円に下落したので、時価で評価した。

解答・解説 （単位：円）

(1) （借）投資有価証券　　1,230,000　　（貸）当座預金　　　1,230,000
　　600 × 2,000 株 ＋ 30,000 ＝ 1,230,000

(2) （借）当座預金　　　　　652,000　　（貸）投資有価証券　　738,000
　　　　投資有価証券売却損　 86,000
　　B社株式の売却額：560 × 1,200 株 － 20,000 ＝ 652,000

　　売却した B 社株式の帳簿価額：$\frac{1,230,000}{2,000 \text{株}} \times 1,200 \text{株} = 738,000$
　　　　　　　　　　　　　　（1 株あたり 615 円）

(3) （借）投資有価証券評価損　68,000　　（貸）投資有価証券　　68,000
　　期末の B 社株式の帳簿価額：615 × 800 株 ＝ 492,000　(1,230,000 － 738,000)
　　期末の B 社株式の時価　　：530 × 800 株 ＝ <u>424,000</u>
　　　　評価損　　　　　　　　　　　　　　　　　　 68,000

（注）上記例題で、逆に時価が原価より騰貴したならば評価益が生じるが、この評価益の会計処理は複雑なので 1 級の範囲となっている。

(2) 時価がない株式

　時価がない株式については、当該株式の発行会社の資産状態が著しく悪化したときには、株式の実質価額まで減額しなければならない。ここで株式の実質価額は、次のような 1 株あたりの純資産の額で判断される。

$$株式の実質価額 = \frac{発行会社の純資産額}{発行会社の発行済株式数}$$

演習 5-3

1. 次の取引について仕訳をしなさい。

   (1) 福島建設㈱は、満期保有目的で額面総額￥2,000,000の社債を額面￥100につき￥97で買い入れ、端数利息￥2,650とともに小切手を振り出して支払った。

   (2) A社株式1,000株を1株￥580で売却し、手数料￥11,600差引後の手取額を当座預金に預け入れた。なお、このA社株式は、数年前に取引関係の強化を目的に、3,000株を1株￥520、手数料￥45,000で買い入れたものである。

   (3) 水戸建設㈱は、手持ちの投資有価証券（帳簿価額￥2,500,000）を担保としてA銀行から￥2,000,000を借り入れ、利息￥25,000を差し引かれた手取額を当座預金とした。なお、有価証券を担保に供したことについても仕訳すること。

   (4) 決算にあたり、短期の売買目的で所有しているB社株式（帳簿価額￥1,900,000）の期末時価は￥1,810,000であった。時価で評価する。

(単位：円)

No.	借方科目	金　額	貸方科目	金　額
(1)				
(2)				
(3)				
(4)				

2. 次の ☐ に入る正しい金額を計算しなさい。

   会津建設㈱は、当期に余裕資金の一部でA社株式2,000株を1株￥220で買い入れ、手数料￥4,400とともに小切手で支払った。その後、当期中にA社株式1,000株を1株￥310で売却し、手数料￥2,500を差し引かれ、残額を当座預金に預け入れた。このとき、投資有価証券売却益の額は￥☐である。

   ￥ ☐☐☐,☐☐☐

❹ 建設業特有の資産と負債

1 未成工事受入金と完成工事未収入金

(1) 未成工事受入金（負債）

　引渡を完了していない工事についての請負代金の受入高をいう（通常の企業での「前受金」勘定に相当する）。

　この受入高は、工事が完成し、その引渡が完了した時に完成工事高に振り替えられる。

(2) 完成工事未収入金（資産）

　完成工事高に計上した請負代金の未収額をいう（通常の企業での「売掛金」勘定に相当する）。

　工事が完成し、その引渡が完了した時に、請負代金から未成工事受入金を差引いたあとの請求額を完成工事未収入金の借方に記入し、その後の代金回収による減少額を貸方に記入する。

2 前渡金と工事未払金

(1) 前渡金（資産）

　前渡金勘定は、材料貯蔵品の購入及び未成工事に要する工事費等の支払のうち、未納入のもの、またはいまだに役務を提供されていない部分についての支払である前渡金、手付金等を処理する勘定である。

　実際に前渡金勘定が発生する主な場合は、
　① 材料購入の前渡金
　② 外注工事代の前渡金
の二つである。

　従って、前渡金を支払時に前渡金勘定の借方に記入し、材料が納入された時または外注工事が完了し、外注先からその工事代金が請求された時に前渡金勘定の貸方に記入する。

(2) 工事未払金（負債）

　工事未払金とは工事費の未払額（工事原価に算入されるべき材料購入代金の未払分等を含む）をいう。それは、商業・製造業で使用する「買掛金」勘定と同様で工事に関する取引に基づいて発生した営業上の未払金をいう。

　具体的には、次のとおりである。

① 未成工事支出金勘定（原価要素別では、材料費、労務費、外注費、経費）として計上されるものの未払額
② 材料勘定として計上されるものの未払額（将来は材料費として工事原価を構成する）

（注）仮設撤去費用について

　工事未払金勘定に記入される未払額は、本来確定債務に限られるのであろうが、工事原価の見積額についても工事未払金勘定で処理する場合がある。

　その例が、仮設撤去費用に係る未払額である。建設業の場合、工事が完了すれば仮設設備を撤去するのは当然であり、その費用は工事原価を構成する。完成工事高を計上した時点で、金額未確定であっても、その見積額によって「工事未払金」勘定で処理する（この見積額を「仮設撤去引当金」という勘定科目で処理した時期もあったが、現在は適用されない）。

例題 5-6

次の取引の仕訳を示しなさい。
(1) 福島建設㈱は、郡山建材店に対し、材料購入代金の前払として小切手700,000円を振り出した。
(2) 福島建設㈱は、材料1,500,000円を購入し本社倉庫に搬入した。代金のうち700,000円は前渡金と相殺し、残額は翌月末日払とした。

解答　　　　　　　　　　　　　　　　　　　　　　　　　　（単位：円）

(1) （借）前渡金　　　700,000　　（貸）当座預金　　700,000
(2) （借）材料　　　1,500,000　　（貸）前渡金　　　700,000
　　　　　　　　　　　　　　　　　　　　工事未払金　800,000

3　材料貯蔵品（資産）

　材料貯蔵品とは、手持の工事用材料及び消耗工具器具等並びに事務用消耗品等のうち未成工事支出金または販売費及び一般管理費として処理されなかったものをいう。

★「材料」勘定……手持の工事用材料のうち、未成工事支出金として処理されなかったもの
★「貯蔵品」勘定……消耗工具器具等ならびに事務用消耗品等のうち、未成工事支出金または販売費及び一般管理費として処理されなかったもの

　「材料貯蔵品」は、貸借対照表での表示上の科目であり、個々の仕訳としては、**「材料」勘定**及び**「貯蔵品」勘定**のように区分して処理される（「貯蔵品」勘定は、重要性が乏しいので、解説は省略する）。

(1) 棚卸資産の意義

建設業における棚卸資産には「材料貯蔵品」勘定と「未成工事支出金」勘定とがある。

棚卸資産とは、通常、棚卸によってその有高が確定される費用性資産である。それは、将来直接販売され、または販売活動、一般管理活動に関連して消費されることを主目的として短期間保有される原価の集団である。

(2) 材料

材料に関する詳細は、②「❷材料費の分類と計算・記帳」の項を参照のこと。ここでは、材料の割引をとりあげる。

例題 5-7

下記の設問に解答しなさい。
(1) 工事未払金 2,500,000 円について期日前に支払うため 2％の仕入割引を受けるとすると、仕入割引額はいくらか。
(2) 上記の仕入割引を受けて、工事未払金を現金にて決済したときの仕訳を示しなさい。

解答・解説 （単位：円）
(1) 2,500,000 × 2％＝ 50,000
(2) （借）工事未払金　2,500,000　　（貸）現金　　　　2,450,000
　　　　　　　　　　　　　　　　　　　　仕入割引　　　50,000

4 未成工事支出金（資産）

「未成工事支出金」勘定の内容は、原価計算のところですでに学習している。精算表では決算整理仕訳の形で出題されている。

(1) 未成工事支出金勘定の意義

建設業法施行規則によれば、「未成工事支出金とは、引渡を完了していない工事に要した工事費ならびに材料購入、外注のための前渡金、手付金等をいい、長期の未完成工事に要した工事費で工事進行基準によって完成工事原価に含めたものを除くもの」としている。

従って未成工事支出金勘定の性格は次のように要約することができる。

　　ア．進行中の工事に関して発生した材料費・労務費・外注費・経費を統括する勘定
　　イ．材料購入や外注工事等のために支出した前渡金や手付金等を処理する勘定
　　ウ．決算期末において、未完成の工事原価を棚卸資産として次期に繰り越す勘定

① 期中……工事原価の集計勘定
② 期末残高……棚卸資産として次期に繰り越す勘定

(2) 未成工事支出金の勘定図

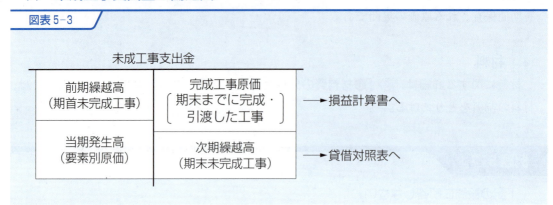

図表5-3

演習5-4

(1) 次の取引について仕訳をしなさい。

宇都宮建設㈱は、日光建材店に対する工事未払金￥2,450,000を決済日より早く支払うため￥49,000の割引を受け、小切手を振り出した。

(2) 次の各事項について □ に入る正しい金額を計算しなさい。

・工事用材料を600個仕入れたが、その仕入代金￥500,000を支払う際、仕入割戻￥8,000及び仕入割引￥6,000を受けた。なお同材料仕入の際￥18,000の引取運賃を支払った。同材料の仕入単価は￥ ① である。

・工事未払金の決済に際し、1.8%の仕入割引を受け、現金￥1,964,000を支払ったとすれば、この取引の仕入割引額は￥ ② である。

(1)　　　　　　　　　　　　　　　　　　　　　　　　　　　　　　（単位：円）

借方科目	金　額	貸方科目	金　額

(2)

① ￥ ☐☐☐,☐☐☐

② ￥ ☐☐☐,☐☐☐

❺ 手形

1 手形の分類

手形とは、債務者が自己の金銭債権・債務の決済手段として作成する手形法上の有価証券であり、それには約束手形と為替手形の2種類がある。

2 受取手形と支払手形

手形には、約束手形と為替手形との2種類がある。しかし、簿記上では、手形の種類に関係なく、営業取引に基づく手形上の債権・債務の発生と消滅を処理するため、「受取手形」及び「支払手形」の2つの勘定を使用する。

(1) 受取手形（資産）

「受取手形」勘定は、営業取引上の手形債権の発生と消滅を処理する勘定である。手形債権が発生したとき、受取手形勘定の借方に記帳し、それが消滅したとき、その貸方に記帳する。

(2) 支払手形（負債）

「支払手形」勘定は、営業取引上の手形債務の発生と消滅を処理する勘定である。手形債務が発生したとき、支払手形勘定の貸方に記帳し、それが消滅したとき、その借方に記帳する。

(3) 約束手形に関する会計処理

約束手形は手形の振出人（支払人）が名宛人（受取人）に対して一定の期日に一定の金額を支払うことを約束した証券である（関係者2人）。

図表5-4

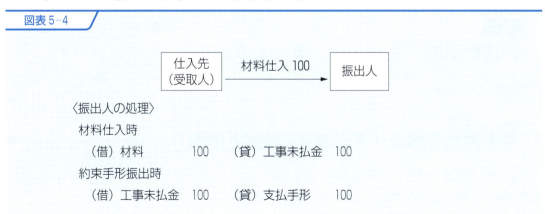

(4) 為替手形に関する会計処理

為替手形は、振出人が名宛人（支払人）に対して、一定の期日に一定の金額を受取人に支払うことを委託した証券である（関係者は3人）。

約束手形と違い、名宛人が支払人となる（名宛人が支払を引受けることによって為替手形が成立する）。

振出人は、自己の仕入債務と売上債権の相殺を記帳するだけで手形関係の記帳を必要としない。

図表 5-5

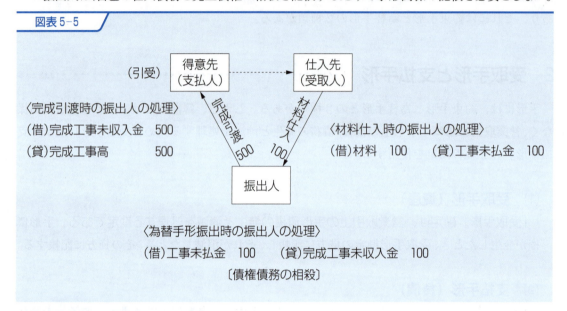

例題 5-8

次の取引の仕訳を示しなさい。

㈱千代田工務店は、港建材社に対する材料掛買代金の支払のため、工事代金の未収のある得意先新宿商店宛の為替手形 1,080,000 円を振り出し、同店の引受を得て港建材社に渡した。

解答 （単位：円）

（借）工事未払金　　1,080,000　　（貸）完成工事未収入金　1,080,000

3　手形権利の譲渡（手形の裏書譲渡と割引）

手形の所有者は、所有する約束手形・為替手形を、その裏面の所定欄に署名・捺印してその手形権利を、他人に譲渡することができる。これを手形の「裏書」という。

手形の裏書には、「手形の裏書譲渡」と「手形の割引」がある。

(1) 手形の裏書譲渡

手形の裏書譲渡とは、手形の所有者が他人に対する支払のため、自己の所有する手形の裏面の所定欄に署名・捺印して、その手形債権を他人に譲渡することをいう。

(2) 手形の割引

支払期日がまだ到来していなくても、所有している手形を利用して資金を作る方法がある。それが手形の割引である。

手形の割引とは、手形の所持人が資金繰などの必要から、銀行等の金融機関に手形を裏書譲渡して資金の融通を受けることをいう。この場合、銀行は割引日から支払期日までの利息金額を手形金額から差し引いて資金を融通する。この利息を割引料といい、「支払割引料」又は「手形売却損」(注)勘定で処理する。

(注) 平成11年に発表された「金融商品に係る会計基準」によると「支払割引料」は「手形売却損」として処理されることになる(後述)。

例題 5-9　（3級レベルの仕訳）

次の取引の仕訳を示しなさい。

(1) 渋谷建材㈱より材料を買入れ、本社倉庫に搬入し、その代金 2,700,000 円のうち 2,000,000 円を荒川商事㈱より受取の約束手形を裏書譲渡し、残額 700,000 円は掛とした。
(2) 品川商事㈱より受取の約束手形 1,800,000 円を取引銀行で割引き、割引料 18,600 円を差引かれ、手取額を当座預金に預入れた。

解答　　　　　　　　　　　　　　　　　　　　　　　　（単位：円）

(1)（借）材料　　　　　2,700,000　　（貸）受取手形　　2,000,000
　　　　　　　　　　　　　　　　　　　　　工事未払金　　700,000
(2)（借）当座預金　　　1,781,400　　（貸）受取手形　　1,800,000
　　　　手形売却損　　　　18,600
　　　（支払割引料）

（注）手形の裏書及び割引も、手持ちの手形が減少するので、受取手形勘定の貸方に記帳する。これは3級までの処理の仕方である。しかし2級になると、さらに複雑な処理が要求される。

(3) 遡求義務の表示 ➡ 偶発債務

　手形を裏書譲渡したり、割引いたりした場合、手形債権は消滅するが、手形の裏書人は依然として手形関係者の地位に止まる。

　　裏書人は、支払期日に代金の支払がその支払人（振出人または引受人）によって行われなかった場合、その支払人に代って手形代金を支払うべき義務を負う（つまり、裏書した者にも支払義務は残る）。

この義務を**「遡求義務」**という。
　この義務は、手形の支払人がその支払を拒絶した時、現実の債務になるという条件付きの債務であり、一般に**「偶発債務」**と呼ばれる。
　この偶発債務の発生を、簿記上、正規の勘定として記録する必要はないが、その存在を忘れないように記帳（備忘記録）しておくと便利である。
　その処理の仕方には次の2つがある。
　① 評価勘定を用いる方法……「裏書手形」勘定、「割引手形」勘定
　　ア．手形を裏書譲渡した時または割引いた時
　　　★受取手形勘定には何の記入もしない。
　　　★「裏書手形」勘定、「割引手形」勘定の貸方に記入する。

図表5-6

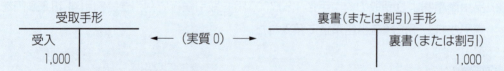

受取手形の借方残高から裏書（または割引）手形の貸方残高を差引くと、手形の手持残高は0となる。従って、裏書手形、割引手形勘定の性格は次のようになる。
　★受取手形勘定から控除する勘定……「評価勘定」
　★裏書または割引による偶発債務を示す勘定
　★貸借対照表では負債として表示しないで、注記によって表示する。

　　イ．手形代金が支払われた時
　　　★受取手形勘定の貸方及び裏書（または割引）手形勘定の借方に記入する（偶発債務は消滅する）。

例題 5-10

《例題 5-9》について、偶発債務の記帳を評価勘定を用いる場合の仕訳を示しなさい。

解答　　　　　　　　　　　　　　　　　　　　　　　　（単位：円）

(1) （借）材料　　　　　　2,700,000　（貸）裏書手形　　　2,000,000
　　　　　　　　　　　　　　　　　　　　　　工事未払金　　　 700,000

〈参考〉裏書譲渡した手形が決済された時
　　（借）裏書手形　　　　2,000,000　（貸）受取手形　　　2,000,000

(2) （借）当座預金　　　　1,781,400　（貸）割引手形　　　1,800,000
　　　　手形売却損　　　　　 18,600
　　　　（支払割引料）

〈参考〉割引いた手形が決済された場合
　　（借）割引手形　　　　1,800,000　（貸）受取手形　　　1,800,000

② 対照勘定を用いる方法……「手形裏書義務」勘定、「手形割引義務」勘定
　ア．手形を裏書譲渡した時または割引いた時
　　★受取手形勘定の貸方に記入する（3級の仕訳と同じ）。
　　★「手形裏書（割引）義務」勘定の貸方に記入すると同時に、「手形裏書（割引）義務見返」勘定の借方に記入する（3級の仕訳に追加）。

図表 5-7

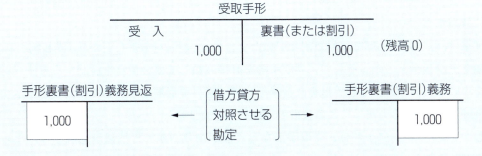

従って「手形裏書義務」勘定、「手形割引義務」勘定の性格は次のようになる。
★裏書または割引による偶発債務の発生を備忘的に記録する勘定
★貸借対照表では表示しないで、注記によって表示する。

イ．手形代金が支払われた時
★裏書または割引いた時の仕訳と反対の仕訳をして偶発債務を消滅させる。

例題 5-11

《例題 5-9》について、偶発債務の記帳に対照勘定を用いる場合の仕訳を示しなさい。

解答　　　　　　　　　　　　　　　　　　　　　　　　　　　（単位：円）

(1) （借）材料　　　　　　　　　2,700,000　（貸）受取手形　　　　　2,000,000
　　　　　　　　　　　　　　　　　　　　　　　　工事未払金　　　　　700,000
　　（借）手形裏書義務見返　2,000,000　（貸）手形裏書義務　　2,000,000
〈参考〉裏書譲渡した手形が決済された時
　　（借）手形裏書義務　　　2,000,000　（貸）手形裏書義務見返　2,000,000
(2) （借）当座預金　　　　　　1,781,400　（貸）受取手形　　　　　1,800,000
　　　　手形売却損　　　　　　　18,600
　　　　（支払割引料）
　　（借）手形割引義務見返　1,800,000　（貸）手形割引義務　　1,800,000
〈参考〉割引いた手形が決済された場合
　　（借）手形割引義務　　　1,800,000　（貸）手形割引義務見返　1,800,000

(4) 「金融商品に係る会計基準」による会計処理

　平成11年に「金融商品に係る会計基準」（以下、「基準」という）が発表された。「基準」によると、受取手形は金融資産に該当し、手形の「裏書譲渡」「割引」は金融資産の消滅規定に該当する。

　従来は、たとえば手形を銀行で割り引いたときには、割引料を差し引かれ（支払割引料）て、残額を当座預金とした。そして、受取手形を直接減額して偶発債務を注記する方法（対照勘定を用いる方法）と、受取手形を直接減額せずに割引手形勘定を用いて偶発債務を示す方法（評価勘定を用いる方法）による会計処理が行われた。

　しかし、「基準」によれば、受取手形なる資産が割り引かれて消滅が認識されたなら、それを割り引きとせずに「売却」として処理することが要求される。そのために、割引料は支払割引料ではなく、「手形売却損」（注）として処理することになる。

(注)「概説」では、「金融商品取引法適用会社（大会社）は、手形割引時に生じる支払割引料を使用せずに手形売却損を用いる。しかし、それ以外の中・小会社には強制されず、従来通りの支払割引料を用い、偶発債務を注記する方式も現在は是認されていると考えられる。」としており、検定試験では〈勘定科目群の指示〉に注意する必要がある。

4 手形の更改と不渡

(1) 手形の更改

　資金不足のために支払の予定がつかない場合、手形の支払人は、支払期日前に、手形所持人に対して手形の期日延長（手形のジャンプとも呼ばれる）を申し出ることがある。この場合、手形所持人の同意が得られれば、支払人は、旧手形と引換に新手形を振り出すことになる。これを「**手形の更改**」または「**手形の書替**」という。

　手形期日を延長するため、旧手形の金額に応じて、新手形の支払期日までの利息が発生する。延長期間の利息については、現金で支払う場合と新手形の金額に加算する場合とがある。

例題 5-12

　墨田建設㈱は、手形の所持人㈱豊島工務店に対して約束手形 1,500,000 円の期日延長を申し出て了承を得、延長期間に対する利息 12,300 円を加算した約束手形を振り出した。この手形の更改に係る墨田建設㈱および㈱豊島工務店の仕訳を示しなさい。

解答 (単位：円)

墨田建設㈱
　（借）支払手形（旧）　1,500,000　（貸）支払手形（新）　1,512,300
　　　　支払利息　　　　　 12,300

㈱豊島工務店
　（借）受取手形（新）　1,512,300　（貸）受取手形（旧）　1,500,000
　　　　　　　　　　　　　　　　　　　　　受取利息　　　　 12,300

(2) 手形の不渡

　支払期日に手形代金が決済されない場合を「不渡」といい、その手形を「不渡手形」（資産）という。銀行に取立依頼した手形や割り引いた手形は、不渡になると銀行から返送されてくる。また取引先に裏書譲渡した手形も同様に、譲渡先から回送されてくる。手形の裏書人は、これらの不渡手形を現金を支払って引き取らなければならない。

　不渡手形の所持人は、その支払を拒絶されたものであるから、その回収の可能性は極めて小さい。

　しかし、不渡手形の所持人は、その手形の振出人や他の裏書人に対して手形金額の支払を遡求する権利を持っているため、不渡手形の資産性が完全に失われたわけではない。「不渡手形」勘定は、このような資産性の存在を記録しておくための勘定である。

　なお、この不渡手形勘定には手形金額のほかに、法定利息（満期日から支払日までの利息）、拒絶証書（支払拒絶を証明するもの）作成費用などが記録される。

　不渡手形の発生時の具体的な処理の仕方には次の2つが考えられる。

　★自己が手形所持人の時の不渡発生…自己より前の裏書人あるいは振出人に対して支払を遡求する。
　　　　　　　　　　　　　　　　　　⟶不渡手形勘定の借方に記入する。

　★自己が裏書人の時の不渡発生………自己の後の裏書人から請求を受けて支払ったうえで、前の裏書人または振出人に対して支払を遡求する。
　　　　　　　　　　　　　　　　　　⟶支払った時点で不渡手形勘定の借方に記入。

　不渡手形勘定の借方に計上された金額が、その後無事回収された場合はその貸方に記入する。

　不渡手形については、その債権の回収が不可能になる場合が多く、取立不能の事実が確定すれば貸倒の処理（後述）が行われなければならない。

例題 5-13

次の取引の仕訳を示しなさい。

(1) 所有していた㈱江東工務店振出の約束手形 300,000 円が支払期日に支払を拒絶された。よって支払拒絶証書を作成して振出人に遡求した。拒絶証書作成その他の費用合計 2,000 円は現金で支払った。
(2) かねて裏書譲渡していた㈱足立工務店振出、当社受取の約束手形 500,000 円が不渡となったため、諸費用および満期日以後の利息合計 5,000 円を含めて遡求された。よって小切手を振り出して支払うとともに、振出人㈱足立工務店に償還を請求した。なお、当社は手形の裏書にあたって評価勘定を用いて処理している。
(3) 上記(2)の手形 500,000 円に対し、諸費用 5,000 円、延滞利息 7,000 円、合計 512,000 円を現金で受取った。
(4) かねて不渡手形として処理していた約束手形 100,000 円が回収不能となった。なお、貸倒引当金の計上は行われていない。

解答 (単位：円)

(1) （借）不渡手形　　　　302,000　（貸）受取手形　　　　300,000
　　　　　　　　　　　　　　　　　　　　現金　　　　　　　2,000
(2) （借）不渡手形　　　　505,000　（貸）当座預金　　　　505,000
　　（借）裏書手形　　　　500,000　（貸）受取手形　　　　500,000
　〈参考〉対照勘定を使う場合
　　（借）不渡手形　　　　505,000　（貸）当座預金　　　　505,000
　　（借）手形裏書義務　　500,000　（貸）手形裏書義務見返　500,000
(3) （借）現金　　　　　　512,000　（貸）不渡手形　　　　505,000
　　　　　　　　　　　　　　　　　　　　受取利息　　　　　7,000
(4) （借）貸倒損失　　　　100,000　（貸）不渡手形　　　　100,000
　　（注）貸倒損失及び貸倒引当金の詳細は後述。

5 営業外受取手形と営業外支払手形

(1) 受取手形と営業外受取手形

受取手形…………工事代金及びその他の工事関係収益等営業取引にもとづいて発生した手形上の債権

営業外受取手形……固定資産、有価証券の売却など、営業取引以外の取引によって発生した手形上の債権

(2) 支払手形と営業外支払手形

支払手形…………材料貯蔵品の購入代金、工事費・販売費及び一般管理費に属する費用等、営業取引にもとづいて発生した手形上の債務（営業取引から発生した手形債務）

営業外支払手形……固定資産の購入など、営業取引以外の取引によって発生した手形上の債務

前記のように、同じ手形上の債権・債務であっても、簿記上は営業取引によって生じたものと、それ以外の原因によるものとを区別し、勘定科目も区分して処理することに注意する。

例題 5-14

次の取引の仕訳を示しなさい。

(1) ㈱中野工務店は、短期の売買目的で所有していたA社株式30株（帳簿価額@60,000円）を@65,000円で売却し、1,000,000円を現金で受取り、残額を約束手形で受取った。

(2) 中央建設㈱は、本社敷地用の土地を購入し、その代金10,800,000円を支払うため約束手形を振り出した。

解答 (単位：円)

(1)	(借)	現金	1,000,000	(貸)	有価証券	1,800,000
		営業外受取手形	950,000		有価証券売却益	150,000
(2)	(借)	土地	10,800,000	(貸)	営業外支払手形	10,800,000

演習 5-5

次の取引について仕訳をしなさい。

(1) かねて裏書譲渡していた約束手形 350,000 円の支払が支払期日に拒絶されたため、小切手を振り出してその手形を引き取った。なお、手形の裏書にあたっては評価勘定を用いて処理している。
(2) 川崎建設㈱は、手持の約束手形 1,500,000 円を割引き、割引料 22,500 円を差引かれ、手取額を当座預金に預入れた。なお、手形の割引は手形の売却として処理する。
（割引に伴う偶発債務の処理は評価勘定方式による。）
(3) ㈱長野工務店は、かねて銀行で割り引いていた松本商店振出の約束手形 950,000 円について、支払期日に決済された旨の通知を受けた。なお、同手形は割引の際、割引手形勘定で処理している。
(4) 新潟建設㈱は、外注先の㈱長岡工務店に対する未払代金 2,300,000 円を支払うため、為替手形を振り出し、工事代金の未収分のある高田商事㈱の引受を得て、㈱長岡工務店に交付した。
(5) 工事用資材 500,000 円を仕入れ、倉庫に搬入した。その代金のうち 380,000 円は手持の約束手形を裏書譲渡し、残額は翌月払とした。（裏書譲渡に伴う偶発債務の処理は対照勘定を用いる方法による。）

（単位：円）

No.	借方科目	金　額	貸方科目	金　額
(1)				
(2)				
(3)				
(4)				
(5)				

6 金融手形（手形貸付金と手形借入金）

今まで学習してきた手形は、一般に「商業手形」と呼ばれる。

ところが、金銭の貸借が行われる場合、貸付債権・借入債務の関係を明らかにするため、借用証書の代りに、手形を振り出すことがある。このような金融目的で授受される手形は、一般に「金融手形」と呼ばれる。

金融手形は、商業手形とその性質が違うため、受取手形勘定・支払手形勘定を使用せず、別に「手形貸付金」勘定、「手形借入金」勘定を設けて処理される。

❻ その他の債権・債務

1 貸付金・借入金

貸付金・借入金勘定は、資金の貸借に伴って発生する債権・債務を処理する勘定である。

(1) 貸付金（資産）

他人に金銭を貸付けたときには、「貸付金」勘定の借方に記入し、返済を受けたときにはその貸方に記入する。

(2) 借入金（負債）

他人から金銭を借入れたときは、「借入金」勘定の貸方に記入し、返済したときにはその借方に記入する。

2 未収入金・未払金

未収入金・未払金勘定は、固定資産の売買や有価証券の売買など通常の営業取引以外の取引から発生する債権・債務を処理する勘定である。

(1) 未収入金（資産）

固定資産等の売却に伴って発生した債権であり、「未収入金」勘定で、その債権の発生と消滅を処理する。

(2) 未払金（負債）

固定資産等の購入に伴って発生した債務であり、「未払金」勘定で、その債務の発生と消滅を処理する。

> **例題 5-15**
>
> 次の取引を仕訳しなさい。
> (1) 備品 200,000 円を買入れ、代金のうち 120,000 円は小切手を振り出して支払い、残額は翌月末日支払の約束である。
> (2) 屑物を売却し、その代金 120,000 円は翌月末日受取の約束である。
>
> **解答**　　　　　　　　　　　　　　　（単位：円）
> (1) （借）備品　　　200,000　　（貸）当座預金　120,000
> 　　　　　　　　　　　　　　　　　　　未払金　　 80,000
> (2) （借）未収入金　120,000　　（貸）雑収入　　120,000

3　立替金・預り金

(1) 立替金（資産）

取引先や従業員に対して金銭を一時立替えて支払ったときは「立替金」勘定の借方に記入し、立替金の返済を受けたときはその貸方に記入する。

(2) 預り金（負債）

役員や従業員から一時的に金銭を預ったときは「預り金」勘定の貸方に記入し、預り金を返済したときにその借方に記入する。

なお、立替先や預り先が多種多様であるときは、たとえば「従業員立替金」、「従業員預り金」などの勘定を設けて処理する場合もある。

4　仮払金・仮受金

(1) 仮払金（資産）

金銭による支払はあったが、仕訳すべき勘定科目が不明か、金額が未確定である場合、その支払額を一時的に処理しておく勘定である。

(2) 仮受金（負債）

金銭による収入はあったが、仕訳すべき勘定科目が不明か、金額が未確定である場合、その収入額を一時的に処理しておく勘定である。

勘定科目または金額が確定したとき、「仮払金」勘定または「仮受金」勘定から正式な勘定に振り替える。

> **例題 5-16** （精算表の決算整理事項としての出題）
>
> 次の決算整理事項について仕訳を示しなさい。
> (1) 仮払金 30,000 円は営業部員の出張費の未整理分である。その全額を旅費交通費として処理する。
> (2) 仮払金 50,000 円は、従業員の洋服購入代金の立替分である。
> (3) 仮受金 520,000 円は工事請負代金の前受分である。
>
> **解答**　　　　　　　　　　　　　　　　　　　　　　　　　　　（単位：円）
> (1) （借）旅費交通費　　　30,000　　（貸）仮払金　　　30,000
> 　　　　（販売費及び一般管理費）（注）
> (2) （借）従業員立替金　　50,000　　（貸）仮払金　　　50,000
> 　　　　（立替金）
> (3) （借）仮受金　　　　520,000　　（貸）未成工事受入金　520,000
> （注）精算表の出題では、販売及び管理上の費用は「販売費及び一般管理費」という科目に代表させる出題もあるので、問題の指示に注意したい（後述）。

5　金銭債権の評価

金銭債権とは金銭をもって弁済を受けるべき債権をいう。貸借対照表に記載される金銭債権の価額をいくらにするかが金銭債権の評価の問題となる。

(1) 償却原価法の適用

受取手形、貸付金等の金銭債権をその債権金額よりも低い価額または高い価額で取得する場合がある。この場合において、取得価額と債権金額との差額の性格が金利の調整と認められるときは、当該債権の貸借対照表価額を決定する方法として、償却原価法の適用が要求される。

　★償却原価法の適用——当該債権の債権金額と取得価額との差額に相当する額を、弁済期に至るまでに毎期一定の方法で貸借対照表価額に逐次加算または減算していく方法

(注)
- 債権金額よりも低い価額で取得した場合
  → 貸借対照表価額に加算していく方法
- 債権金額よりも高い価額で取得した場合
  → 貸借対照表価額から減算していく方法

例題 5-17

東京建設株式会社は、令和×1年1月1日に得意先の南北商店に対する貸付のため現金 4,800,000 円を支出し、その見返りに同商店振出の約束手形 5,000,000 円(支払期日令和×5年12月31日)を受取った。償却原価法(定額法)により、この約束手形に関する各期の会計処理を示しなさい。(決算日は12月31日)

解答

(1) ×1年 1月 1日 (借)手形貸付金 4,800,000 (貸)現金 4,800,000
(2) ×1年12月31日 (借)手形貸付金 40,000 (貸)受取利息 40,000 ※

　　※受取利息 $(¥5,000,000 - ¥4,800,000) \times \frac{1}{5} = ¥40,000$

　　(注) ×1年12月31日の貸借対照表価額 4,800,000 + 40,000 = ¥4,840,000

(3) ×2年12月31日～×4年12月31日の各期
　　　　　　　　(借)手形貸付金 40,000 (貸)受取利息 40,000

　　(注) ×4年12月31日の貸借対照表価額 4,840,000 + (40,000 × 3) = ¥4,960,000

(4) ×5年12月31日 (借)現金 5,000,000 (貸)手形貸付金 4,960,000
　　　　　　　　　　　　　　　　　　　　　　　　受取利息 40,000

(2) 貸倒引当金の設定

営業債権(受取手形・完成工事未収入金)、貸付金等の貸借対照表価額は、その債権金額または取得価額から貸倒見積額を差引いて決定される(回収可能額による評価)。このため各期末には、これら個々の金銭債権の期末残高について回収不能と見積られる額を算定するとともに、その額をその事業年度の費用として計上しなければならない。この目的で実施される手続は一般に「貸倒引当金の設定」とよばれる。

なお、貸倒引当金の内容については、⑥「❸引当金」のところで学習する。

演習 5-6

問1　次の取引について仕訳をしなさい。

(1) 東西銀行から 500,000 円を借り入れ、約束手形 500,000 円を振り出した。利息 6,250 円を差し引かれ、手取額 493,750 円が当座預金口座に振り込まれた。

(2) ㈱城北工務店から融資の申込を受け、小切手 700,000 円を振り出して貸し付け、証書の代わりに同工務店振出しの約束手形 700,000 円を受け取った。

問2　次の □ に入る正しい金額を計算しなさい。

　城南建設㈱は、令和×1年1月1日に現金￥1,000,000 を貸し付け、その見返りに債権金額￥1,200,000 の約束手形を受け取った。約束手形の支払期日は、令和×4年12月31日である。当該債権の貸借対照表価額を決定する方法として、償却原価法（利息計算は年割りによる）を適用した場合、令和×2年12月31日の手形貸付金の貸借対照表価額は￥□である。

問1　　　　　　　　　　　　　　　　　　　　　　　　　　　　　　　　　（単位：円）

No.	借方科目	金　額	貸方科目	金　額
(1)				
(2)				

問2　￥ □

6 主要取引の会計処理（その2）

❶ 固定資産

1 固定資産の意義

　固定資産とは、企業が営業活動のために長期間（1年超の期間）にわたって使用する目的で所有する資産をいう。固定資産は次の3つに区分される。

　★有形固定資産…………具体的な存在形態をもつ資産で、もっぱら営業活動のために長期間使用する目的で所有されるもの
　　　　　　　　　　　（土地、建物、構築物、機械装置、備品、車両運搬具など）
　★無形固定資産…………具体的な存在形態を有しないが、企業に対して長期にわたって特別な便益、権利または特権を与えることによって営業活動に貢献する資産
　　　　　　　　　　　（のれん、特許権、借地権、電話加入権など）
　★投資その他の資産……上の2つのグループに属さない長期資産
　　　　　　　　　　　（投資有価証券、出資金、長期貸付金、長期前払費用など）

2 有形固定資産の分類

　建設業における基本科目として次のようなものがあげられる（「建設業会社概説2級」から引用）。

勘定科目	摘　要
建　　物	営業の用に供する目的で所有している建物及びその付属設備
構　築　物	営業の用に供する目的で所有している土地に定着した土木設備・工作物
機 械 装 置	営業の用に供する目的で所有している機械装置及びその付属設備
車両運搬具	営業の用に供する目的で所有している車両、自動車及びその他陸上運搬具
工 具 器 具	営業の用に供する目的で所有している工具器具、移動性仮設建物用器財
備　　品	営業の用に供する目的で所有している備品
土　　地	営業の用に供する目的で所有している土地
建設仮勘定	有形固定資産の購入または建設のために支払われた手付金、前渡金、材料費、労務費、経費など

(注1) 将来営業に供する目的で所有するものも、前ページの勘定科目で処理される。
(注2) 前ページの勘定科目は、貸借対照表上「建物・構築物」「機械・運搬具」などの科目で合算して記載されることになる。

3 有形固定資産の取得

(1) 有形固定資産の取得原価

① 購　　入……購入代価＋付随費用（買入手数料、運送費、据付費等）
　　　　　　　　　＝取得原価
② 自家建設……適正な原価計算基準に従って計算された正常実際製造原価
　　　　　　　　　＝取得原価
③ 交　　換……譲渡資産の適正簿価±交換差金＝譲受資産の取得原価
　　　　　　　　（適正簿価……交換時点における適正な未償却残高）
④ 現物出資……交付された株式の発行価額＝取得原価

例題 6-1

下記の設問に解答しなさい。

(1) 甲府建設㈱は、自己所有の車両（取得原価 2,800,000 円、減価償却累計額 2,230,000 円）と交換に他社の中古の機械を取得し、交換差金 750,000 円を現金で支払った。取得した中古機械の取得原価はいくらになるか。
(2) 上記の取引を仕訳しなさい。
(3) ㈱大月工務店は、株式（1 株の発行価額 63,000 円）250 株を発行し、その対価として土地 300m² を受入れた。この土地の取得原価はいくらになるか。

解答・解説 （単位：円）

(1) 車両の簿価　　2,800,000 － 2,230,000 ＝ 570,000
　　機械の取得原価　570,000 ＋ 750,000 ＝ 1,320,000
(2) （借）減価償却累計額　2,230,000　　（貸）車両運搬具　2,800,000
　　　　　機械装置　　　　1,320,000　　　　　現金　　　　　750,000
(3) 土地の取得原価　発行価額×発行株数
　　　　　　　　　　63,000 × 250 株＝ 15,750,000

4 資本的支出と収益的支出

建物、機械などの固定資産について、その取得後に改良、補修・修繕などが行われる。その支出額を固定資産に追加計上すべきか、修繕費として費用処理すべきかは、実務上も問題となるところである。基本的な考え方は次のとおりである。

★資本的支出……当該資産の能率の増進、耐用年数の延長など改良のために支出された部分
　　　　　　　➡ 固定資産の増加として、取得原価に加算する
★収益的支出……破損箇所の復旧とか部品の取替えなど、単なる原状回復のために支出された部分
　　　　　　　➡ その期の費用（修繕費）

例題 6-2

次の取引の仕訳を示しなさい。
建物の補修工事を行い、その代金 4,100,000 円を小切手を振り出して支払った。この支出のうち 2,500,000 円は改良費と認め、残りを修繕費として処理する。

解答　　　　　　　　　　　　　　　　　　　　　　　　（単位：円）

（借）建物　　　　　2,500,000　（貸）当座預金　　4,100,000
　　　修繕費　　　　1,600,000
　　　（修繕維持費）（注）

（注）建設業法施行規則の勘定科目によると「修繕維持費」となっている。試験では〈勘定科目群〉の指示に注意する。

5 建設仮勘定

建設仮勘定とは、建設中の自家用固定資産の新設または増設のために要した支出額を処理しておく勘定をいう。たとえば材料の購入代金や労務費、外注費、経費の支払額は一時的に建設仮勘定の借方に記入する。なお建設工事が完了して使用できる状態になると、建設仮勘定からそれぞれ該当する固定資産の勘定に振り替える（本勘定への振替という表現をすることがある）。

> **例題 6-3**
>
> 次の一連の取引の仕訳を示しなさい。
> (1) 静岡建設㈱は、本社事務所の新築のため外注工事を契約し、契約代金 10,000,000 円のうち 6,000,000 円を前払するため約束手形を振り出した。
> (2) 上記の工事が完成して引渡を受け、契約代金の未払分 4,000,000 円を小切手を振り出して支払った。
>
> **解答** (単位：円)
>
> (1) （借）建設仮勘定　　6,000,000　　（貸）営業外支払手形　6,000,000
> (2) （借）建物　　　　10,000,000　　（貸）建設仮勘定　　　6,000,000
> 　　　　　　　　　　　　　　　　　　　　　当座預金　　　　4,000,000

6　減価償却計算方法

土地を除く有形固定資産は使用や時の経過によって年々その価値を減少していく。この価値減少部分に相当する取得原価を、使用できる各期間に、規則的に費用として配分するとともに、その額だけ、資産の繰越価額を減じていく会計上の手続を「減価償却」という。またその手続によって計上された費用は「減価償却費」と呼ばれる。

(1) 定額法（毎期の減価償却費が一定額となる計算方法）

$$\frac{取得原価 - 残存価額（注）}{耐用年数} = 減価償却費$$

(注) 固定資産の利用終了時において予測される当該資産の純処分価額をいう。わが国の税法では、取得原価の 10% とされていたが、平成 19 年度の税制改正で、平成 19 年 4 月 1 日以後に取得した資産については実質的にゼロ（残存簿価 1 円）とされた。

(2) 定率法（毎期の減価償却費が逓減する計算方法）

$$未償却残高 \times 償却率（注） = 減価償却費$$

(注) 残存価額を「取得原価の 10%」とした償却率の例は次のとおりである。

〈例……税法上の耐用年数省令による〉

$$\begin{pmatrix} 5\ 年 & 0.369 \\ 8\ 年 & 0.250 \\ 10\ 年 & 0.206 \end{pmatrix}$$

（備考）・期中に固定資産を取得した場合……月割計算

（1ヵ月に満たない日数は1ヵ月とみなして計算する。）

〈例〉 8/5 に 200,000 円の備品を取得　　耐用年数 5 年
　　　残存価額は取得原価の 10%　　　　定額法
　　　（決算日は 12/31）

$$\frac{200,000 - 20,000}{5\,年} = 36,000 \times \frac{5}{12} = 15,000$$

■ 税法上の減価償却制度の改正（平成 19 年度）

平成 19 年度税制改正において減価償却制度の改正が行われた。

減価償却資産の償却の方法は、原則として、その取得をした日の区分に応じ、次に掲げる方法等から選定する（選定しない場合は、定率法）。

ただし、平成 10 年 4 月 1 日以後に取得した建物の償却については、旧定額法または定額法、平成 28 年 4 月 1 日以後に取得した建物附属設備および構築物の償却については、定額法しか認められていない。

① 平成 19 年 3 月 31 日以前に取得した資産

　イ　旧定額法 … 取得価額から残存価額を控除した金額に、耐用年数に応じた旧定額法の償却率を乗じて計算する方法

　ロ　旧定率法 … 取得価額から既償却額を控除した金額に、耐用年数に応じた旧定率法の償却率を乗じて計算する方法

なお、前事業年度までの償却累計額が償却可能限度額に達している減価償却資産については、残存簿価が備忘価額（1 円）に達するまで 5 年間で償却することができる。

② 平成 19 年 4 月 1 日以後に取得した資産

　イ　定額法 … 取得価額（残存価額を控除しない）に、耐用年数に応じた定額法の償却率を乗じて計算する方法

　ロ　定率法 … 取得価額から既償却額を控除した金額に、耐用年数に応じた定率法の償却率を乗じて計算する方法

　（注）耐用年数経過時点において備忘価額（1 円）まで償却できる。

＊試験への対応……問題文の指示に従うことになる。残存価額の「取得原価」の表示や償却率について、その指示に従う。

(3) 減価償却費の記帳

① 直接記入法……毎期の減価償却による資産の減少額を、当該固定資産勘定の貸方に記入してその簿価を引下げ、その未償却残高（帳簿価額）を繰り越す方法
② 間接記入法……毎期の減価償却による資産の減少額を、「減価償却累計額」勘定を別に設けて、その貸方に記入するとともに固定資産勘定をその取得原価で繰り越す。

> 固定資産の未償却残高（帳簿価額）＝取得原価－減価償却累計額

例題 6-4

(1) 次の資料により、当期の減価償却費を計算しなさい。
　イ．備品　　取得原価　800,000円、減価償却累計額　180,000円
　　　　　　　耐用年数　8年、残存価額は取得原価の10％
　　　　　　　〔定額法〕
　ロ．機械装置　取得原価　1,000,000円、減価償却累計額　250,000円
　　　　　　　耐用年数　8年、償却率　0.250
　　　　　　　〔定率法〕

(2) （精算表の決算整理事項としての出題）
　次の決算整理事項について仕訳をしなさい。ただし、工事原価は未成工事支出金勘定を経由して処理する方法によっている。（1年決算）
　機械装置（工事現場用）の当期の減価償却費の実際発生額は316,000円である。なお、機械装置の減価償却費については、月次原価計算において、月額25,000円を未成工事支出金に予定計上している。また、予定計上額と実際発生額との差額は当期の工事原価に加減する。

解答　（金額単位：円）

(1) イ．定額法　$\dfrac{800,000 - 80,000}{8 年} = 90,000$

　　ロ．定率法　$(1,000,000 - 250,000) \times 0.250 = 187,500$

(2) （借）未成工事支出金　　　　16,000　　（貸）機械装置減価償却累計額　16,000

> **解説**

(2) 予定計算による計上額（帳簿上計上済）　25,000 × 12ヵ月 = 300,000
　　決算にあたっての実際発生額　　　　　　　　　　　　316,000
　　差額（帳簿上計上不足）　　　　　　　　　　　　　　△ 16,000
　　　帳簿上予定計上された金額が、実際発生額に比べ不足していたので、その不足額を加算する（未成工事支出金に加算）。

> **注意**

上記(1)の出題を、「残存価額をゼロ」とする考え方に基づくと次のようになる。（ただし、取得時期は考慮しない。）

イ．備品　　　取得原価 800,000 円、減価償却累計額 180,000 円
　　　　　　　耐用年数 8 年、償却率 0.125、残存価額 ゼロ
　　　　　　　（定額法）
ロ．機械装置　取得原価 1,000,000 円、減価償却累計額 250,000 円
　　　　　　　耐用年数 8 年、償却率 0.313
　　　　　　　（定率法）

> **解答**

イ．定額法・$\dfrac{800,000}{8 年}\left(又は \dfrac{800,000 - 0}{8 年}\right) = 100,000$
　　　　　・$800,000 \times 0.125 = 100,000$
ロ．定率法　$(1,000,000 - 250,000) \times 0.313 = 234,750$

7　有形固定資産の処分

有形固定資産は使用の途中で廃棄処分または売却されることがある。
★廃棄……未償却残高（帳簿価額）（注）　→　固定資産除却損（費用）
★売却……未償却残高（帳簿価額）− 売却価額　→　固定資産売却益（収益）
　　　　　　　　　　　　　　　　　　　　　　　または固定資産売却損（費用）

（注1）取得原価 − 減価償却累計額
（注2）事業年度の途中で、廃棄または売却が行われた場合、厳密には当期の減価償却費を月割計算して前期末の減価償却累計額に加算して未償却残高を算定すべきである。しかし過去の出題をみると、減価償却累計額が条件として与えられている場合が多いので、問題の指示に従って解答する必要がある。
（注3）廃棄又は除却の際、純処分価額がある場合は、公正な評価額、又はスクラップ価額で評価し「貯蔵品」勘定（資産）に計上する。

例題 6-5

次の取引の仕訳を示しなさい。

(1) ㈱浜松工務店は機械装置（取得原価 3,000,000 円、減価償却累計額 2,250,000 円）を富士商店に売却し、代金 600,000 円は翌月末受取る約束である。ただし、①間接記入法、②直接記入法で行いなさい。

(2) 前期まで下記の機械を保有し、定額法で償却していたが、当期首（第 7 年目の期首）に除却した。除却した機械は 250,000 円と見積られ、「貯蔵品」勘定で処理する。ただし、①間接記入法、②直接記入法で行いなさい。

取得原価 2,000,000 円　残存価額 200,000 円　耐用年数 8 年

解答
（単位：円）

(1) ① （借）減価償却累計額（注 1）　2,250,000　（貸）機械装置　3,000,000
　　　　　未収入金　　　　　　　　600,000
　　　　　機械装置売却損（注 2）　　150,000

② （借）未収入金　　　　　　　　600,000　（貸）機械装置　750,000
　　　機械装置売却損（注 2）　　150,000

(2) ① （借）減価償却累計額（注 1）　1,350,000　（貸）機械装置　2,000,000
　　　　　貯蔵品　　　　　　　　　250,000
　　　　　機械装置除却損（注 3）　　400,000

・減価償却累計額の計算：
　（2,000,000 − 200,000）÷ 8 年 = 225,000
　6 年経過　225,000 × 6 年 = 1,350,000

② （借）貯蔵品　　　　　　　　　250,000　（貸）機械装置　650,000
　　　機械装置除却損（注 3）　　400,000

・機械装置の帳簿価額：2,000,000 − 1,350,000 = 650,000

（注 1）機械装置減価償却累計額の場合もある。仕訳問題の場合は〈勘定科目群〉の指示に従うこと。

（注 2）「固定資産売却損」で処理する方法もある。仕訳問題の場合は〈勘定科目群〉の指示に従うこと。

（注 3）「固定資産除却損」で処理する方法もある。仕訳問題の場合は〈勘定科目群〉の指示に従うこと。

8 総合償却法

(1) 個別償却法と総合償却法

① 個別償却法……個々の資産ごとに減価償却の計算と記帳を行う方法（今まで学習してきた内容）
② 総合償却法……いくつかの資産を1つのグループとし、このグループごとに減価償却の計算と記帳を行う方法

（適用例）
- 固定資産の数が非常に多いため、個々の資産ごとに減価償却を実施することは、多くの手数と費用を必要とする場合。
- いくつかの資産が結合され一体となって1つの用役を提供している場合。

(2) 平均耐用年数の決定

① 単純平均法
② 加重平均法……一般に用いられている方法

例題 6-6　　　　　　　　　　　　　　　　　　　　（「建設業会計概説2級」から引用）

熊本建設株式会社は次の4つの機械を償却単位とする総合償却を実施することとした。この償却単位に定額法を適用するとすれば、平均耐用年数は何年と計算されるか。なお、小数点以下は保守的配慮から切捨てるものとする。

資産	取得原価	残存価額	耐用年数
機械A	1,000,000円	100,000円	5年
機械B	3,000,000円	300,000円	9年
機械C	4,500,000円	450,000円	10年
機械D	2,000,000円	200,000円	8年

> **解答・解説**　（単位：円）
> ① 単純平均法　8年　(5+9+10+8) ÷ 4 = 8
> ② 加重平均法　8年　9,450,000 ÷ 1,110,000 = 8.51 → 8
>
> | 資産 | 減価償却総額 | 耐用年数 | 定額法による年次償却額 |
> |---|---|---|---|
> | A | 900,000 円 | 5年 | 180,000 円 |
> | B | 2,700,000 円 | 9年 | 300,000 円 |
> | C | 4,050,000 円 | 10年 | 405,000 円 |
> | D | 1,800,000 円 | 8年 | 225,000 円 |
> | 計 | 9,450,000 円 | | 1,110,000 円 |
>
> （注）今後は、残額価額を「ゼロ」とする出題も考えられるので注意する。

9　無形固定資産

　無形固定資産とは、具体的な存在形態は有しないが、長期にわたって経営に利用されるものであって、利益を獲得する上で他企業との競争にあたって有用なものをいう。

　★法律上の権利……特許権、借地権、実用新案権、電話加入権、電信電話専用権、施設利用権など
　★経済上の優位性を表す資産……のれん
　建設業の場合、基本的な科目として次のようなものがある。

（「建設業会計概説2級」から引用）

勘定科目	摘要
特許権	特許権の取得に要した金額を記載する。
借地権	借地権、地上権及び地役権の取得に要した金額を記載する。
実用新案権	実用新案権の取得に要した金額を記載する。
電話加入権	加入電話の施設負担金等を記載する。
電気通信施設利用権	事業用電気通信設備の設置に要する費用の負担額等を記載する。
施設利用権	施設の利用を目的として支出した施設負担金を記載する。
のれん	会社計算規則第11条〜第29条で規定するのれんを記載する。

(1) 取得原価

外部からの購入など……有形固定資産の取得の場合と同じ
（購入代価＋付随費用）
自己創設（特許権など）……研究調査などに支出した額

(2) 償却

借地権、電話加入権などのように、非償却資産とされているものを除いては、償却資産である有形固定資産と同じように規則的な償却が行われる。取得原価から毎期の償却額を差引いた残額を貸借対照表価額とする。

減価償却費の処理方法 $\begin{cases} ① & 残存価額をゼロとする定額法で計算する \\ ② & 直接記入法を用いる \end{cases}$

(3) のれん

のれんは、企業を買収する場合、支払った対価と当該企業の純財産価値（資産－負債）との差額であり、支払った対価が純財産価値を超えている場合の超過額を資産として認識した結果計上される無形固定資産であり、従来は、「営業権」とよばれていた。その超過分は、一般に被買収企業の超過収益力に対する対価とみられる。

★償却……わが国の会計基準では、保守主義その他を理由に20年以内に均等額以上の償却を行うことを要求している。

例題 6-7

次の一連の取引の仕訳を示しなさい。
(1) 岐阜建設（株）は、高山工務店を 10,000,000 円で買収し、代金は小切手を振り出して支払った。買収時における同社の財産状態は次のとおりである。

　　　材料　1,200,000 円　　工事未払金　2,000,000 円
　　　建物　7,000,000 円　　借入金　　　3,000,000 円
　　　土地　5,000,000 円

(2) 決算につき、上記ののれんを最長期間で償却する（定額法）。

解答　　　　　　　　　　　　　　　　　　　　　（単位：円）

(1)（借）材料　　　 1,200,000　（貸）工事未払金　2,000,000
　　　　 建物　　　 7,000,000　　　　借入金　　　 3,000,000
　　　　 土地　　　 5,000,000　　　　当座預金　　10,000,000
　　　　 のれん　　 1,800,000
(2)（借）のれん償却　 90,000　（貸）のれん　　　　 90,000
　　　　（1,800,000 ÷ 20 年 ＝ 90,000）

10 投資その他の資産

「投資その他の資産」は、その特質に応じて、「投資」に属するものと、「長期前払費用」に属するものとに大別される。

(1) 投資
① 長期的利殖を目的とするもの……投資有価証券、長期預金、投資不動産など
② 他企業の支配統制などを目的とするもの……子会社株式、子会社出資金など
③ その他のもの……長期貸付金、長期保証金、1年以内に回収の見込のない破産債権、更生債権など

(2) 長期前払費用
一定の契約に従い、継続して役務の提供を受ける場合、いまだ提供されていない役務に対し支払われた対価のうち、決算期後1年を超える期間経過後に費用となる部分である。

演習 6-1

問1 次の取引について仕訳をしなさい。

(1) 石川建設㈱は、本社倉庫を自家建設し完成した。建設原価 17,500,000 円のうち 14,200,000 円は建設仮勘定で処理されており、残額 3,300,000 円の外注工事代金を決済するため約束手形を振り出した。

(2) 金沢建設㈱は、機械（取得原価 2,300,000 円、減価償却累計額 1,380,000 円）を小松商店に売却し、その代金 750,000 円を同商店振出の約束手形で受取った。ただし、間接記入法による。

(3) ㈱福井工務店は、敦賀建材㈱を 8,000,000 円で買収し、代金は小切手を振り出して支払った。買収時における敦賀建材㈱の財政状態は次のとおりであった。

　完成工事未収入金　2,800,000 円　　建物　　6,500,000 円
　工事未払金　　　　1,200,000 円　　未払金　1,500,000 円

(4) 機械装置（取得価額 ¥2,600,000、減価償却累計額 ¥2,450,000）を処分するため、生産設備から取り外し、自社倉庫に搬入した。なお、取り外した機械装置の期末における公正な評価額は ¥30,000 である。

問2　次の［　　］に入る正しい金額を示しなさい。

(1) 愛知建設㈱は、岐阜工務店を¥4,000,000で買収し、代金は小切手を振り出して支払った。買収直前の岐阜工務店の資産・負債の簿価は、材料¥1200,000、建物¥4,400,000、土地¥1,200,000、工事未払金¥2,200,000、借入金¥2,500,000であったが、土地の時価は¥2,000,000であった。決算にあたり、のれんを会計基準が定める最長期間で均等額償却すれば、のれんの償却は¥［①］となる。

(2) 名古屋建設㈱は、所有していた中古のトラック（簿価¥1,500,000）と交換に他社の中古のトラックを取得し、交換差金¥200,000を受け取った。このトラックについて、定額法（耐用年数5年、残存価額はゼロ）で償却すれば年間の減価償却費は¥［②］である。

(3) ㈱滋賀工務店は、以下の3つの機械を償却単位とする総合償却を実施することとした。この償却単位に定額法（残額価額はゼロ）を適用する場合、平均耐用年数は［③］年となる。ただし、加重平均法で計算し、小数点以下は切捨てるものとする。

資産	取得原価	耐用年数
機械甲	2,700,000円	6年
機械乙	9,000,000円	10年
機械丙	1,440,000円	4年

問1　（単位：円）

No.	借方科目	金　額	貸方科目	金　額
(1)				
(2)				
(3)				
(4)				

問2

① ¥［　　　　　　　　］

② ¥［　　　　　　　　］

③ ［　　］年

❷ 繰延資産

　繰延資産とは、既に対価を支払い、または支払義務が確定し、これに対する役務の提供を受けたにもかかわらず、その効果が将来にわたって発現する費用をいう。これらの費用は、その効果が及ぶ期間に合理的に配分するため、貸借対照表に資産として計上されるものである。

(1) 種類

　建設業法施行規則によれば、創立費、開業費、株式交付費、社債発行費及び開発費の5項目が列挙されている。
　会社法（平成18年5月施行）上は会社計算規則において、繰延資産は、「繰延資産として計上することが適当であると認められるもの」と規定し、個別列挙を取りやめているため、会計慣行に従って、繰延資産として計上する項目を検討することとなる。

(2) 2級の出題範囲

　繰延資産のうち、「株式交付費」「社債発行費」の2つが出題範囲となる。
　具体的内容の検討は、「❺株式会社の会計」のところで学習する。

❸ 引当金

1 引当金の意義

　引当金とは、将来の資産の減少または負債の発生に備えて、その合理的な見積額のうち、当期の負担に属する額を費用または損失として計上するために設定される貸方項目をいい、これには、貸倒引当金、完成工事補償引当金、退職給付引当金などが含まれる。

(1) 目的……期間損益の計算を正確に行うこと

　　　　　　　→当期の収益に対応する費用であれば、まだ具体的に現実化していなくてもその発生額を見積って、当期の費用・損失として計上する。

(2) 設定基準

① 将来の特定の費用・損失であること
② その発生原因が当期以前に存在していること
③ その発生の可能性が高いこと
④ その金額の見積りが合理的に行い得ること

2 貸倒引当金

貸倒引当金とは、債権の期末残高について回収不能額を見積り、これを費用として計上するために設定される貸方項目である。

(1) **設定対象**……受取手形、完成工事未収入金（工事進行基準により計上したものも対象となる。（注））の売上債権のほか、貸付金、未収入金などの金銭債権

★費用科目：「貸倒引当金繰入額」（販売費及び一般管理費）
……営業取引に基づいて発生した受取手形、完成工事未収入金等の債権を対象とする場合
「貸倒引当金繰入額」（営業外費用）
……営業取引以外の取引に基づいて発生した貸付金等の債権を対象とする場合

(注)「工事契約会計基準」によれば、工事進行基準を適用して計上される未収入額については、金銭債権として取扱われる。この結果、当該未収入額についても貸倒引当金の設定の対象となる。

(2) **回収不能額の見積方法**
① 過去の実績に基づく一定の比率×期末債権の残高
② 各得意先の売上債権等の期末残高の内容を分析し、回収不能額を抽出・合計する方法

(3) **期末の計上方法**
① 差額補充法……貸倒引当金の期末残高と当期に新たに設定しようとする貸倒引当金の額との差額を計上する方法

〔新たに設定しようとする貸倒引当金＞貸倒引当金の期末残高（注1）〕
（借）貸倒引当金繰入額　×××　（貸）貸倒引当金　　　×××
　　　（費用）

〔新たに設定しようとする貸倒引当金＜貸倒引当金の期末残高（注1）〕
（借）貸倒引当金　　×××　（貸）貸倒引当金戻入（注2）×××
　　　　　　　　　　　　　　　（収益）

② 洗替法……貸倒引当金の期末残高（注1）を収益に振り戻すとともに、当期に新たに設定しようとする貸倒引当金を費用として計上する方法

（借）貸倒引当金　　　×××　（貸）貸倒引当金戻入（注2）×××
（借）貸倒引当金繰入額　×××　（貸）貸倒引当金　　　×××

(注1) この「期末残高」は前期設定貸倒引当金の決算整理前の残高の意味である。
(注2) 前期に過大に計上されたもの（前期損益修正益）として特別利益として取扱う。

(4) 貸倒が発生した場合

（借）貸倒引当金　　　　×××　　（貸）完成工事未収入金　×××

〈参考〉貸倒の額が貸倒引当金の残高を上回った場合

（借）貸倒引当金　　　　×××　　（貸）完成工事未収入金　×××
　　　貸倒損失　　　　　×××

例題 6-8

次の一連の取引について「洗替法」による場合の仕訳を示しなさい。

(1) 第10期末に、売上債権（受取手形及び完成工事未収入金）の残高7,000,000円に対して2％の貸倒引当金を設定した。
(2) 第11期において、完成工事未収入金について85,000円の貸倒れが発生した。
(3) 第11期末において、売上債権（受取手形及び完成工事未収入金）の残高9,000,000円に対して2％の貸倒引当金を設定した。

解答・解説　　　　　　　　　　　　　　　　　　　　　　　　　　　（単位：円）

(1) （借）貸倒引当金繰入額(注)　140,000　　（貸）貸倒引当金　　　　140,000
(2) （借）貸倒引当金　　　　　　 85,000　　（貸）完成工事未収入金　 85,000
(3) （借）貸倒引当金　　　　　　 55,000　　（貸）貸倒引当金戻入　　 55,000
　　（借）貸倒引当金繰入額(注)　180,000　　（貸）貸倒引当金　　　　180,000

貸倒引当金（第11期）

完成工事未収入金	85,000	前期繰越	140,000
貸倒引当金戻入	55,000	貸倒引当金繰入額	180,000
次期繰越	180,000		
	320,000		320,000

(注) 精算表の出題の場合

　　（決算整理仕訳）

「貸倒引当金繰入額」及び「貸倒損失」は、売上債権の回収という営業取引上の費用なので「販売費及び一般管理費」という科目で代表させる出題もある。しかし、精算表の勘定科目欄に「貸倒引当金繰入額」または「貸倒損失」として独立表示がある場合は、その表示に従うことに注意する。

〈参考〉(3)について差額補充法を適用した場合
　　（借）貸倒引当金繰入額　125,000　　（貸）貸倒引当金　　　　125,000

貸倒引当金（第11期）

完成工事未収入金	85,000	前期繰越	140,000
次期繰越	180,000	貸倒引当金繰入額	125,000
	265,000		265,000

　　貸倒引当金の期末残高　　　　140,000 － 85,000 ＝　　55,000
　　当期に新たに設定しようとする貸倒引当金　　　　　　　180,000
　　　　差額（不足額として当期に追加計上）　　　　　△ 125,000

例題 6-9

次の □ に入る正しい金額を計算しなさい。

前期末に貸倒引当金165,000円が設定されている。当期に、前期の完成工事高に係る完成工事未収入金86,000円と当期の完成工事高に係る完成工事未収入金24,000円が貸倒れになった。当期末の売上債権残高8,000,000円に対して2％の貸倒れが見積られるとき、差額補充法で処理するならば、貸倒引当金繰入額は □ 円である。

解答

　81,000 円

解説（単位：円）

・前期の完成工事高に係る完成工事未収入金の貸倒れ
　　　　（借）貸倒引当金　　　86,000　　（貸）完成工事未収入金　86,000
・当期の完成工事高に係る完成工事未収入金の貸倒れ
　　　　（借）貸倒損失（注）24,000　　（貸）完成工事未収入金　24,000
（注）前期末の貸倒引当金の設定対象となっていないため、「貸倒損失」になることに注意。

・当期の貸倒引当金の設定
　　　貸倒引当金の期末残高　　　　　　　　　165,000 － 86,000 ＝　79,000
　　　　当期に新たに設定しようとする貸倒引当金　8,000,000 × 0.02 ＝ 160,000
　　　　　　差額（不足額として当期に追加計上）　　　　　　　△ 81,000

貸倒引当金（差額補充法）

完成工事未収入金	86,000	前期繰越	165,000
次期繰越	160,000	貸倒引当金繰入額	81,000
	246,000		246,000

3 完成工事補償引当金

完成工事補償引当金とは、当期に引渡した工事に係る将来の補修のための支出額を期末に見積り、これを費用として計上するために設定される貸方項目である。

(1) **設定条件**……引渡後の一定期間内に、当該工事物について故障や不良箇所の生じたとき、「無償で補修を行う」という特約ないし慣習のある場合。

(2) **見積方法**
過去の実績に基づく一定の比率×当期完成工事高
〔要注意〕進行基準により計上した完成工事高は計算に含めない。引渡が完了していないため。

(3) **期末の計上方法**
① 差額補充法……貸倒引当金の計上方法と同じ
〔新たに設定しようとする完成工事補償引当金＞完成工事補償引当金の期末残高〕
（借）未成工事支出金（注1） ×××　（貸）完成工事補償引当金 ×××

〔新たに設定しようとする完成工事補償引当金＜完成工事補償引当金の期末残高〕
（借）完成工事補償引当金 ×××　（貸）完成工事補償引当金戻入（注2）×××
　　　　　　　　　　　　　　　　　　　　（収益）

② 洗替法（注3）……貸倒引当金の計上方法と同じ
（借）完成工事補償引当金 ×××　（貸）完成工事補償引当金戻入（注2）×××
（借）未成工事支出金（注1） ×××　（貸）完成工事補償引当金 ×××

（注1）勘定科目について〔要注意〕
・将来の補修費は当期の完成工事高にかかるものであるから、その見積額は「完成工事原価」とする考え方もある。しかし、
◎精算表として出題された場合は、「未成工事支出金」に計上するので要注意。その後、完成工事原価勘定に振り替えると考える。

（注2）貸倒引当金と同様、前期に過大に計上された（前期損益修正益）ものとして特別利益として取扱う。
ただし、差額補充法の場合は、貸方を「未成工事支出金」とする出題があった。勘定科目に「完成工事補償引当金戻入」の指示がない場合は、「未成工事支出金」で処理することに注意する。

（注3）過去の出題例（精算表）では、洗替法の出題が多かったが、最近では差額補充法による出題が増えている。

(4) 補修工事が発生した場合

(借) 完成工事補償引当金　×××　　（貸）当座預金　　　×××

〈参考〉完成工事補償引当金の残高でカバーしきれない補修費用が発生した場合

(借) 完成工事補償引当金　×××　　（貸）当座預金　　　×××
　　　前期工事補償費　　　×××

前期工事補償費は、前期に過小に計上されたもの（前期損益修正損）とみて、「特別損失」として取扱う。

例題 6-10

次の一連の取引を仕訳しなさい（補修費用については、未成工事支出金で処理すること）。

(1) 第5期末に、当期の完成工事高 450,000,000 円に対し、0.1％の補修費を計上した（ただし保証期間は1年である）。
(2) 対象の工事物についての第6期中に発生した補修工事に係る金額 300,000 円を小切手にて支払った。
(3) 第6期末に、完成工事高 700,000,000 円に対して、0.1％の補修費を計上した（洗替法による）。

解答　　　　　　　　　　　　　　　　　　　　　　　　　　（単位：円）

(1)（借）未成工事支出金　　　450,000　（貸）完成工事補償引当金　450,000
(2)（借）完成工事補償引当金　300,000　（貸）当座預金　　　　　　300,000
(3)（借）完成工事補償引当金　150,000　（貸）完成工事補償引当金戻入　150,000
　（借）未成工事支出金　　　700,000　（貸）完成工事補償引当金　700,000

〈参考〉
・上記(3)について差額補充法を適用した場合
　（借）未成工事支出金　　　550,000　（貸）完成工事補償引当金　550,000
・上記(2)について補修に係る金額が 600,000 円であった場合
　（借）完成工事補償引当金　450,000　（貸）当座預金　　　　　　600,000
　　　　前期工事補償費　　　150,000

4　退職給付引当金

　退職給付とは、一定の期間にわたり労働を提供したこと等の理由により、退職時以降に従業員に支給される給付をいい、退職一時金及び退職年金等がそれに該当する。この退職給付の負債を貸借対照表に計上するときに用いられる勘定が退職給付引当金である。

　従来は、この引当金を退職給与引当金と呼び、その計上額も必ずしも統一した基準がなく、税法規定に基づいていた。しかし、平成10年に「退職給付に係る会計基準」（以下「基準」という）が公表され、退職給付引当金と改められ、この基準は平成12年4月1日以降から適用されることになった。

(1)　「基準」に基づく退職給付費用の計算

　「基準」に基づく退職給付費用の計算の詳細については1級の範囲となっているため、2級では、「基準」でも認めている簡便法の理解が必要である。

　この簡便法は、従業員数が比較的少ない（たとえば300人未満）小規模な企業や退職給付の重要性が乏しい場合等に適用が認められている。

(2)　「期末自己都合要支給額を退職給付債務とする方法（簡便法の一種）」による期末の計上方法

　簡便法にも種々の方法があり、その一つに、退職一時金制度における退職給付債務を計算する方法がある。

　以下では、従来の引当金計上方法との関係で、「期末自己都合要支給額を退職給付債務とする方法」を説明する。

　この方法による場合は、当期に計上する退職給付費用の額は、期首と期末の退職給付引当金の差額から、期中の退職金支給額や掛け金の拠出額を加減算して算出することになる。

(3)　期末の計上方法

① 実際発生額による計上（自己都合による退職給付要支給額の期首と期末の差額を計上）

　ア．現場従業員にかかるもの（増加の場合）
　　（借）未成工事支出金（注1）　×××　（貸）退職給付引当金　×××
　　　　　（退職給付引当金繰入額）

　イ．現場従業員以外の従業員にかかるもの（増加の場合）
　　（借）退職給付引当金繰入額（注2）×××　（貸）退職給付引当金　×××

② 月次原価計算において、予定計上が行われている場合（現場従業員）
　ア．毎月予定計上時の処理
　　　（借）未成工事支出金　　　　×××　　（貸）退職給付引当金　　　×××
　イ．期末の処理……年間予定計上額と当期の実際発生額との差額を「未成工事支出金」
　　　　　　　　　　勘定に加減する。
　　・予定計上額＞実際発生額
　　　（借）退職給付引当金　　　　×××　　（貸）未成工事支出金　　　×××
　　・予定計上額＜実際発生額
　　　（借）未成工事支出金　　　　×××　　（貸）退職給付引当金　　　×××
（注1）①工事原価の仕訳法（原価要素別仕訳法と統制勘定仕訳法）
　　　　　……統制勘定仕訳法で説明している。
　　　　②精算表の出題の場合は「未成工事支出金」の科目で代表させることに注意。
（注2）
　　　精算表の出題の場合は、「販売費及び一般管理費」の科目で代表させることに注意。

(4) 退職金支給時の処理

　退職給付引当金の前期末残高を借方に振り替え、支給額との差額を未成工事支出金（または退職金）の借方に記入する。

　　　　　（借）退職給付引当金　　　×××　（貸）現　金　　　　×××
　　　　　　　未成工事支出金（注1）　×××
　　　　　　　（または退職金）（注2）
　　　　　　　（注1）現場従業員にかかるものである。
　　　　　　　（注2）現場従業員以外の従業員にかかるものである。退職金が実際に支給
　　　　　　　　　　されたので、勘定科目は「退職給付引当金繰入額」ではなく、「退
　　　　　　　　　　職金」になることに注意する。

例題 6-11(1) （「建設業会計概説2級」から引用：一部改）

次の一連の取引を仕訳しなさい。

(1) 広島建設株式会社は、第1期末に自己都合による退職給付要支給額を 2,310,000 円（直接作業員分 1,415,000 円、事務員分 895,000 円）計上した。

(2) 第2期末において同じく自己都合による退職給付要支給額は 2,730,000 円（直接作業員分 1,650,000 円、事務員分 1,080,000 円）と計算された（ただし当期中に事務員1名が退職し、その退職金 250,000 円は退職給付引当金で処理されている。）

解答 (単位：円)

(1) （借）退職給付引当金繰入額　1,415,000　　（貸）退職給付引当金　2,310,000
　　　　（未成工事支出金）
　　　　退職給付引当金繰入額　　895,000
　　　　（販売費及び一般管理費）

(2) （借）退職給付引当金繰入額　235,000（注1）　（貸）退職給付引当金　670,000（注3）
　　　　（未成工事支出金）
　　　　退職給付引当金繰入額　　435,000（注2）
　　　　（販売費及び一般管理費）

(注1) 期末引当金 1,650,000 － 期首引当金 1,415,000 ＝ 235,000
(注2) 期末引当金 1,080,000 －（期首引当金 895,000 － 期中減少額 250,000（注4））
　　　＝ 435,000
(注3) 期末引当金 2,730,000 －（期首引当金 2,310,000 － 期中減少額 250,000（注4））
　　　＝ 670,000
(注4) 退職金支給時に次の仕訳が行われているためにマイナスしている。
　　　（借）退職給付引当金　250,000　　（貸）現金　250,000

例題 6-11(2) 精算表の決算整理事項としての出題

次の決算整理事項について仕訳をしなさい。ただし工事原価は未成工事支出金勘定を経由して処理する方法によっている（1年決算）。

退職給付引当金の当期発生額は、本社事務員について 210,000 円、現場従業員について 175,000 円である。なお、月次原価計算において、現場作業員の退職給付引当金については月額 13,000 円を未成工事支出金に予定計上している。また、予定計上額と当期発生額との差額は当期の工事原価に加減する。

> **解答**　　　　　　　　　　　　　　　　　　　　　　　　　　（単位：円）
> （借）販売費及び一般管理費　210,000　　（貸）退職給付引当金　210,000
> （借）未成工事支出金　　　　　19,000　　（貸）退職給付引当金　 19,000

> **解説**
> ・本社事務員分……予定計上をしていないので、そのまま販売費及び一般管理費に計上
> ・現場作業員分
> 　予定計算による計上額（帳簿上計上済）　　13,000 × 12 ＝ 156,000
> 　決算にあたっての実際発生額　　　　　　　　　　　　　175,000
> 　差額（計上不足額の追加計上）　　　　　　　　　　　　△19,000
> 帳簿上、予定計上された金額が実際発生額に比べ不足していたので、この不足額を加算する（未成工事支出金に加算する）。

5　修繕引当金

「修繕引当金繰入額」（工事原価になる場合は「未成工事支出金」）は、機械装置その他の固定資産について破損が生じたにもかかわらず、その修繕が次期以降に引き延ばされるとき、かかる修繕の支出に備えるために計上されるもので、対応する貸方項目は「修繕引当金」とよばれる。

例題 6-12

次の一連の取引を仕訳しなさい。
(1) 伊勢建設㈱は、第 10 期末に工事用機械に対して 450,000 円の修繕引当金を計上する。
(2) 同社は、第 11 期において、対象となった工事用機械の補修を行い、その代金 1,210,000 円を現金で支払った。なお、この支出のうち 800,000 円は改良費であった。

> **解答**　　　　　　　　　　　　　　　　　　（単位：円）
> (1)　（借）未成工事支出金　450,000　　（貸）修繕引当金　450,000
> 　　　　　（機械等経費）
> (2)　（借）機械装置　　　　800,000　　（貸）現金　　　1,210,000
> 　　　　　修繕引当金　　　410,000

6 工事損失引当金

工事契約について、損失が発生すると見込まれる場合には、その時点における損失額を合理的に見積もったうえで、その全額を工事損失引当金として計上する（工事契約に係る認識基準が工事進行基準であるか工事完成基準であるかにかかわらず適用される）。

（借）完成工事原価　×××　（貸）工事損失引当金　×××

演習 6-2

問1　次の各取引について仕訳をしなさい。

(1) 建設用重機の補修を行い、その代金￥500,000 を小切手を振り出して支払った。その支出額のうち、￥300,000 は改良費である。なお、修繕引当金の金額が￥150,000 ある。

(2) （精算表の決算整理事項としての出題）
　　イ．工事現場用機械装置の当期の減価償却費の実際発生額は￥328,000 である。
　　ロ．退職給付引当金の当期発生額は、本社事務員について￥356,000、現場作業員について￥232,000 である。

なお、当社の月次原価計算において、機械装置の減価償却費については月額￥26,000、現場作業員の退職給付引当金については月額￥22,000 の予定計上を実施している。当期の予定計上額と実際発生額との差額を当期の工事原価（未成工事支出金）に加減するものとする。

問2　次の□□□に入る正しい金額を示しなさい。

(1) 自己都合による退職給付要支給額は当期末が￥250,000、前期末が￥□①□と計算された。当期中に1名が退職し、その退職金￥21,000 を退職給付引当金で処理していたため、当期の退職給付引当金勘定は￥56,000 増加する。

(2) 前期末に貸倒引当金￥58,000 が設定されている。当期に、前期の完成工事高に係る完成工事未収入金￥23,000 と当期の完成工事高に係る完成工事未収入金￥15,000 が貸倒れになった。当期末の売上債権残高￥2,000,000 に対して3％の貸倒れが見積られるとき、差額補充法で処理するならば、貸倒引当金繰入額は￥□②□である。

6 主要取引の会計処理（その2） 173

問1　　　　　　　　　　　　　　　　　　　　　　　　　　　　　　　　　（単位：円）

No.	借方科目	金　額	貸方科目	金　額
(1)				
(2) イ				
(2) ロ				

問2

① ¥ ☐☐☐☐☐☐　　② ¥ ☐☐☐☐☐☐

❹ その他

1　未決算勘定

　火災、震災等の事件の処理が未確定で、金銭支出以外の資産の減少を伴うとき、その金額を一時的に「未決算」勘定の借方に記帳することがある。未決算勘定はあくまでその金額を一時的に処理する科目であるから、処理が確定すれば、正式な勘定に振り替えられる。

例題 6-13

次の取引の仕訳を行いなさい。
(1) 倉庫（取得原価 5,600,000 円、減価償却累計額 1,820,000 円）を焼失した。同倉庫には火災保険が付してあり査定中である。（間接記入法）
(2) 保険会社から正式の査定を受け、3,000,000 円の保険金が当座預金に振り込まれた。
(3) (2)において、保険金が 4,000,000 円の場合の仕訳を行いなさい。

解答　　　　　　　　　　　　　　　　　　　　　　　　　　　（単位：円）
(1) （借）減価償却累計額　1,820,000　　（貸）建物　　　　　5,600,000
　　　　　火災未決算　　　3,780,000
(2) （借）当座預金　　　　3,000,000　　（貸）火災未決算　　3,780,000
　　　　　火災損失（注）　　 780,000
(3) （借）当座預金　　　　4,000,000　　（貸）火災未決算　　3,780,000
　　　　　　　　　　　　　　　　　　　　　　　保険差益　　　 220,000

　（注）「級別勘定科目表」では「災害損失」という勘定科目が示されている。検定試験
　　　　では〈勘定科目群〉の指示に注意する。

2　完成工事高に関する値引・割戻・割引

　値引、割戻、割引については、②「❷材料費の分類と計算・記帳」のところで購入に関する値引、割戻、割引について学習した。
　この項では完成工事高に関する値引、割戻、割引について検討する。

(1)　**値引**……品質不良、破損等の理由により販売価格を引下げること
　　　　　　　↓
　　　　　　販売単価の訂正
　　　　　　　↓
　　　　　　完成工事高の控除項目

(2)　**割戻**……特定の得意先に、一定期間に多量または多額の物品を販売したとき、販売代金の一部を戻すこと
　　　　　　　↓
　　　　　　販売単価の修正
　　　　　　　↓
　　　　　　完成工事高の控除項目

(3)　**割引**……完成工事未収入金の決済に当たり、その決済が約定日よりも早く行われるとき、販売代金の一部を割引くこと
　　　　　　　↓
　　　　　　期日より早く代金決済したことに対する金融費用（支払利息と考える）
　　　　　　　↓
　　　　　　「売上割引」（営業外費用として表示される。完成工事高の控除項目ではない）

例題 6-14

次の取引の仕訳をしなさい。
(1) 得意先奈良商事㈱に対する工事代金の未収入分 3,500,000 円を期日前に現金で回収し、2％の割引を行った。
(2) （精算表の決算整理事項としての出題）
　　販売費及び一般管理費の中に完成工事に係る値引高 100,000 円が含まれていたので、振り替える。

解答 (単位：円)

(1) （借）現金　　　　　　3,430,000　　（貸）完成工事未収入金　3,500,000
　　　　売上割引　　　　　　70,000
(2) （借）完成工事高　　　　100,000　　（貸）販売費及び一般管理費　100,000

解説

(1) 売上割引の金額　3,500,000 × 0.02 ＝ 70,000
(2) 値引は販売上の費用ではなく、完成工事高の控除項目と考えるので完成工事高の借方に記帳して減少させる。

演習6-3

問1　次の取引について仕訳をしなさい。

(1) 京都建設㈱の事務所（取得原価￥7,000,000、減価償却累計額￥4,550,000）が焼失した。同事務所には火災保険（保険金額￥3,000,000）が付してあり査定中である。なお減価償却に係る記帳は間接記入法によっている。

(2) ㈱大阪工務店の当期に焼失した本社事務所（取得原価￥10,000,000、減価償却累計額￥4,250,000）の火災保険金の支払について査定中であったが、本日、保険金額￥6,000,000を支払う旨の正式の査定通知を受けた。なお焼失した事務所については、火災未決算勘定で処理してある。

(3) 得意先和歌山商会に対する工事代金の未収分￥2,500,000を期日前に現金で回収し、1.5%の割引を行った。

問2　次の□□□に入る正しい金額を示しなさい。

　㈱兵庫工務店は、工事代金の未収分の回収にあたって現金￥3,503,040を受取った。この場合の売上割引が1.6%であったとすると、売上割引額は￥□□□である。

問1 (単位：円)

No.	借方科目	金　額	貸方科目	金　額
(1)				
(2)				
(3)				

問2　￥□□□

❺ 株式会社の会計

1 株式会社の株主資本

　従来の貸借対照表は、資産の部、負債の部及び資本の部に区分されていたが、会社法の施行（平成18年5月）により、資産の部、負債の部及び「純資産の部」に区分されることになった。
　さらに、純資産の部は、「株主資本」、「評価・換算差額等」、「新株予約権」に区分されるが、2級としては株主資本の内容を理解しておきたい。

図表6-1

・株式会社の株主資本の会社法における分類（貸方科目）

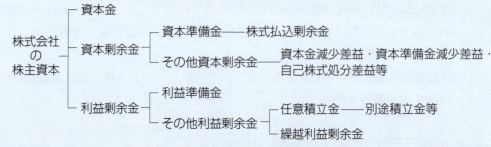

（注）株主資本としては、上記のほかに自己株式（株主資本の控除項目）、その他有価証券評価差額金等が含まれるが、1級の範囲と考えられるので、記載を省略している。

上記の分類を要約して示すと次のとおりである。

資本金：株主が出資した額のうち資本金に計上した部分
剰余金：会社の純資産（資産－負債）が資本金の額を超える部分
　資本剰余金（資本取引から生じた剰余金※）
　　資本準備金…………株主が出資した額のうち資本金に計上しなかった部分
　　その他資本剰余金…資本金及び資本準備金減少差益(注)（自己株式処分差益等は1級の範囲）
　　　　　　　　　　（注）資本金減少差益（または「減資差益」）
　　　　　　　　　　　　 資本準備金減少差益（1級の範囲）
　利益剰余金（損益取引から生じた剰余金※）
　　利益準備金…………会社法の規定によりその積立が強制された利益の留保額
　　任意積立金…………企業が任意に積立てた利益の留保額
　　繰越利益剰余金……当期純利益と前期繰越利益の合計額

※企業会計原則の規定にみられる表現であり、その詳細は1級の範囲である。
上記の諸項目 ➡ 最終的には株主に帰属する ➡ 株式会社の株主資本を構成する

(1) 株式会社の意義

株式会社は株式という証券を発行して資金を調達し、出資者である株主が全員有限責任を負う会社である（3級までは個人企業が対象であった）。有限責任とは、株主が会社に対して有する株式の引受価額を限度として出資義務を負うのみで、会社の債権者に対してなんらかの責任をもたないことをいう。

(2) 株式

株式とは、株式会社が出資者に対して、その権利をあらわすものとして発行する有価証券である。

(3) 株式会社の資本金

資本金とは、会社財産を確保するための基準となる金額であり、その額は会社法に別段の定めがある場合を除き、設立または株式の発行に際して株主となる者が会社に対して払込みまたは給付をした財産の額とする。

　（注）旧商法では、株式会社は1,000万円が最低資本金とされたが、会社法では最低資本金制度は廃止された。

(4) 資本金となる金額

原則……払込み又は給付の総額 ➡ 資本金
例外……払込み又は給付に係る額の1/2を超えない額は資本金に計上しないことができる
　　　　★払込み又は給付に係る額のうち資本金に計上した金額 ➡ 資本金
　　　　★払込み又は給付に係る額のうち資本金に計上しなかった金額 ➡ 株式払込剰余金
　　　　　　　　　　　　　　　　　　　　　　　　　　　　　　　　　　　（資本準備金）

2　株式会社の設立

(1) 会社設立の方法

発起設立……設立に際して発行される株式の総数を発起人のみで全部引受ける方法
募集設立……発起人が設立に際して発行される株式の総数の一部を引受け、残りの株式について株主を募集し引受と払込を得る方法

(2) 会社の設立と株式の発行

　株式会社の設立にあたっては、発起人が定款を作成し、公証人の認証を受けなければならない。この定款の記載事項の一つとして「会社が発行することができる株式の総数」（発行可能株式総数）、すなわち、授権資本（授権株式数）についての定めがある。会社は、その設立にあたり、この授権資本の4分の1以上の数の株式を発行しなければならない（ただし、株式の譲渡につき取締役会の承認を要する旨を定款に定めている場合を除く）。
　会社設立時の資本金の額は、設立時に発行した株式の払込金額の総額とするのが原則である。ただし、会社法は、株式の払込金額の1/2を超えない範囲で、資本金に計上しないことを認めている。この資本金に計上しなかった部分は資本準備金（株式払込剰余金）として処理される。

(3) 会計処理

① 資本金勘定への振替の時期
　株式の申込期間から会社設立の前日まで……「新株式申込証拠金（注1）」勘定で処理
　会社設立の日（注2）……「資本金」勘定へ振替
② 払込金額
　株式の申込期間から会社設立の前日まで……「別段預金」勘定で処理
　会社設立の日……「当座預金」勘定、または「普通預金」勘定へ振替
(注1) 設立の際は、「株式申込証拠金」で処理し、増資の際に「新株式申込証拠金」で処理する方法もあるが、級別勘定科目表には「株式申込証拠金」勘定がないので、以下「新株式申込証拠金」勘定で処理する。
(注2) 会社は設立登記の完了によって成立し、法人格を取得するため。

例題 6-15

次の取引を仕訳しなさい。

(1) 香川建設㈱は、会社設立に際し、授権株式数 2,000 株のうち株式 500 株を発行することとし、申込証拠金の全額が別段預金に払い込まれた。株式の払込価額は 1 株につき 60,000 円、資本金に計上しない額は 1 株につき 10,000 円である。
(2) 同社は払込完了後創立総会を開催し、ついで設立登記も完了したため別段預金から当座預金へ振り替えた。

解答　　　　　　　　　　　　　　　　　　　　　　　　　　　　（単位：円）

(1)	（借）別段預金	30,000,000	（貸）新株式申込証拠金	30,000,000	
(2)	（借）新株式申込証拠金	30,000,000	（貸）資本金	25,000,000	
			株式払込剰余金	5,000,000	
			（資本準備金）		
	（借）当座預金	30,000,000	（貸）別段預金	30,000,000	

解説

(1) 払込金額　60,000 × 500 株＝ 30,000,000
(2) 資本金　（60,000 － 10,000）× 500 株＝ 25,000,000
　株式払込剰余金　10,000 × 500 株＝ 5,000,000

(4) 会社設立時に発生する費用 ⇒ 創立費（繰延資産）

設立登記までの費用、すなわち、定款に定められた設立費用、発起人への報酬額及び設立登記のため支出した税額、株式発行の費用などは「創立費」として処理される。会社法では、繰延資産の扱いについて企業会計の慣行に委ねたため、創立費は原則として費用処理するが、5 年以内の繰延経理も認められる。

3　会社設立後における新株の発行

会社法上の新株発行……会社設立後において株式を新たに発行する場合をいう。
{ 通常の新株発行──外部者からの資金調達を直接の目的とした新株の発行
{ 特殊の新株発行──吸収合併、株式の分割、株式の併合などに伴う新株の発行

設立後、資金の増加を伴うもの（➡増資という）をまとめると次のようになる。
① 有償増資……通常の新株発行（株主割当、第三者割当、公募）
② 無償増資……資本準備金、その他資本剰余金の資本金組入れ
③ 有償・無償の抱合せ増資
④ その他（吸収合併など）

(1) 有償増資

有償増資とは、株式を新たに引受ける者に対して、現金その他の財産を払込ませる増資形態である。

〔増資の手続〕

取締役会の決議→申込受付（申込証拠金の受入）→払込期日

〈使用する勘定科目〉　新株式申込証拠金　←　資本金

① 払込期日の前日までは、設立時と同様「（借）別段預金」、「（貸）新株式申込証拠金」で処理する。
② 資本金への振替は払込期日となる。
③ 資本金組入額の決定については、設立時と同様、払込金額の総額を資本金とするのが原則であるが、払込金額の1/2を超えない範囲で資本金に計上しないことができる。従って払込金額の1/2が資本金最低組入額となる。

例題 6-16

次の取引を仕訳しなさい。
(1) ㈱高松工務店は、増資のため株式 150 株（1 株の払込価額 75,000 円）を発行し、全額取扱銀行に払込まれた。
(2) 同社は、払込期日に資本金に振り替えるとともに、別段預金から当座預金に振り替えた。なお、資本金組入額は、会社法で定める最低の額とした。

解答・解説　　　　　　　　　　　　　　　　　　　　　　　　　　（単位：円）

(1) （借）別段預金　　　　　11,250,000　（貸）新株式申込証拠金　11,250,000
　　　払込金額　75,000 × 150 株＝ 11,250,000

(2) （借）新株式申込証拠金　11,250,000　（貸）資本金　　　　　　5,625,000
　　　　　　　　　　　　　　　　　　　　　　　株式払込剰余金　　5,625,000
　　　　　　　　　　　　　　　　　　　　　　　（資本準備金）

　　（借）当座預金　　　　　11,250,000　（貸）別段預金　　　　　11,250,000
　　資本金　　　　　11,250,000 × 1/2 ＝ 5,625,000
　　株式払込剰余金　11,250,000 × 1/2 ＝ 5,625,000

(2) 無償増資

無償増資は、外部者に何らの出資も求めることなく、資本剰余金（資本準備金、その他資本剰余金）または利益剰余金（利益準備金、その他利益剰余金）の資本金組入によって、会社の資本金を増加させる方法である。

例題 6-17

次の取引を仕訳しなさい。
　㈱高松工務店は、株主総会の決議により資本準備金 15,000,000 円を資本金に組入れ、株式 300 株を交付した。

解答　　　　　　　　　　　　　　　　　　　　　　　　　　　　　（単位：円）
　（借）資本準備金　　15,000,000　（貸）資本金　　　15,000,000

(3) 有償・無償抱合せ増資

有償・無償抱合せ増資は、有償増資と無償増資とを併用したもので、具体的には、資本剰余金または利益剰余金の資本金組入額を新株の払込金の一部に充当するとともに、これと新株払込金額との差額を株主に払込ませる方法である。

(4) 合併差益

二つ以上の会社が会社法の手続に従って一つの会社になることを合併という。合併には、吸収合併と新設合併とがあるが、わが国の合併には吸収合併が多い。

吸収合併は、既存の一つの会社に他の既存の会社が吸収されて消滅する合併であり、存続する会社を存続会社または合併会社、消滅する会社を消滅会社または被合併会社という。

合併会社……被合併会社の資産及び負債を引継ぎ、その対価として、株式を発行して、被合併会社の株主に交付する。

合併会社の資本金……発行株式に相当する額だけ増加する。

> 合併差益＝（引継資産額－引継負債額）－合併による増加資本金額

合併差益は、合併に際して生じた株式払込剰余金と考えられ、資本準備金として処理される。

例題 6-18

次の取引を仕訳しなさい。

徳島建設㈱は、下記の財政状態の㈱鳴門工務店を吸収合併し、株式500株を1株50,000円で発行して交付した。なお、この株式発行にかかる全額を資本金に組入れるものとする。（単位：円）

貸借対照表

諸資産	40,000,000	諸負債	12,000,000
		資本金	20,000,000
		剰余金	8,000,000
	40,000,000		40,000,000

解答

（借）諸資産　40,000,000　　（貸）諸負債　12,000,000
　　　　　　　　　　　　　　　　　資本金　25,000,000
　　　　　　　　　　　　　　　　　合併差益　3,000,000

解説

発行した株式＝ 50,000 × 500 株＝ 25,000,000（資本金）

合併差益： 40,000,000 － 12,000,000 ＝ 28,000,000（純資産）
　　　　　増加した資本金　　　△25,000,000
　　　　　合併差益　　　　　　　3,000,000

(5) 増資の際に発生する費用 ▶ 株式交付費（繰延資産）

新株の発行に直接に関連して発生した費用。たとえば、株式募集広告費、証券会社の取扱手数料、株券の印刷費、変更登記の登記料等は、従来は「新株発行費」として処理されてきたが、現在は「株式交付費」として処理されている。会社法では、繰延資産の扱いについて企業会計の慣行に委ねたため、株式交付費は、原則として費用処理するが、3年以内の繰延経理も認められる。

例題 6-19

次の取引を仕訳しなさい。
(1) ㈱高松工務店は、増資の新株発行に関連して、株式募集広告費などの費用 360,000 円を小切手を振り出して支払った。この額は繰延経理する。
(2) 同社の決算につき、上記費用の1/3を償却する。（注）3年にわたる定額法による償却とする。

解答　　　　　　　　　　　　　　　　　　　　　　　　　　　　（単位：円）
(1) （借）株式交付費　　　360,000　　（貸）当座預金　　　360,000
(2) （借）株式交付費償却　120,000　　（貸）株式交付費　　120,000

4 資本金の減少

資本金を減少させることを「減資」という。会社の資本金の額は法律上の減資手続を経て減少する。会社法上では、株主と債権者の双方を保護するために、株主総会の特別決議、債権者保護規定の遵守などの厳格な手続の実施を要件に、減資を容認している。

(1) 減資の形態……長い間（旧商法の時代）、次の3つに区別されてきた。

① 実質的減資……株主に対してその出資額を払戻す有償減資であって、事業規模の縮小などを理由に実施される。
② 形式的減資……会社資産の減少を伴わない無償減資であって、資本金を取崩して資本剰余金を増加させる場合や、欠損会社の場合、欠損金とそれに見合う資本金とを計算上相殺する目的で行われる。
③ 両者の併用型

会社法は、資本金減少をもっぱら計数の減少として、すなわち従来の形式的減資として整理した。したがって、従来の実質的減資は、資本金減少＋剰余金の配当となる。

(2) 資本金減少差益及び資本準備金減少差益

「資本金減少差益及び資本準備金減少差益」は貸借対照表の資本剰余金の中の「その他資本剰余金」として表示される科目である。

① 資本金減少差益または減資差益

資本金減少差益とは、資本金減少（資本金の額の減少）を行った際に生ずる当該減少額（のうち資本準備金としなかった部分）をいう。この資本金減少差益も株主の払込資本の一部である。仕訳の際には、「減資差益」勘定を使用する場合もある。

② 資本準備金減少差益（1級の範囲）

例題 6-20

次の取引を仕訳しなさい。
(1) 愛媛建設㈱は、株主総会の決議に基づき、資本金 50,000,000 円を減少し、その他資本剰余金を同額増加した。
(2) 松山建設㈱は、株主総会の決議に基づき、資本金（発行済株式 500 株、1 株の払込金額 50,000 円で全額を資本金に組入れた）を半減した。

解答　　　　　　　　　　　　　　　　　　　　　　　　　　　　　　　　（単位：円）

(1) （借）資本金　　　50,000,000　　（貸）資本金減少差益　　50,000,000
　　　　　　　　　　　　　　　　　　　　　　（減資差益）

(2) （借）資本金　　　12,500,000（注）（貸）資本金減少差益　　12,500,000
　　　　　　　　　　　　　　　　　　　　　　（減資差益）

（注）　500 株 × 50,000 = 25,000,000
　　　　25,000,000 × 1/2 = 12,500,000

5　資本剰余金

資本剰余金は、「資本準備金」と「その他資本剰余金」に分類される。資本準備金と資本金及び資本準備金減少差益については前述のとおりである。

6 利益剰余金

利益剰余金は会社内に留保された利益である。利益剰余金は、利益準備金、任意積立金及び繰越利益剰余金に分類される。

(1) 利益準備金

利益準備金は、会社法上の規定によって積立てられた利益の留保額である。

① 会社法で要求している利益準備金の要積立額
　ア．資本準備金と利益準備金の合計額が会社の資本金の1/4に達するまで
　イ．配当により減少する剰余金の額の1/10

② 利益準備金の取崩
　その取崩は、欠損の塡補とその他利益剰余金へ振り替える場合などに行われる。

(2) 繰越利益剰余金

繰越利益剰余金は、前期から繰り越された利益と当期純利益との合計額である。

① 当期損益の振替

　ある会計年度の当期損益（当期純利益または当期純損失）は、その年度のすべての収益と費用を損益勘定に集計することによってその貸借差額として計算される。

　個人企業（3級まで）―― 当期損益は資本金勘定に振り替えられる。
　会　　社（2級から）―― ア．当期純利益は、損益勘定の借方と繰越利益剰余金勘定の貸方に記入される。
　　　　　　　　　　　　　イ．当期純損失は、損益勘定の貸方と繰越利益剰余金勘定の借方に記入される。

図表6-2

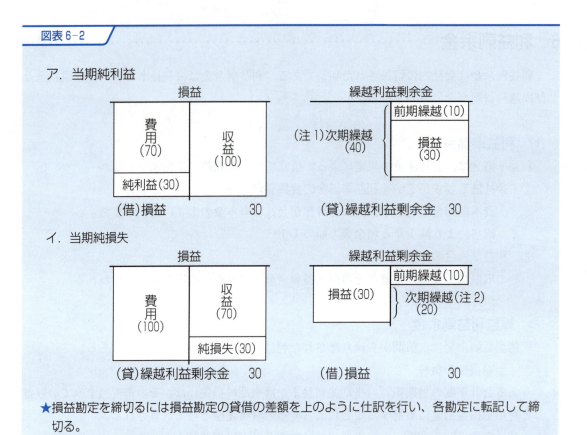

★損益勘定を締切るには損益勘定の貸借の差額を上のように仕訳を行い、各勘定に転記して締切る。
(注1) 繰越利益剰余金の貸方残高を示している。
(注2) 繰越利益剰余金の借方残高を示している。

② 繰越利益剰余金の期末残高

　前期から繰り越された利益に損益勘定から振り替えられた当期純利益（または当期純損失）が合計されて、当期末の繰越利益剰余金の残高（借方残高の場合と貸方残高の場合がある）となる。繰越利益剰余金が借方残高となった場合は、繰越損失を意味する。

例題 6-21

次の取引を仕訳しなさい。
(1) 決算の結果、当期純利益 2,000,000 円を計上した。なお、繰越利益剰余金の貸方残高が 300,000 円あった。
(2) 決算の結果、当期純損失 2,000,000 円を計上した。なお、繰越利益剰余金の貸方残高が 300,000 円あった。

解答
(1) （借）損益　　　　　　　2,000,000　　（貸）繰越利益剰余金　2,000,000（注1）
(2) （借）繰越利益剰余金　2,000,000　　（貸）損益　　　　　　　2,000,000（注2）
（注1）上記の仕訳の結果、繰越利益剰余金は 2,300,000 円の貸方残高となる。
（注2）上記の仕訳の結果、繰越利益剰余金は 1,700,000 円の借方残高となる。

(3) 任意積立金

任意積立金は、株主総会の承認を得て特定目的のために留保された利益である。それらはその目的を示す名称を付して設定される。

① 任意積立金の主な例
　ア．特定の目的がある積立金……配当平均積立金、減債積立金、退職給与積立金、事業拡張積立金など
　イ．特定の目的がない積立金……別途積立金

② 任意積立金の取崩
任意積立金の取崩に関する処理の大部分は1級の範囲と思われるが、2級でもごく一部だけ過去に出題されている。ここではごく簡単な説明を行うが、詳しくは1級で学習する。
　ア．取締役会の決議だけで取崩を行う場合（設定目的が達成された場合——目的取崩）
　　〔目的達成時〕
　　　（借）○○○積立金　　　×××　　（貸）繰越利益剰余金　　×××

　イ．株主総会の決議により取崩を行う場合
　　　・目的積立金の目的外取崩
　　　・特定の目的を持たない積立金の取崩
　　　・特定の目的のために取崩す場合であっても、取崩について株主総会の承認を要するもの ▶ 配当平均積立金
　　〔総会承認日〕
　　　（借）○○○積立金　　　×××　　（貸）繰越利益剰余金　　×××

> **例題 6-22**
>
> 次の取引を仕訳しなさい。
> 株主総会において配当平均積立金 5,000,000 円及び別途積立金 2,500,000 円を取崩すことが決議された。
>
> **解答** (単位：円)
>
> (借) 配当平均積立金　5,000,000　　(貸) 繰越利益剰余金　7,500,000
> 　　 別途積立金　　　2,500,000

7 利益の処分

(1) 利益処分の意味

決算において、損益勘定において計算された当期純利益は「繰越利益剰余金」勘定に振り替えられる。この繰越利益剰余金勘定には、このほかに過去の純利益のうち未処分のまま当期末まで繰り越された部分も含まれる。

この繰越利益剰余金の一部は、株主に対する配当金として社外に分配され、一部は利益準備金、任意積立金として社内に留保される。この処分の決定は、決算日後3ヵ月以内に開かれる株主総会において行われる。これを「利益処分」という。

(2) 剰余金の配当

従来、配当については、定時株主総会における利益処分案の承認決議に基づく利益配当と年1回に限り取締役会決議による中間配当が行われていた。

会社法では、従来の利益配当以外に資本金及び準備金の減少に伴う払戻しなどを含めて「剰余金の配当」としてまとめ、いつでも何回でも株主総会の決議により実施することができることとなった。ただし、定款の定めに基づき、一事業年度の途中において1回に限り、取締役会の決議によって中間配当ができることとなった。

剰余金の配当がいつでも実施できることから、会社法では従来の「利益処分案」が廃止され、「株主資本等変動計算書」（1級の範囲）が新設された。

(注) ① 利益準備金の要積立額……資本準備金と利益準備金の合計額が資本金の1/4に達するまで、配当により減少する剰余金の額の1/10。

② 旧商法では利益処分として支出する額の1/10以上とされていたが、会社法では剰余金配当額の1/10になることに注意する。

③ その他資本剰余金を原資とする配当の場合は、資本準備金として積立が必要となるが、1級の範囲である。

例題 6-23

次の一連の取引を仕訳しなさい。
(1) 春野建設㈱は、株主総会において、繰越利益剰余金を財源として、株主配当金 5,000,000 円を支払うことを決議した。なお、同社の資本金の額は 100,000,000 円、資本準備金と利益準備金の合計額は 20,000,000 円である。
(2) 株主総会の翌日に株主配当金 5,000,000 円を小切手を振り出して支払った（源泉所得税 1,000,000 円）。

解答　　　　　　　　　　　　　　　　　　　　　　　　　　　　（単位：円）
(1) （借）繰越利益剰余金　5,500,000　　（貸）未払配当金（注2）　5,000,000
　　　　　　　　　　　　　　　　　　　　　　　利益準備金（注1）　　500,000
　　（注1）利益準備金の要積立額……繰越利益剰余金を財源としているので利益準備金を積立てる。
　　　　　株主配当金 5,000,000 × 1/10 = 500,000
　　　　　積立後の準備金残高 20,000,000 + 500,000 = 20,500,000
　　　　　20,500,000 ＜ 100,000,000 × 1/4 = 25,000,000
　　（注2）株主総会の決議時点では負債となるので、「未払配当金」勘定で処理する。
(2) （借）未払配当金　5,000,000　　（貸）当座預金　　4,000,000
　　　　　　　　　　　　　　　　　　　　　預り金　　1,000,000（注）
　　（注）所得税率を20％として計上している。

8　損失の処理

(1) 損失の意味

決算において損益勘定で当期純損失が計上されると「繰越利益剰余金」勘定の借方に振り替えられる。この振替によって繰越利益剰余金勘定が借方残高になれば、これは繰越損失を意味する。この繰越損失は、営業活動から生じたマイナス分であるから、留保利益もしくは将来の利益によって塡補されなければならない。

(2) 損失の塡補

繰越損失（繰越利益剰余金の借方残高）の塡補に過去の留保利益を充てる場合、その取崩順位は、(1) 任意積立金、(2) 利益準備金の順になる。それでも塡補しきれない場合には資本準備金及び資本金の減少に及ぶこともある。いずれの方法を選ぶにしても株主総会の決議を要する。

例題 6-24

次の取引を仕訳しなさい。
　高知建設㈱は、株主総会において、繰越損失（繰越利益剰余金の借方残高）2,000,000円について別途積立金 1,100,000 円及び利益準備金 250,000 円を取崩して塡補し、残額を繰越すことを決議した。

解答　　　　　　　　　　　　　　　　　　　　　　　　　　　　　（単位：円）
(借) 別途積立金　　　　　1,100,000　　（貸) 繰越利益剰余金（注） 1,350,000
　　 利益準備金　　　　　　 250,000
　（注）この仕訳により、繰越利益剰余金は 650,000 円の借方残高として、次期に繰り越すことになる。

---

9 法人税等の処理

事業年度が終了してから、その年度の課税所得を基準に課せられる税がある。会社の場合は、法人税、住民税、事業税がある。

　　法人税……………法人税法の規定により算定した課税所得×税率
　　住民税（注）……法人税額×税率＋均等割額
　　事業税……………法人税法上の課税所得×税率

これらの税は、事業年度終了後2ヵ月以内（申告期間を延長している法人は3ヵ月以内）に申告納付しなければならない。
（注）都道府県民税及び市町村民税をいう。

(1) 勘定科目

　法人税、住民税、事業税……当期に負担すべき税額を「法人税、住民税及び事業税」勘定の借方に記入する（損益計算書の税引前当期純利益の控除科目として表示される）とともに、負債として「未払法人税等」勘定の貸方に記入する。

(2) 中間申告

事業年度が1年の会社は、事業年度開始の日以後6ヵ月を経過した日から2ヵ月以内に、前事業年度の税額の1/2にあたる額または6ヵ月間の仮決算をして計算した税額を申告納付しなければならない。

中間申告にもとつく納税額は確定決算によるものではないから、それを納付した時に、「仮払法人税等」勘定の借方に記入する。そして、事業年度末に、確定決算によって計算した当期の税額から中間申告納税額を差引いた額を「未払法人税等」勘定の貸方に記入する。

〈参考〉 その他の税金……固定資産税、自動車税、印紙税等
　　　　（計上する科目）　未成工事支出金――工事関係
　　　　　　　　　　　　　租税公課――販売及び一般管理関係

例題 6-25

次の一連の取引を仕訳しなさい。

(1) ㈱土佐工務店（事業年度は4月1日から翌年3月31日）は、11月28日に法人税等の中間申告として2,450,000円を現金で納付した。
(2) 決算において、当事業年度の法人税等の金額は3,960,000円と計算された。
(3) 5月30日に法人税等の確定申告をし、現金で納付した。

解答　　　　　　　　　　　　　　　　　　　　　　　　　　　　（単位：円）

(1)	（借）仮払法人税等	2,450,000	（貸）現　　　金	2,450,000
(2)	（借）法人税、住民税及び事業税	3,960,000	（貸）仮払法人税等	2,450,000
			未払法人税等	1,510,000
(3)	（借）未払法人税等	1,510,000	（貸）現　　　金	1,510,000

10 消費税の処理

　消費税は、物品の販売やサービスの提供に対して課税される税金である。消費税の納税義務者は建設、製造、卸し、小売りなどの事業者であるが、これらの事業者の売上に対する消費税は、建設物や製品などの価格に上乗せされ、最終的には消費者が負担することになる。各事業者は、売上に対する消費税から仕入や経費に対する消費税を差し引いて納税することになる。

　消費税は、国に納める消費税と都道府県に納める地方消費税からなり、現在の税率は、10％（うち2.2％が地方消費税）である。会計上はこれらを一括して取扱う。

　消費税の会計処理には、消費税の処理を損益計算に影響させない税抜方式と、消費税を区分しないで売上や仕入に含めて処理する税込方式の二つがある。

(1) 税抜方式

　税抜方式においては、消費税を受け取ったつど「仮受消費税」勘定で処理し、支払ったつど「仮払消費税」勘定で処理しておく。そして、期末に両勘定を相殺して、納付額がある場合は「未払消費税」勘定（負債）を貸方に計上し、還付額がある場合は「未収消費税」勘定（資産）を借方に計上する。

〔税抜方式の仕訳例〕
〈期中取引〉
　① 工事の完成引渡し時
　　　（借）完成工事未収入金　×××　（貸）完成工事高　×××
　　　　　　　　　　　　　　　　　　　　　仮受消費税　×××
　② 材料の購入時
　　　（借）材　料　費　×××　（貸）工事未払金　×××
　　　　　　仮払消費税　×××
　③ 固定資産の取得時
　　　（借）固定資産　×××　（貸）未　払　金　×××
　　　　　　仮払消費税　×××

〈期末〉
　① 納付額がある場合
　　　（借）仮受消費税　×××　（貸）仮払消費税　×××
　　　　　　　　　　　　　　　　　　　未払消費税　×××
　② 還付額がある場合
　　　（借）仮受消費税　×××　（貸）仮払消費税　×××
　　　　　　未収消費税　×××

〈納付または還付時の処理〉
　①納付時
　　　（借）未 払 消 費 税　×××　（貸）現 金 預 金　×××
　②還付時
　　　（借）現 金 預 金　×××　（貸）未 収 消 費 税　×××

(2) 税込方式

　税込方式においては、取引のつど消費税を区分しないで、売上に対する消費税を収益に含め、仕入や経費などの消費税を費用又は固定資産に含めて処理する。

　税込方式では、期末において納付額がある場合は「租税公課」勘定（費用）の借方に計上し、還付額がある場合は「雑収入」勘定（収益）の貸方に計上する。

〔税込方式の仕訳例〕
〈期中取引〉
　①　工事の完成引渡し時
　　　（借）完成工事未収入金　×××　（貸）完 成 工 事 高　×××
　②　材料の購入時
　　　（借）材　　料　　費　×××　（貸）工 事 未 払 金　×××
　③　固定資産の取得時
　　　（借）固 定 資 産　×××　（貸）未　　払　　金　×××

〈期末〉
　①　納付額がある場合
　　　（借）租 税 公 課　×××　（貸）未 払 消 費 税　×××
　②　還付額がある場合
　　　（借）未 収 消 費 税　×××　（貸）雑　　収　　入　×××

〈納付または還付時の処理〉
　①　納付時
　　　（借）未 払 消 費 税　×××　（貸）現 金 預 金　×××
　②　還付時
　　　（借）現 金 預 金　×××　（貸）未 収 消 費 税　×××

例題 6-26

1. 次の一連の消費税取引について税抜方式により仕訳しなさい。なお、消費税率は 8% とする。
   (1) 鳴門建設㈱は、工事が完成して引渡し、工事代金 2,000,000 円とその消費税 160,000 円を発注者に請求した。
   (2) 外注先の㈱阿波工務店から外注費 500,000 円とその消費税 40,000 円の請求を受けた。
   (3) 決算を行い、期末における消費税残高は以下のとおりである。
       仮払消費税   750,000 円
       仮受消費税 1,400,000 円
   (4) 上記の消費税を当座預金口座から納付した。

2. 次の□□□に入る正しい金額を計算しなさい。
   消費税の会計処理については税抜方式を採用している。期末における仮払消費税 ¥257,000、仮受消費税 ¥□□□ であるときに、未払消費税は ¥67,200 である。

解答
(単位：円)

1. (1) （借）完成工事未収入金　2,160,000　（貸）完成工事高　2,000,000
                                                仮受消費税　　160,000
   (2) （借）外注費　　　　　　　500,000　（貸）工事未払金　　540,000
        　　仮払消費税　　　　　 40,000
   (3) （借）仮受消費税　　　　1,400,000　（貸）仮払消費税　　750,000
                                                未払消費税　　650,000
   (4) （借）未払消費税　　　　　650,000　（貸）当座預金　　　650,000

2. ¥ 324,200　（324,200 − 257,000 ＝ 67,200）

演習 6-4

問1　次の取引について仕訳をしなさい。

(1) 福岡建設㈱は、増資のため株式180株（1株の払込価額￥85,000）を発行することとし、全額別段預金に払込まれた。

(2) 小倉建設㈱は、株主総会の決議に基づき、資本金￥10,000,000を減少し、その他資本剰余金を同額増加した。

(3) 取締役会において中間配当金￥6,000,000と利益準備金積立額￥600,000を決定した。

(4) ㈱佐賀工務店は、決算の結果￥1,810,000の当期純利益を計上した。なお、繰越利益剰余金の貸方残高が￥550,000あった。

(5) 唐津建設㈱は、決算に際し、当期純利益￥5,600,000に対する当期負担分として法人税￥1,700,000、住民税￥340,000及び事業税￥550,000を計上した。なお、同社は、中間申告において￥1,250,000を納付しているが、これは仮払法人税等で処理してある。

(6) ㈱有明工務店は、払込期日に新株式の払込金￥14,400,000（株式200株、1株の払込価額￥72,000）を資本金に振り替えた。なお資本金組入額は1株当り￥50,000である。（預金の振替に係る仕訳を示さなくてよい）

(7) 工事が完成して引渡し、工事代金1,500,000円とその消費税120,000円を発注者に請求した（税抜方式）。

問2　次の□に入る正しい金額を示しなさい。

(1) 授権株式数1,000株の長崎建設㈱を設立することとなった。払込金額は1株あたり￥50,000、発行株式数は会社法が定める必要最低限度とし、全額を資本金に組み入れるとした場合、資本金の額は￥□①□である。

(2) 佐世保建設㈱は、下記の財政状態の㈱壱岐工務店を吸収合併し、株式200株を1株￥50,000で発行して交付したとすれば、合併差益は￥□②□となる。ただしこの場合、発行価額の全額を資本金に組入れるものとする。

貸借対照表　　（単位：円）

諸資産	25,600,000	諸負債	13,300,000
		資本金	8,000,000
		剰余金	4,300,000
	25,600,000		25,600,000

(3) 大分建設㈱は、株主総会において、繰越利益剰余金を財源として、株式配当金￥5,500,000を支払うことを決議した。同社の資本金の額は￥200,000,000、準備金の既積立額は￥31,500,000であったとすれば、会社法上積立を要する利益準備金は￥［③］である。

問1　　　　　　　　　　　　　　　　　　　　　　　　　　　　　（単位：円）

No.	借方科目	金　額	貸方科目	金　額
(1)				
(2)				
(3)				
(4)				
(5)				
(6)				
(7)				

問2

① ￥ [　　　　　　　]　　② ￥ [　　　　　　　]

③ ￥ [　　　　　　　]

❻ 社債

1　社債の発行

　社債は、株式会社に固有の長期の金銭債務であり、一種の確定利子付証券によって代表される。社債の発行会社は、社債の所有者たる社債権者に対して、定期的に一定の利息を支払うとともに、一定の時期に元金を返済しなければならない。

(1)　**社債の発行手続**……取締役会の決議により行うことができる。

(2)　**社債の発行価額**……平価発行：発行価額と券面額が同一の場合
　　　　　　　　　　　　打歩(うちぶ)発行：発行価額が券面額を上回る場合
　　　　　　　　　　　　割引発行：発行価額が券面額を下回る場合
　わが国の場合、割引発行によることが多いため、以下、割引発行の処理が学習の中心になる。

(3)　**社債の券面総額**……社債権者に償還すべき金額である。社債を発行した時、社債の払込金額をもって社債勘定の貸方に記入する。社債の券面総額と発行価額の差は利息である。

例題 6-27

　熊本建設㈱は、令和×1年4月1日に券面総額 30,000,000 円(償還期限5年、利率年6％、利払日9月30日・3月31日の年2回)を券面 100 円につき 98 円で発行し、全額の払込を受け当座預金とした。なお社債発行費 420,000 円を小切手を振り出して支払った(この支払額は繰延経理する)。この社債の発行に係る仕訳を示しなさい。

解答　　　　　　　　　　　　　　　　　　　　　　　　　　(単位：円)
(借)　当座預金　　29,400,000（注）　　(貸)　社債　　　　29,400,000
(借)　社債発行費　　　420,000　　　　(貸)　当座預金　　　420,000

　　(注)　払込金額　$30,000,000 \times \dfrac{98}{100} = 29,400,000$

2　社債発行費

　社債の発行のために直接に要した支出、例えば社債募集広告費、社債申込証・目論見書・社

債券の印刷費、金融機関等の取扱手数料などは、「社債発行費」と呼ばれる。

社債発行費については原則として費用処理するが、社債償還期間にわたる繰延経理も認められる。

（借）社債発行費償却　×××　　（貸）社債発行費　×××

3　社債利息

社債が発行されると、利息の支払日（利払日）に券面総額に約定利率を乗じた金額の利息が毎年支払われる。この利息を「社債利息」といい、利払日または利息が支払われたとき、社債利息勘定の借方に記入される。

例題6-28

《例題6-27》の熊本建設㈱の事業年度が1年、決算日が3月31日であるとして、令和×1年9月30日と令和×2年3月31日の仕訳を示しなさい。なお、利息計算は月割による（当座預金による支払）。

解答・解説　　　　　　　　　　　　　　　　　　　　　　　（単位：円）

9/30　（借）社債利息　　　　900,000　（貸）当座預金　　　900,000

$$30,000,000 \times 0.06 \times \frac{6}{12} = 900,000$$

3/31　（借）社債利息　　　　900,000　（貸）当座預金　　　900,000
3/31　（借）支払利息(注)　　120,000　（貸）社債　　　　　120,000

（注）社債利息として処理する場合もある。

$$30,000,000 - 29,400,000 = 600,000$$

$$600,000 \times \frac{1}{5} = 120,000$$

（借）社債発行費償却　　84,000　（貸）社債発行費　　84,000

$420,000 \times \frac{1}{5} = 84,000$　（注）償還期間にわたる定額法による償却とする。

〈参考：決算日の貸借対照表価額〉
社債価額　　　　29,400,000 + 120,000 = 29,520,000

4　社債の償還

社債の発行会社が、社債権者に対してその債務を返済することを「社債の償還」という。

(1) **満期償還**………満期日に券面金額で償還すること。
　　　　　　　　　社債が償還されたとき、社債勘定の借方に券面金額をもって記入する。
　　　　　　　　　また、社債発行差金の残高の償却及び社債利息の支払が行われる。

(2) **期限前償還**……償還期限の途中で償還すること。
　　　　　　　　　償還方式には抽選償還と買入償還とがある。

●重要ポイント
　① 社債発行差金・社債発行費の未償却残高の処理
　② 買入償還による償還差額の処理

例題 6-29

《例題 6-27》の社債のうち、券面総額 10,000,000 円の社債を令和×4年4月1日に、券面 100 円につき 99 円で現金にて買入償還した。この償還に係る仕訳を示しなさい。

解答　　　　　　　　　　　　　　　　　　　　　　（単位：円）

（借）社　債	9,920,000	（貸）現　金	9,900,000
		社債償還益	20,000

解説

	貸借対照表価額	参 考 仕 訳	
×1.4.1	29,400,000		
（償却原価法による加算）	120,000	（借）支払利息 120,000	（貸）社債 120,000
×2.3.31	29,520,000		
（償却原価法による加算）	120,000	（借）支払利息 120,000	（貸）社債 120,000
×3.3.31	29,640,000		
（償却原価法による加算）	120,000	（借）支払利息 120,000	（貸）社債 120,000
×4.3.31	29,760,000		

⇓

上記のうち、×4.4.1 に券面金額 10,000,000 円を買入償還

◎買入償還に対応する社債価額：$29,760,000 \times \dfrac{10,000,000}{30,000,000} = 9,920,000$

〈参考：買入償還後の貸借対照表価額〉
　社債価額　　　29,760,000 － 9,920,000 ＝ 19,840,000

演習 6-5

問1 次の取引について仕訳をしなさい。

宮崎建設㈱は、券面総額￥50,000,000の社債を券面￥100につき￥98.50で発行し、全額の払込を受け当座預金とした。

問2 次の□に入る正しい金額を計算しなさい。

㈱沖縄工務店は、令和X1年4月1日（期首）に額面総額￥5,000,000（償還期限5年、利率年6％、期末払い）の社債を額面￥100につき￥98.50で発行し、全額の払込みを受け当座預金としていた。この社債を償却原価法（定額法）により処理していた場合、令和X4年4月1日に社債￥1,000,000を額面￥100につき￥101で買入消却したときに計上される社債償還損の金額は￥□である。

問1　　　　　　　　　　　　　　　　　　　　　　　　　　　　（単位：円）

借方科目	金　額	貸方科目	金　額
当座預金	49,250,000	社債	49,250,000

問2

￥16,000

⑦ 決算と財務諸表

1 決算手続

　企業の日々の取引は、仕訳 ⟶ 総勘定元帳への転記 ⟶ 試算表の作成という記帳手続を繰り返しながら、会計期末になると「決算手続」の段階を迎える。
　決算とは、会計期末に諸帳簿を締切り、総勘定元帳に基づいて損益計算書、貸借対照表等の財務諸表を作成し、一会計期間の経営成績と会計期末における財政状態を明らかにすることである。
　決算の主な手続は次のとおりである。

(1) **試算表の作成**……各勘定残高の正確性の検証
(2) **決算整理手続**……各勘定残高の修正
(3) **精算表の作成**
(4) **総勘定元帳その他の帳簿の締切**
(5) **財務諸表の作成**……損益計算書と貸借対照表の作成

2 決算整理

　総勘定元帳の各勘定残高は、期中の取引内容を記録した結果であるが、必ずしも正しい金額を示しているとは限らない。そこで、「記録と事実の照合」、すなわち「実地調査」を行って各勘定残高を正しい金額に修正することが必要になる。この手続を決算整理という。
　2級の範囲の主な決算整理事項は次のとおりである。

(1) **減価償却費の計上**
(2) **引当金の設定**（貸倒引当金、退職給付引当金、完成工事補償引当金など）
(3) **有価証券評価損の計上**
(4) **収益・費用の繰延と見越**
(5) **未成工事の実際有高の確定と完成工事原価の確定・振替**
(6) **未払法人税等の計上**
(7) **その他**

　上記の主な決算整理事項のうち、(1)～(3)についてはすでに学習済であるので、ここでは(4)について説明しよう（3級ですでに学習しているはずであるが）。なお、(5)(6)(7)については、精算表作成問題のところで解説したい。

3 収益・費用の繰延と見越

(1) 費用及び収益の繰延

繰延とは、当期の支出及び収入に基づいて記帳された費用及び収益の金額に、次期以降の期間に属する金額が含まれている場合、その金額を当期の費用及び収益から控除するとともに、資産または負債として次期へ繰り越すことをいう。

① 費用の繰延：前払費用（資産）

当期において支払った金額のうち、次期以降の費用とすべき金額を、その費用勘定の貸方に記帳する（費用を減少させるため）と同時に前払費用勘定（資産）の借方に記帳する。

前払費用には、前払保険料、前払地代、前払家賃、前払利息などがある。

例題 7-1

令和×1年4月1日に本社事務所を賃借し、1年分の家賃120,000円（1ヵ月10,000円）を現金で支払った。支払った日、決算日、翌期首の仕訳を示しなさい。（決算日12月31日の1年決算）

（単位：円）

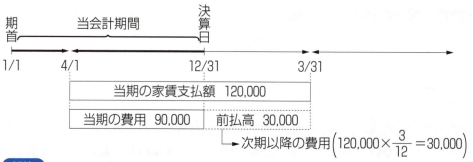

解答

×1年4/1〔支払時の仕訳〕
　　（借）支払家賃　120,000　　（貸）現金　　　　120,000

×1年12/31〔決算整理仕訳〕
　　（借）前払家賃　　30,000　　（貸）支払家賃　　30,000

×2年1/1〔翌期首の再振替仕訳〕
　　（借）支払家賃　　30,000　　（貸）前払家賃　　30,000

解説

支払家賃		前払家賃	
4/1 現　金 120,000	12/31 前払家賃 30,000	12/31 支払家賃 30,000	12/31 次期繰越 30,000
	12/31 損　益 90,000	1/1 前期繰越 30,000	1/1 支払家賃 30,000
120,000	120,000		
1/1 前払家賃 30,000			

② 収益の繰延：前受収益（負債）

当期においてすでに受取った金額のうち、次期以降の収益とすべき金額を、その収益勘定の借方に記帳する（収益を減少させるため）と同時に前受収益勘定（負債）の貸方に記帳する。

前受収益には、前受地代、前受家賃、前受利息などがある。

例題 7-2

《例題 7-1》と同じ条件で、貸主の立場の仕訳を示しなさい。

(単位：円)

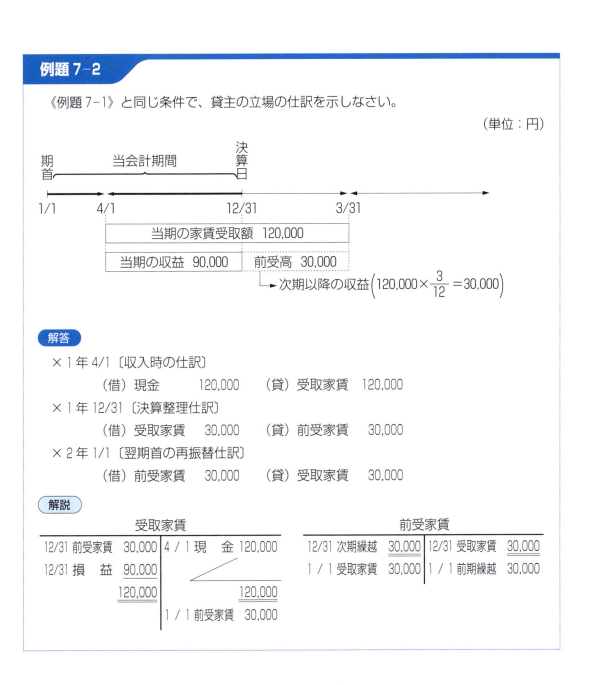

解答

×1年4/1〔収入時の仕訳〕
　　（借）現金　　120,000　　（貸）受取家賃　120,000

×1年12/31〔決算整理仕訳〕
　　（借）受取家賃　30,000　　（貸）前受家賃　30,000

×2年1/1〔翌期首の再振替仕訳〕
　　（借）前受家賃　30,000　　（貸）受取家賃　30,000

解説

受取家賃			
12/31 前受家賃 30,000	4/1 現　金 120,000
12/31 損　益 90,000	
120,000	120,000
	1/1 前受家賃 30,000

前受家賃	
12/31 次期繰越 30,000	12/31 受取家賃 30,000
1/1 受取家賃 30,000	1/1 前期繰越 30,000

(2) 費用及び収益の見越

見越とは、当期に支出及び収入がないため、記帳されていない費用及び収益（次期以降に支出及び収入が行われる）について、これを当期の費用及び収益として記帳するとともに、負債または資産として次期に繰り越すことをいう。

① 費用の見越：未払費用（負債）

当期においてまだ支払はないが、当期の費用とすべき金額を、その費用勘定の借方に記帳する（費用の追加計上）と同時に未払費用勘定（負債）の貸方に記帳する。

未払費用には、未払地代、未払家賃、未払利息などがある。

例題 7-3

令和×1年4月1日に本社事務所を賃借したが、家賃は×2年1月31日に1年分120,000円（1ヵ月10,000円）を支払う契約である。決算日、翌期首の仕訳を示しなさい。（決算日年1回12月31日）

（単位：円）

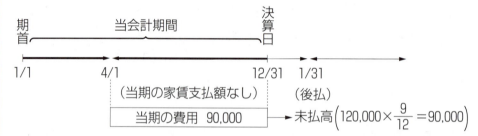

解答

×1年4/1〔賃借時の仕訳〕
　　　　仕訳なし
×1年12/31〔決算整理仕訳〕
　　　（借）支払家賃　90,000　　（貸）未払家賃　90,000
×2年1/1〔翌期首の再振替仕訳〕
　　　（借）未払家賃　90,000　　（貸）支払家賃　90,000

解説

支払家賃		未払家賃	
12/31 未払家賃　90,000	12/31 損　益　90,000	12/31 次期繰越　90,000	12/31 支払家賃　90,000
	1/1 未払家賃　90,000	1/1 支払家賃　90,000	1/1 前期繰越　90,000

② 収益の見越：未収収益（資産）

当期においてまだ受取っていなくても、当期の収益とすべき金額を、その収益勘定の貸方に記帳する（収益の追加計上）と同時に未収収益勘定（資産）の借方に記帳する。

未収収益には、未収地代、未収家賃、未収利息などがある。

例題 7-4

《例題 7-3》と同じ条件で、貸主の立場の仕訳を示しなさい。

（単位：円）

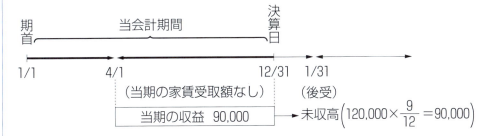

解答

×1年 4/1〔賃貸時の仕訳〕
　　　仕訳なし

×1年 12/31〔決算整理仕訳〕
　　　（借）未収家賃　90,000　　（貸）受取家賃　90,000

×2年 1/1〔翌期首の再振替仕訳〕
　　　（借）受取家賃　90,000　　（貸）未収家賃　90,000

解説

未収家賃			
12/31 受取家賃	90,000	12/31 次期繰越	90,000
1/1 前期繰越	90,000	1/1 受取家賃	90,000

受取家賃			
12/31 損益	90,000	12/31 未収家賃	90,000
1/1 未収家賃	90,000		

例題 7-5

次の □ に入る正しい金額を計算しなさい。

(1) 前払保険料の期首残高が¥13,000、当期における保険料の支払額が¥72,800、当期の損益計算書に記載された保険料の額が¥ □① □ であったとすれば、当期末の貸借対照表に記載される前払保険料の額は¥10,200 となる。

(2) 未払利息の期首残高が¥10,000、当期における利息の支払額が¥39,000、当期の損益計算書に記載された支払利息の額が¥ ② であったとすれば、当期末の貸借対照表に記載される未払利息の額は¥7,400となる。

解答

① ¥ 75,600   ② ¥ 36,400

解説

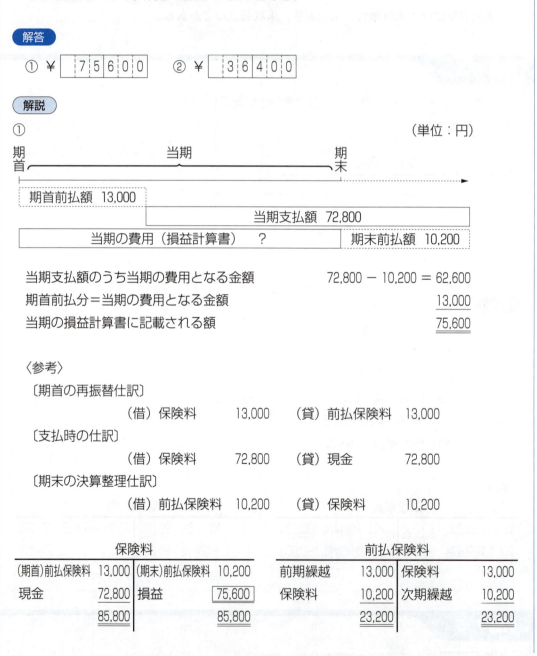

① （単位：円）

当期支払額のうち当期の費用となる金額　　72,800 − 10,200 = 62,600
期首前払分＝当期の費用となる金額　　　　　　　　　　　　　　　13,000
当期の損益計算書に記載される額　　　　　　　　　　　　　　　　75,600

〈参考〉
〔期首の再振替仕訳〕
　　　（借）保険料　　13,000　　（貸）前払保険料　13,000
〔支払時の仕訳〕
　　　（借）保険料　　72,800　　（貸）現金　　　　72,800
〔期末の決算整理仕訳〕
　　　（借）前払保険料　10,200　（貸）保険料　　　10,200

保険料				前払保険料			
(期首)前払保険料	13,000	(期末)前払保険料	10,200	前期繰越	13,000	保険料	13,000
現金	72,800	損益	75,600	保険料	10,200	次期繰越	10,200
	85,800		85,800		23,200		23,200

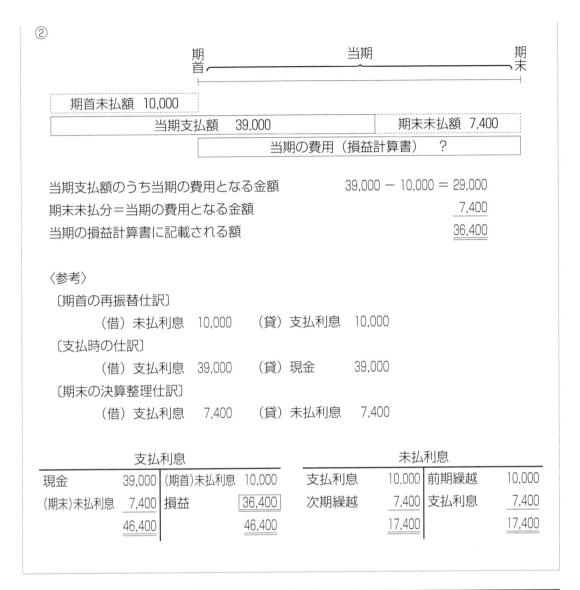

演習 7-1

次の □ に入る正しい金額を示しなさい。

(1) 前払保険料の期首残高が¥7,700、当期における保険料支払額が¥ □①□ 、当期の損益計算書に記載された保険料の額が¥52,600であったとすれば、当期末の貸借対照表に記載された前払保険料の額は¥6,500となる。

(2) 未払利息の期首残高が¥16,000、当期における利息の支払額が¥ □②□ 、当期の損益計算書に計上された支払利息の額が¥88,400であったとすれば、当期末の貸借対照表に記載される未払利息の額は¥12,800である。

(3) 未収利息の期首残高が¥22,000、当期における利息の収入額が¥ ③ 、当期の損益計算書に記載された受取利息の額が¥135,600であったとすれば、当期末の貸借対照表に記載される未収利息の額は¥47,300 となる。

(4) 前受利息の期首残高が¥34,000、当期における利息の収入額が¥156,200、当期の損益計算書に記載された受取利息の額が¥149,800であったとすれば、当期末の貸借対照表に記載される前受利息の額は¥ ④ となる。

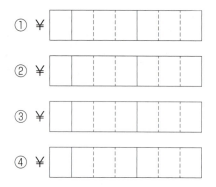

4 精算表の作成

　過去の出題傾向をみると、「第5問」の総合問題として、精算表の作成問題か貸借対照表の作成問題（完成工事原価の算定を含む）が出題されている。貸借対照表の作成問題は最近の出題がないため、ここでは「精算表の作成問題」をとりあげる。
　配点も100点中約3割を占めるので、精算表の問題で満点をとることが2級合格の決め手となる。

(1) 解答のポイント

① 決算整理事項……10問程度出題されている。
　そのうち6割程度は毎年出題されている内容であり、残りの4割程度が、その年度によって異なった整理事項が出題されている。

② 1つの決算整理仕訳ができたらすぐに精算表の「整理記入」欄に記入する。
　出題されているすべての決算整理仕訳が完了してから精算表の記入を行うのは合理的とはいえない。1つ1つの整理仕訳ができたら、即「整理記入」欄に記入していくのがコツである。

③ 記入が終わったら整理記入欄について、トータルチェックを実施すること。

例題 7-6

次の〈決算整理事項等〉に基づき、解答用紙の精算表を完成しなさい。なお、工事原価は未成工事支出金を経由して処理する方法によっている。会計期間は4月1日から3月31日までの1年である。また、決算整理の過程で新たに生じる勘定科目で、精算表上に指定されている科目はそこに記入すること。

〈決算整理事項等〉

(1) 仮払金の期末残高￥64,500については、以下の内容であることが判明した。
　① ￥8,000は管理部門従業員の出張旅費の仮払いである。なお、実費との差額￥1,600を従業員が立て替えていた。
　② ￥56,500は法人税等の中間納付額である。

(2) 期首に長期保有目的でA社株式1,000株を1株250円で購入したが、当期末の時価が1株105円となったので、評価損を計上する。

(3) 減価償却については、以下のとおりである。なお、当期中に固定資産の増減取引は発生していない。
　① 機械装置（工事現場用）　減価償却費実際発生額　￥86,000
　　なお、月次原価計算において、月額￥7,000を未成工事支出金に予定計上している。予定計上額と実際発生額との差額は当期の工事原価に加減する。
　② 備品（本社用）　次の条件で減価償却費を計上する。
　　取得原価　￥96,000　　残存価額　ゼロ　　耐用年数　6年　　減価償却方法　定額法

(4) 仮受金の期末残高￥195,000については、以下の内容であることが判明した。
　① ￥75,000は完成工事の未収代金回収分である。
　② ￥120,000は工事契約による前受金である。

(5) 売上債権の期末残高に対して2％の貸倒引当金を計上する。（差額補充法）

(6) 退職給付引当金の当期繰入額は、本社事務職員について￥36,000、現場作業員について￥52,600である。ただし、現場作業員については月次で￥4,800の退職給付引当金繰入額を毎月計上しており、当期の予定計上額と実際発生額の差額を当期の工事原価に加減する。

(7) 完成工事高に対して0.2％の完成工事補償引当金を計上する。（差額補充法）

(8) 販売費及び一般管理費の中には、本社事務所の4月分の家賃￥5,000が含まれていた。

(9) 上記の各調整を行った後の未成工事支出金の次期繰越額は￥1,071,400である。

(10) 当期の法人税、住民税及び事業税として税引前当期純利益の40％を計上する。

解答

精算表

(単位：円)

【参考】	勘定科目	残高試算表 借方	残高試算表 貸方	整理記入 借方	整理記入 貸方	損益計算書 借方	損益計算書 貸方	貸借対照表 借方	貸借対照表 貸方
(資産)	現　　　　金	4,920						4,920	
(資産)	当　座　預　金	112,500						112,500	
(資産)	受　取　手　形	855,000						855,000	
(資産)	完成工事未収入金	1,356,000			(4)①75,000			1,281,000	
※(資産)	貸　倒　引　当　金		47,820	(5) 5,100					42,720
(資産)	未成工事支出金	1,075,200		(3)① 2,000 (7) 1,200	(6) 5,000 (9) 2,000			1,071,400	
(資産)	材　料　貯　蔵　品	118,900						118,900	
(資産)	仮　　払　　金	64,500			(1)① 8,000 (10) 56,500				
(資産)	機　械　装　置	900,000						900,000	
※(資産)	機械装置減価償却累計額		577,000		(3)① 2,000				579,000
(資産)	備　　　　品	96,000						96,000	
※(資産)	備品減価償却累計額		32,000		(3)② 16,000				48,000
(資産)	投資有価証券	250,000			(2) 145,000			105,000	
(負債)	支　払　手　形		1,155,000						1,155,000
(負債)	工　事　未　払　金		71,400						71,400
(負債)	借　　入　　金		270,000						270,000
(負債)	未成工事受入金		225,000		(4)② 120,000				345,000
(負債)	仮　　受　　金		195,000	(4)① 75,000 (4)② 120,000					
(負債)	完成工事補償引当金		6,500		(7) 1,200				7,700
(負債)	退職給付引当金		760,000	(6) 5,000	(6) 36,000				791,000
(純資産)	資　　本　　金		1,000,000						1,000,000
(純資産)	繰越利益剰余金		150,000						150,000
(収益)	完　成　工　事　高		3,850,000				3,850,000		
(費用)	完　成　工　事　原　価	3,315,000		(9) 2,000		3,317,000			
(費用)	販売費及び一般管理費	192,900		(1)① 9,600 (3)② 16,000 (6) 36,000	(8) 5,000	249,500			
(収益)	受取利息配当金		8,400				8,400		
(費用)	支　払　利　息	7,200				7,200			
		8,348,120	8,348,120						
(資産)	前　払　費　用			(8) 5,000				5,000	
(収益)	貸倒引当金戻入額				(5) 5,100		5,100		
(費用)	投資有価証券評価損			(2) 145,000		145,000			
(負債)	未　　払　　金				(1)① 1,600				1,600
(負債)	未払法人税等				(10) 1,420				1,420
(費用)	法人税、住民税及び事業税			(10) 57,920		57,920			
				479,820	479,820	3,776,620	3,863,500	4,549,720	4,462,840
	当期（純利益）					86,880			86,880
						3,863,500	3,863,500	4,549,720	4,549,720

（注）整理記入欄の(1)～(10)は〈決算整理事項等〉との関連を示すために記入しているものであり、実際の検定試験では記入しないこと。

【参考】学習の参考として示してある。→解答としては不要である。

※「資産の評価勘定」といわれ、残高は貸方に生じる。

7 決算と財務諸表 **211**

> **解説**

1. 決算整理仕訳（単位：円）

　決算整理事項(1)～(10)について決算整理仕訳を行い、整理仕訳欄に転記する。なお、整理仕訳のうち工事原価となるものは、「未成工事支出金」勘定で処理することに注意する。

(1) （借）販売費及び一般管理費　　9,600　　（貸）仮払金　　　　　　　　8,000
　　　　　　　　　　　　　　　　　　　　　　　　　未払金　　　　　　　　1,600

　① 「旅費交通費」という勘定科目がないため「販売費及び一般管理費」として処理する。なお、従業員の立替分は従業員に返金するため、「未払金」として処理する。
　② 法人税等の中間納付額は中間申告の際の仮払額であるため、確定額が判明した段階で決算整理を行う。（決算整理仕訳(10)を参照）

(2) （借）投資有価証券評価損　　145,000　（貸）投資有価証券　　　　　145,000

　　評価損：(250 － 105) × 1,000 株 ＝ 145,000

(3) （借）① 未成工事支出金　　　2,000　（貸）機械装置減価償却累計額　2,000
　　　　　② 販売費及び一般管理費　16,000　　　備品減価償却累計額　　　16,000

　① 機械装置（工事現場用）　予定計上額　7,000 × 12 ＝ 84,000（残高試算表に記入済）
　　　　　　　　　　　　　　実際発生額　　　　　　　86,000
　　　　　　　　　　　　　　計上不足　　　　　　　△2,000

　　予定計上額と実際発生額との差額 2,000 円は、予定計上額が不足しているため工事原価（未成工事支出金）に加算する。

　② 備品（本社用）(96,000 － 0) ÷ 6 年＝ 16,000

(4) （借）① 仮受金　　　　　　75,000　（貸）完成工事未収入金　　　75,000
　　　　　② 仮受金　　　　　 120,000　　　　未成工事受入金　　　 120,000

　① 「完成工事の未収代金回収分」は「完成工事未収入金」で処理する。
　② 「工事契約による前受金」は「未成工事受入金」で処理する。

(5) （借）貸倒引当金　　　　　　5,100　（貸）貸倒引当金戻入額　　　　5,100　（差額補充法）

　売上債権：受取手形　　　　　　　　　　　855,000
　　　　　　完成工事未収入金　1,356,000 － 75,000 ＝ 1,281,000
　　　　　　　　　　　　　　　　　　　　 2,136,000
　貸倒引当金の設定額（当期末）　2,136,000 × 0.02 ＝ 42,720
　貸倒引当金の試算表残高（決算整理前）　　　47,820
　差額補充額（戻入）　　　　　　　　　　　△5,100

(6) （借）販売費及び一般管理費　36,000　（貸）退職給付引当金　　　　36,000
　　　　　退職給付引当金　　　　5,000　　　　未成工事支出金　　　　 5,000

　本社事務職員：予定計上をしていないので、36,000 円を販売費及び一般管理費として計上する。

現場作業員：予定計上額　4,800 × 12 ＝ 57,600
　　　　　　実際発生額　　　　　　　　52,600
　　　　　　過大計上　　　　　　　　　 5,000
予定計上の過大分については工事原価（未成工事支出金）から減算する。

(7)（借）未成工事支出金　　　1,200　（貸）完成工事補償引当金　1,200（差額補充法）

完成工事補償引当金の当期設定額　3,850,000 × 0.002 ＝ 7,700
完成工事補償引当金の試算表残高　　　　　　　　　　 6,500
　　　　　　　　　差額　　　　　　　　　　　　　　 1,200

(8)（借）前払費用　　　　　　 5,000　（貸）販売費及び一般管理費　5,000

支払った本社の家賃は販売費及び一般管理費に計上されているので前払分は当期の費用から除外しなければならない。そのためには、前払分を「販売費及び一般管理費」の貸方に振り替え、借方に「前払費用」（資産）を計上する。

(9)（借）完成工事原価　　　　 2,000　（貸）未成工事支出金　　　2,000

設問は「未成工事支出金の次期繰越額は￥1,071,400である。」となっているが、これは、未成工事支出金から完成工事原価への振替額を逆算にて計算させる意図である。

未成工事支出金

試算表残高	1,075,200	整理(6)	5,000
整理(3)①	2,000	完成工事原価	？
整理(7)	1,200	次期繰越	1,071,400 ←設問より。
	1,078,400		1,078,400

完成工事原価への振替額は、逆算によって 2,000 円と計算される。

⇒ この整理仕訳を行うためには、(1)～(8)までの整理仕訳を整理記入欄に転記しておくことが必要である。

(10)（借）法人税、住民税及び事業税　57,920　（貸）仮払金　　　　56,500
　　　　　　　　　　　　　　　　　　　　　　　　未払法人税等　　1,420

★解き方の順序

ア．(1)～(9)決算整理仕訳を行い、「整理記入」欄に記入する。

イ．(1)～(9)の段階で「損益計算書」欄と「貸借対照表」欄を記入する。

ウ．「損益計算書」欄で税引前当期純利益を計算する。

※ 収益：完成工事高（3,850,000）＋ 受取利息配当金（8,400）＋ 貸倒引当金戻入額（5,100）＝ 3,863,500

　　費用：完成工事原価（3,315,000 ＋ 2,000）＋ 販売費及び一般管理費（192,900 ＋ 9,600 ＋ 16,000 ＋ 36,000 － 5,000）＋ 支払利息（7,200）＋ 投資有価証券評価損（145,000）＝ 3,718,700

・税引前当期純利益：3,863,500 － 3,718,700 ＝ 144,800

・当期の法人税、住民税及び事業税　144,800 × 0.4 ＝ 57,920
　　　　法人税等の中間納付額（整理(1)②）　　　　　56,500
　　　　未払法人税等　　　　　　　　　　　　　　　 1,420

2.「損益計算書」欄及び「貸借対照表」欄の記入
　★資産・負債・資本（純資産）に属する勘定科目
　　　……「貸借対照表」欄に記入（残高試算表±整理記入）
　★収益・費用に属する勘定科目
　　　……「損益計算書」欄に記入（残高試算表±整理記入）

演習 7-2

次の〈決算整理事項等〉に基づき、解答用紙の精算表を完成しなさい。なお、工事原価は未成工事支出金を経由して処理する方法によっている。会計期間は1年である。また、決算整理の過程で新たに生じる勘定科目で、精算表上に指定されている科目はそこに記入すること。

〈決算整理事項等〉
(1) 現金の期末実際有高は¥2,940であり、現金過不足の発生原因は不明である。
(2) 材料貯蔵品の期末棚卸により判明した棚卸減耗¥65,000を、工事原価に算入する。
(3) 仮払金の期末残高は、以下の内容であることが判明した。
　① ¥18,000は借入金利息の3か月分であり、うち1か月分は前払である。
　② ¥56,500は法人税等の中間納付額である。
(4) 減価償却については、以下のとおりである。なお、当期中に固定資産の増減取引は発生していない。
　① 機械装置（工事現場用）　実際発生額　¥105,000
　　なお、月次原価計算において、月額¥8,600を未成工事支出金に予定計上しており、当期の予定計上額と実際発生額との差額は当期の工事原価（未成工事支出金）に加減する。
　② 備品（本社用）次の条件により減価償却費を計上する。
　　取得原価 ¥75,600　残存価額 ゼロ　耐用年数 6年　減価償却方法 定額法
(5) 完成工事に係る仮設撤去費の未払分¥65,000を計上する。
(6) 仮受金の期末残高は、以下の内容であることが判明した。
　① ¥75,000は完成工事の未収代金回収分である。
　② ¥120,000は工事契約による前受金である。

(7) 売上債権の期末残高に対して2%の貸倒引当金を計上する。（差額補充法）
(8) 退職給付引当金の当期繰入額は、本社事務員について¥28,000と現場作業員について¥42,400である。ただし、現場作業員については月次で¥3,700の退職給付引当金繰入額を毎月計上しており、当期の予定計上額と実際発生額との差額を当期の工事原価（未成工事支出金）に加減する。
(9) 完成工事高に対して0.2%の完成工事補償引当金を計上する。（差額補充法）
(10) 販売費及び一般管理費の中に保険料¥84,000（1年分）があり、うち4か月分は未経過分である。
(11) 上記の各調整を行った後の未成工事支出金の次期繰越額は¥1,793,090である。
(12) 当期の法人税、住民税及び事業税として税引前当期純利益の40%を計上する。

〈整理仕訳メモ〉（注）

No.	借方		貸方	
	勘定科目	金額	勘定科目	金額
(1)				
(2)				
(3) ①				
(4)				
(5)				
(6)				
(7)				
(8)				
(9)				
(10)				
(11)				
(12)				

（注）本番の検定試験では用意されていないが、学習の便宜上設けたものである。（このメモ欄は利用しないで、直接、整理記入欄に記入してもよい。）

精算表

(単位:円)

勘定科目	残高試算表 借方	残高試算表 貸方	整理記入 借方	整理記入 貸方	損益計算書 借方	損益計算書 貸方	貸借対照表 借方	貸借対照表 貸方
現　　　　金	3,240							
当　座　預　金	98,400							
受　取　手　形	728,000							
完成工事未収入金	1,182,000							
貸　倒　引　当　金		36,200						
未成工事支出金	1,845,300							
材　料　貯　蔵　品	184,000							
仮　　払　　金	74,500							
機　械　装　置	750,000							
機械装置減価償却累計額		326,300						
備　　　　品	75,600							
備品減価償却累計額		37,800						
支　払　手　形		938,000						
工　事　未　払　金		297,000						
借　　入　　金		526,000						
未成工事受入金		334,000						
仮　　受　　金		195,000						
完成工事補償引当金		6,500						
退職給付引当金		710,640						
資　　本　　金		800,000						
繰越利益剰余金		250,000						
完　成　工　事　高		3,745,000						
完　成　工　事　原　価	3,172,800							
販売費及び一般管理費	103,400							
受取利息配当金		43,250						
支　払　利　息	28,450							
	8,245,690	8,245,690						
前　払　費　用								
貸倒引当金繰入額								
雑　　損　　失								
未払法人税等								
法人税、住民税及び事業税								
当期（　　）								

演習 7-3

次の〈決算整理事項等〉に基づき、解答用紙の精算表を完成しなさい。なお、工事原価は未成工事支出金を経由して処理する方法によっている。会計期間は 1 年である。また、決算整理の過程で新たに生じる勘定科目で、精算表上に指定されている科目はそこに記入すること。

〈決算整理事項等〉

(1) 材料貯蔵品の期末実地棚卸により判明した棚卸減耗￥3,200 を、工事原価に算入する。
(2) 仮払金の期末残高は、以下の内容であることが判明した。
　① ￥5,200 は、過年度の完成工事に関する補修費である。
　② ￥41,000 は、法人税等の中間納付額である。
(3) 減価償却については、以下のとおりである。なお、当期中に固定資産の増減取引は発生していない。
　① 機械装置（工事現場用）　実際発生額　￥62,000
　　なお、月次原価計算において、月額￥5,000 を未成工事支出金に予定計上している。当期の予定計上額と実際発生額との差額は当期の工事原価（未成工事支出金）に加減する。
　② 備品（本社用）　以下の事項により減価償却費を計上する。
　　取得原価￥64,000　残存価額 ゼロ　耐用年数 8 年　減価償却方法 定率法
　　償却率 0.250
(4) 仮受金の期末残高￥40,000 は、前期に完成した工事の未収代金の回収分であることが判明した。
(5) 売上債権の期末残高に対して 2％の貸倒引当金を計上する。（差額補充法）
(6) 退職給付引当金の当期繰入額は、本社事務職員について￥25,000、現場作業員について￥38,500 である。ただし、現場作業員については月次原価計算において、月額￥3,300 の退職給付引当金繰入額を未成工事支出金に予定計上しており、当期の予定計上額と実際発生額の差額を当期の工事原価（未成工事支出金）に加減する。
(7) 完成工事に係る仮設撤去費の未払分￥2,200 を計上する。
(8) 完成工事高に対して 0.2％の完成工事補償引当金を計上する。（差額補充法）
(9) 販売費及び一般管理費の中には、本社家賃の前払分￥700 が含まれていた。
(10) 上記の各調整を行った後の未成工事支出金の次期繰越額は￥872,000 である。
(11) 当期の法人税、住民税及び事業税として、税引前当期純利益の 40％を計上する。

〈整理仕訳メモ〉(注)

No.	借 方		貸 方	
	勘定科目	金額	勘定科目	金額
(1)				
(2)				
(3)				
(4)				
(5)				
(6)				
(7)				
(8)				
(9)				
(10)				
(11)				

(注) 本番の検定試験では用意されていないが、学習の便宜上設けたものである（このメモ欄は利用しないで、直接精算表の整理記入欄に記入してもよい）。

精　算　表　　　　　　　　　　　　　　　　（単位：円）

勘定科目	残高試算表 借方	残高試算表 貸方	整理記入 借方	整理記入 貸方	損益計算書 借方	損益計算書 貸方	貸借対照表 借方	貸借対照表 貸方
現　　　　金	3,500							
当 座 預 金	74,500							
受 取 手 形	610,000							
完成工事未収入金	955,000							
貸 倒 引 当 金		29,200						
未成工事支出金	864,000							
材 料 貯 蔵 品	82,400							
仮　払　金	46,200							
機 械 装 置	480,000							
機械装置減価償却累計額		386,000						
備　　　品	64,000							
備品減価償却累計額		28,000						
支 払 手 形		644,000						
工 事 未 払 金		51,300						
借　入　金		200,000						
未成工事受入金		148,500						
仮　受　金		40,000						
完成工事補償引当金		6,500						
退職給付引当金		435,000						
資　本　金		600,000						
繰越利益剰余金		140,000						
完 成 工 事 高		2,750,000						
完成工事原価	2,156,000							
販売費及び一般管理費	122,000							
受取利息配当金		4,600						
支 払 利 息	5,500							
	5,463,100	5,463,100						
前 払 家 賃								
貸倒引当金繰入額								
未払法人税等								
法人税、住民税及び事業税								
当期（　　　）								

1 本支店会計の意義

(1) 本店集中会計制度
支店の取引を、本店の取引と一緒に本店の会計帳簿に記録する方法。

(2) 支店独立会計制度
支店の会計を本店の会計から独立させ、支店自らその取引のすべてを主要簿（仕訳帳と元帳）に記録するとともに、支店独自の決算を行う方法。
➡ 企業の経営者が支店の業績を正確に把握し、支店の業務を効率的に管理するため

2 本支店会計の固有の問題

(1) 本支店間取引の処理
(2) 未達事項（取引）の整理
(3) 内部利益の除去（控除）
(4) 本支店合併財務諸表の作成

★過去の検定試験では「本支店間取引」の基礎的な計算問題の出題があった。(4)についての出題は当面予測しにくいところから、本書では(1)(2)(3)の基礎的な内容の解説にとどめた。

3 「本店」及び「支店」勘定の開設──支店独立会計制度の採用

(1) **本店**……「支店」勘定を開設 ⎫
(2) **支店**……「本店」勘定を開設 ⎭ → 貸借逆で残高は一致する。

支店が二つ以上設けられた時……「横浜支店」、「長野事業所」といった支店名をつけた勘定を本店が開設

例題 8-1

次の仕訳をしなさい。
本店は、札幌支店を独立会計単位として取扱うこととし、次の諸勘定の金額を付替えることとした。
現金 1,300 円、材料 800 円、機械 2,000 円、工事未払金 900 円、減価償却累計額 200 円

解答 (単位:円)

本　　店				支　　店			
(札幌支店)	4,100	(現　　金)	1,300	(現　　金)	1,300	(本　　店)	4,100
		(材　　料)	800	(材　　料)	800		
		(機　　械)	2,000	(機　　械)	2,000		
(工事未払金)	900	(札幌支店)	1,100	(本　　店)	1,100	(工事未払金)	900
(減価償却累計額)	200					(減価償却累計額)	200

〈参考〉

札幌支店				本　店			
開始記入	4,100	開始記入	1,100	開始記入	1,100	開始記入	4,100
		残高	3,000	残高	3,000		

4　本支店間の取引

本店の「支店」勘定

支店への貸し	支店からの借り
例．支店への送金、 　　支店への材料の搬送、 　　支店の費用の立替払など	例．支店からの送金、 　　支店による債務の立替払、 　　支店の債権の回収など

支店の「本店」勘定

本店への貸し	本店からの借り
例．本店の債務の立替払、 　　本店による債権の回収、 　　本店による収益の回収など	例．本店からの現金の受入、 　　本店からの材料の受入、 　　本店による費用の立替払など

(1) 送金取引

例題 8-2

次の仕訳をしなさい。
本店から弘前事業所に現金 5,000 円が送金された。

解答　　　　　　　　　　　　　　　　（単位：円）

本店
　（借）弘前事業所　5,000　　（貸）現　　　金　5,000
支店
　（借）現　　　金　5,000　　（貸）本　　　店　5,000

(2) 材料の搬送取引

搬送の際の価格（振替価格）の決め方
① 原価を振替価格とする方法
② 原価に一定の利益を加算した金額を振替価格とする方法
③ 市場価格を振替価格とする方法

① 原価を振替価格とする方法
・材料を搬送する側……「材料」勘定で処理する。
・材料を受入れる側……「材料」勘定または「未成工事支出金」勘定で処理する。

例題 8-3

次の仕訳をしなさい。
(1) 本店は青森支店の倉庫に材料 35,000 円を原価のままで搬入した。
(2) 本店は仙台支店の作業現場に材料 13,500 円を原価を振替価格として搬入した。

解答　　　　　　　　　　　　　　　　　　　（単位：円）

(1) 本店
　　（借）青森支店　　35,000　　（貸）材　　料　　35,000
　　支店
　　（借）材　　料　　35,000　　（貸）本　　店　　35,000

(2) 本店
　　（借）仙台支店　　13,500　　（貸）材　　料　　13,500
　　支店
　　（借）未成工事支出金　13,500　　（貸）本　　店　　13,500

② 原価に一定の利益を加算する方法（計算価格法）
- 材料を搬送する側……「材料売上」勘定・「材料売上原価」勘定で処理する。
- 材料を受入れる側……「材料」勘定または「未成工事支出金」勘定で処理する。

例題 8-4

次の仕訳をしなさい。
(1) 長野支店は原価￥40,000の材料を、原価の10%の利益を加算した価格で本社倉庫へ搬送した。
(2) 本店は原価￥12,000の材料を、原価に10%の利益を加算した価格で福井事業所の作業現場に搬入した。

解答　　　　　　　　　　　　　　　　　　　　　　　（単位：円）

(1) 本店
　　（借）材　　料　　44,000　　（貸）長野支店　　44,000
　　支店
　　（借）本　　店　　44,000　　（貸）材料売上　　44,000
　　（借）材料売上原価　40,000　　（貸）材　　料　　40,000

(2) 本店
　　（借）福井事業所　13,200　　（貸）材料売上　　13,200
　　（借）材料売上原価　12,000　　（貸）材　　料　　12,000
　　支店
　　（借）未成工事支出金　13,200　　（貸）本　　店　　13,200

(3) 他店の債権・債務の決済取引

本店が支店に代って、支店の工事代金の未収分や受取手形を回収したり、支店の工事未払金や支払手形を支払ったりする場合

例題 8-5

次の仕訳をしなさい。

(1) 本店は、山口営業所の得意先から工事代金の未収分 16,000 円を、得意先振出、本店受取の約束手形で回収した。
(2) 本店は、福岡支店の外注代金の未払分を決済するため、小切手 8,500 円を振り出した。
(3) 大阪支店は、本店からかねて取立依頼のあった約束手形 18,600 円が大阪支店の当座預金に入金になった旨の連絡を取引銀行から受けた。
(4) 名古屋支店は、本店の材料仕入代金の未払分を決済するため小切手 9,300 円を振り出した。

解答　　　　　　　　　　　　　　　　　　　　　　　　　　（単位：円）

(1) 本店
　　（借）受取手形　　　16,000　　（貸）山口営業所　　16,000
　　支店
　　（借）本　　店　　　16,000　　（貸）完成工事未収入金　16,000
(2) 本店
　　（借）福岡支店　　　8,500　　（貸）当座預金　　　8,500
　　支店
　　（借）工事未払金　　8,500　　（貸）本　　店　　　8,500
(3) 本店
　　（借）大阪支店　　　18,600　　（貸）受取手形　　　18,600
　　支店
　　（借）当座預金　　　18,600　　（貸）本　　店　　　18,600
(4) 本店
　　（借）工事未払金　　9,300　　（貸）名古屋支店　　9,300
　　支店
　　（借）本　　店　　　9,300　　（貸）当座預金　　　9,300

(4) 支店の固定資産・借入金取引

支店独立会計制度を採用していても、支店の固定資産や借入金については、本店の管理下におき、本店でまとめて記録する場合

例題 8-6

次の仕訳をしなさい。
(1) 大阪支店は支店用の乗用車を購入し、その代金 350,000 円を支払うため小切手を振り出した。
(2) 横浜支店は、銀行から 100,000 円を借入れ、ただちに当座預金に預入れた。
　（注）ただし、支店の固定資産や借入金は本店の管理下におくものとする。

解答　　　　　　　　　　　　　　　　　　　　　　（単位：円）

(1)　本店
　　　（借）車両運搬具　350,000　（貸）大阪支店　350,000
　　　支店
　　　（借）本　　店　　350,000　（貸）当座預金　350,000

(2)　本店
　　　（借）横浜支店　　100,000　（貸）借 入 金　100,000
　　　支店
　　　（借）当座預金　　100,000　（貸）本　　店　100,000

(5) 他店の費用・収益の立替取引

① 本店が支店の費用を立替払したり、支店の収益を受取った場合（逆の取引もある）

例題 8-7

次の仕訳をしなさい。
(1) 大阪支店は本店の営業マンの出張旅費 10,000 円を現金で立替払した。
(2) 名古屋支店は本店所管のビルの賃貸料 18,000 円を現金で受取った。

解答　　　　　　　　　　　　　　　（単位：円）

(1) 本店
　　（借）旅費交通費　10,000　　（貸）大阪支店　10,000
　　支店
　　（借）本　　店　　10,000　　（貸）現　　金　　10,000

(2) 本店
　　（借）名古屋支店　18,000　　（貸）受取賃貸料　18,000
　　支店
　　（借）現　　金　　18,000　　（貸）本　　店　　18,000

② 本店で発生した費用を支店に負担させる場合

例題 8-8

次の仕訳をしなさい。
(1) 支店用計算機（本店の資産として計上している）の減価償却費 3,500 円を本店で計算し、名古屋支店の負担とした。
(2) 支店のための借入金の支払利息（本店ですでに支払記録済）6,200 円を大阪支店の負担とした。

解答　　　　　　　　　　　　　　　　　　　　　　　　　（単位：円）

(1) 本店
　　（借）名古屋支店　　3,500　　（貸）減価償却累計額　3,500
　　支店
　　（借）減価償却費　　3,500　　（貸）本　　店　　　　3,500

(2) 本店
　　（借）大阪支店　　　6,200　　（貸）支払利息　　　　6,200
　　支店
　　（借）支払利息　　　6,200　　（貸）本　　店　　　　6,200

5　未達取引の整理

① 決算日現在、本支店間の取引のすべてが記帳されている場合
　本店における支店勘定の残高 ⎫
　支店における本店勘定の残高 ⎭ ➡ 一致するのが当然。

② 支店勘定と本店勘定の残高が不一致の場合……未達取引が原因
　未達取引を調査して追加記帳をすること ➡ 未達取引の整理
　　➡ その結果、支店勘定と本店勘定の残高が一致する。

③ 未達取引が発生する場合
　⎧ 仕向店（たとえば、材料の発送店）……すでに記帳済み
　⎩ 仕向先店（たとえば、材料の受取店）
　　　　　　……決算日現在、まだ現品が到着していない
　　　　　　➡ まだ未記帳
　　　　（仕向店との金額が不一致）
　　　　　　➡ 仕向先店で決算期間中に追加記帳を行う。

④ 未達取引にかかる勘定科目
　ア．未達取引が発生したとき……とりあえず「未達勘定」で処理する。
　　　現金の場合──未達現金
　　　材料の場合──未達材料
　イ．現品が到着したとき……本勘定（現金・材料）に振り替える。
　　（決算日後の処理）

例題 8-9

決算につき次の未達事項の整理に必要な仕訳と元帳記入を示しなさい。ただし、支店勘定の借方残高 4,350 円、また本店勘定の貸方残高は 3,490 円である。
① 本店から札幌支店に発送した材料 550 円は未達である。
② 札幌支店から本店への送金 320 円は未達である。
③ 本店は、札幌支店の負担すべき旅費 130 円、および交際費 110 円を立替払いしたが、その連絡が札幌支店に未達である。
④ 本店は、札幌支店の得意先の完成工事未収入金 250 円を回収したが、その連絡は札幌支店に未達である。

解答　　　　　　　　　　　　　　　　　　　　　　　　　　（単位：円）

〈仕訳〉

	本　店	札幌支店
①	仕訳なし	（未達材料）550　（本　店）550
②	（未達現金）320　（札幌支店）320	仕訳なし
③	仕訳なし	（旅　費）130　（本　店）240 （交際費）110
④	仕訳なし	（本　店）250　（完成工事未収入金）250

〈元帳記入〉

札幌支店				本　店			
仮残高	4,350	②	320	④	250	仮残高	3,490
		残高	4,030	残高	4,030	①	550
						③	240

以上の未達事項の整理の結果、本店の札幌支店勘定の残高は 4,030 円、札幌支店の本店勘定の残高も 4,030 円となり、両者は一致する。

6 内部利益の控除

① 内部利益とは
　ア．内部利益が発生する取引……材料等の振替価格（付替価格ともいう）として原価に利益を加算した金額を用いている場合
　イ．内部利益となる場合
　　・決算日現在、上記の材料が仕向先店において、「材料」または「未成工事支出金」として在庫している場合
　　　→当該材料価額に含まれている利益相当分が「内部利益」となる。
　　　➡外部への引渡が完了していないので、いまだ実現していない利益である。
　　　➡未実現利益ともいう。
　　・決算日現在、上記の材料が「完成工事原価」に含まれている場合
　　　→完成工事原価に内部利益が含まれていることになる。
② 内部利益の控除
　ア．内部利益は、同一企業内部の取引から発生した利益である。
　　　→当期の損益計算から控除（除外）する。
　　　➡その手続を「内部利益の控除」とよぶ。
　イ．内部利益の控除手続……通常、本支店合併時に本店で行う。

例題 8-10

次の棚卸資産の期末棚卸高に含まれている内部利益の控除に必要な仕訳を示しなさい。なお、材料の付替価格は原価に5％の利益を加算した額である。

　札幌支店：未成工事支出金の材料費 4,500 円（うち本店仕入分 3,360 円）
　　　　　　材料 2,100 円（うち本店仕入高 1,365 円）
　青森支店：未成工事支出金の材料費 1,800 円（うち本店仕入分 840 円）
　　　　　　材料 500 円（うち本店仕入高は零）

解答　　　　　　　　　　　　　　　　　　　　　　　　（単位：円）

（借）内部利益控除　265　　（貸）材　　料　　65 (注)1
　　　　　　　　　　　　　　　　未成工事支出金　200 (注)2

（注）1．材料

　　札幌支店　$1,365 \times \dfrac{0.05}{1 + 0.05} = 65$

2. 未成工事支出金
　　札幌支店＋青森支店＝3,360＋840＝4,200

$$4,200 \times \frac{0.05}{1+0.05} = 200$$

★仕訳としての過去の出題はない。計算方法をおさえておきたい。

演習8-1

次の各取引について、本店及び支店の仕訳を示しなさい。

(1) 本店から支店へ営業資金80,000円を送付するため小切手を振り出した。支店はこれを受取り、当座預金に預入れた。

(2) 本店は、材料20,000円（原価）を支店の工事現場に送付した。

(3) 支店は、本店の得意先から完成工事代金の未収分120,000円を現金で回収した。本店はこの通知を受けた。

(4) 本店は、支店の得意先から支店の完成工事代金の未収分の回収として、同得意先振出、本店受取の約束手形75,000円を受取った。支店はこの通知を受けた。

(5) 支店は材料27,500円（原価）を仕入れて、工事現場に搬入するとともに、その代金の支払のため、本店宛為替手形27,500円を振り出し、本店の引受を得て、仕入先に送付した。

(6) 本店は、支店の従業員の出張旅費23,600円を現金で立替払した。支店は同従業員からこの通知を受けた。

(7) 本店は、支店用建物（本店の資産として計上している）の減価償却費8,700円を支店の負担とすることを支店に通知した。（間接記入法）

〈使用する勘定科目〉

本店	支店	現金	当座預金
受取手形	材料	未成工事支出金	完成工事未収入金
支払手形	旅費交通費	減価償却累計額	減価償却費

(単位：円)

No.	本・支店	借方科目	金　額	貸方科目	金　額
(1)	本　店				
	支　店				
(2)	本　店				
	支　店				
(3)	本　店				
	支　店				
(4)	本　店				
	支　店				
(5)	本　店				
	支　店				
(6)	本　店				
	支　店				
(7)	本　店				
	支　店				

演習 8-2

次の［　　］に入る正しい金額を計算しなさい。

(1) 本店は神田支店を独立会計単位として取り扱うこととし、現金￥2,500、材料￥1,200、機械￥3,000、工事未払金￥800、機械減価償却累計額￥600を付け替えることとした。このとき、神田支店の本店勘定の残高は￥［ 1 ］である。

(2) 本店から支店に発送した材料￥800が支店に未達であり、支店から本店に送金した現金￥1,200が本店に未達であるとしたときに、未達事項整理前の本店の支店勘定の借方残高は￥2,500、支店の本店勘定の貸方残高は￥［ 2 ］である。

(3) 千代田建設株式会社は、材料について原価に5%の利益を加算した額を振替価格としている。支店の期末時点における未成工事支出金に含まれている材料費が￥420,000（そのうち本店仕入分は￥336,000）、材料が￥210,000（そのうち本店仕入分は￥189,000）としたとき、控除される内部利益は￥［ 3 ］ある。

(4) 本店における支店勘定は期首に￥56,000の借方残高であった。期中に、本店から支店に備品￥47,000を発送し、支店から本店に￥23,000の送金があり、支店が負担すべき交際費￥12,000を本店が立替払いしたとすれば、本店の支店勘定は期末に￥［ 4 ］の借方残高となる。

1. ￥［　　　　　　　］

2. ￥［　　　　　　　］

3. ￥［　　　　　　　］

4. ￥［　　　　　　　］

7 支店相互間の取引──本店集中計算制度

(1) 支店分散計算制度

支店が2つ以上ある場合、支店相互間の取引は、本支店間取引と同じ要領で処理することができる。支店相互間で生じた貸借関係は、それぞれの支店で、相手の支店名をつけた「支店」勘定で明らかにされる。このような処理の仕方は「支店分散計算制度」とよばれる。

〔設例〕「横浜支店から大阪支店に現金50,000円が送金された。」

横浜支店：(借) 大阪支店　50,000　　(貸) 現　　　金　50,000
大阪支店：(借) 現　　　金　50,000　　(貸) 横浜支店　50,000

(2) 本店集中計算制度

支店相互間の取引をそれぞれの支店が本店と取引したものとみなして「本店」を相手勘定として処理する方法がある。これを「本店集中計算制度」とよんでいる。

〔上記の設例〕

横浜支店：(借) 本　　　店　50,000　　(貸) 現　　　金　50,000
大阪支店：(借) 現　　　金　50,000　　(貸) 本　　　店　50,000
本　　店：(借) 大阪支店　50,000　　(貸) 横浜支店　50,000

例題 8-11 （「建設業会計概説2級」から引用）

次の各取引について、本店集中計算制度による場合の仕訳を示しなさい。

(1) 大阪支店は福岡支店の営業マンの出張旅費12,000円を現金で立替払いした。
(2) 福岡支店は大阪支店の工事代金の未収分38,000円を現金で回収した。
(3) 福岡支店は大阪支店の材料の仕入代金の未払分を決済するため、小切手21,000円を振り出した。

解答

	本　店	大阪支店	福岡支店
(1)	(借) 福岡支店 12,000 (貸) 大阪支店 12,000	(借) 本　　店 12,000 (貸) 現　　金 12,000	(借) 旅費交通費 12,000 (貸) 本　　店 12,000
(2)	(借) 福岡支店 38,000 (貸) 大阪支店 38,000	(借) 本　　店 38,000 (貸) 完成工事未収入金 38,000	(借) 現　　金 38,000 (貸) 本　　店 38,000
(3)	(借) 大阪支店 21,000 (貸) 福岡支店 21,000	(借) 工事未払金 21,000 (貸) 本　　店 21,000	(借) 本　　店 21,000 (貸) 当座預金 21,000

演習 8-3

(1) 本店における名古屋支店勘定は¥180,000の借方残高、静岡支店勘定は¥220,000の借方残高である。名古屋支店が静岡支店の従業員の出張旅費¥25,000を現金で立替払いしたときに、支店間取引を本店集中計算制度で仕訳すれば、本店における静岡支店勘定の残高は¥ ① ある。

(2) 本店における青森支店勘定は借方残高¥300,000、仙台支店勘定は借方残高¥150,000であるとして、仙台支店が青森支店の工事代金の未収分¥48,000を現金で回収したときに、支店相互間の取引を本店集中計算制度で仕訳すれば、本店における青森支店勘定は借方残高¥ ② となる。

(3) 本店における名古屋支店勘定は¥230,000の借方残高、大阪支店勘定は¥380,000の借方残高であった。その後、大阪支店が名古屋支店の従業員の出張旅費¥33,000を現金で立替払いし、本店は大阪支店のための借入金の支払利息(本店ですでに支払記録済み)¥42,000を大阪支店の負担とした。このとき、支店相互間の取引を本店集中計算制度で処理していれば、本店における大阪支店勘定残高は¥ ③ となる。

1. ¥

2. ¥

3. ¥

演習問題
解答・解説

演習 1-1

解答

精　算　表　　　　　　　　　　　　（単位：円）

勘定科目	残高試算表 借方	残高試算表 貸方	整理記入 借方	整理記入 貸方	損益計算書 借方	損益計算書 貸方	貸借対照表 借方	貸借対照表 貸方
現　　　　　金	123,000						123,000	
当　座　預　金	217,000						217,000	
定　期　預　金	200,000						200,000	
受　取　手　形	260,000						260,000	
完成工事未収入金	340,000						340,000	
貸　倒　引　当　金		7,300	(1) 4,700					12,000
有　価　証　券	170,000			(2) 12,000			158,000	
未成工事支出金	253,000		(4) 2,575,000	(4) 2,642,000			186,000	
材　　　　　料	31,000						31,000	
機　械　装　置	800,000						800,000	
機械装置減価償却累計額		240,000		(3) 95,000				335,000
備　　　　　品	300,000						300,000	
備品減価償却累計額		130,000		(3) 34,000				164,000
支　払　手　形		206,000						206,000
工　事　未　払　金		240,000						240,000
借　　入　　金		300,000						300,000
未成工事受入金		250,000						250,000
資　　本　　金		1,000,000						1,000,000
完　成　工　事　高		3,408,000				3,408,000		
受　取　利　息		18,700		(6) 16,000		34,700		
材　　料　　費	1,050,000			(4) 1,050,000				
労　　務　　費	810,000			(4) 810,000				
外　　注　　費	450,000			(4) 450,000				
経　　　　　費	170,000		(3) 95,000	(4) 265,000				
販売費及び一般管理費	602,000		(1) 4,700 (3) 34,000 (5) 21,000	(5) 7,500	654,200			
支　払　利　息	24,000				24,000			
	5,800,000	5,800,000						
完　成　工　事　原　価			(4) 2,642,000		2,642,000			
有　価　証　券　評　価　損			(2) 12,000		12,000			
前　払　保　険　料			(5) 7,500				7,500	
未　払　家　賃				(5) 21,000				21,000
未　収　利　息			(6) 16,000				16,000	
			5,407,200	5,407,200	3,332,200	3,442,700	2,638,500	2,528,000
当　期（純利益）					110,500			110,500
					3,442,700	3,442,700	2,638,500	2,638,500

解説

〈整理仕訳〉1つの整理仕訳ができたら、即、精算表の「整理記入」欄に記入すること

No.	借方科目	金額	貸方科目	金額
(1)	販売費及び一般管理費	4,700	貸倒引当金	4,700
(2)	有価証券評価損	12,000	有価証券	12,000
(3)	経費	95,000	機械装置減価償却累計額	95,000
	販売費及び一般管理費	34,000	備品減価償却累計額	34,000
(4)	未成工事支出金	2,575,000	材料費	1,050,000
			労務費	810,000
			外注費	450,000
			経費	265,000
	完成工事原価	2,642,000	未成工事支出金	2,642,000
(5)	前払保険料	7,500	販売費及び一般管理費	7,500
	販売費及び一般管理費	21,000	未払家賃	21,000
(6)	未収利息	16,000	受取利息	16,000

(注)(1) ① 貸倒引当金の意義

貸倒引当金とは、債権の期末残高について回収不能額を見積り、これを費用として計上する際に設定される貸方項目である。

- 設定対象……受取手形、完成工事未収入金の売上債権

（他に貸付金、未収入金などの金銭債権も設定対象となるが、試験としての過去の出題は売上債権のみ）

- 費用科目……「貸倒引当金繰入額」

（精算表の出題の場合は「販売費及び一般管理費」の科目に代表させる）

② 期末の計上方法

- 差額補充法……前期に設定された貸倒引当金の残高と当期に新たに設定しようとする貸倒引当金の額との差額を計上する方法

(260,000＋340,000)×0.02＝12,000 （当期末）
試算表残高　　　　　　　　7,300 （前期末）
差引（差額補充額）　　　　4,700

(2) ① 有価証券の意義

有価証券とは、市場価格のある株式・公社債をいい、時価の変動による利益を得る目的で所有されるものである。

② 有価証券の評価

証券取引所に上場されている株式や社債については、それらの時価（相場）は毎日変動している。時価のある株式や社債が期末に値下りしている時、帳簿価額を時価ま

で引き下げることが強制されている。この手続きを「有価証券評価損の計上」という。

  取得原価（試算表残高） 170,000
  時　価 158,000
  差　引（評価損） 12,000

(3)　試算表の勘定科目をみると「間接記入法」で処理することになる。
  機械装置……工事現場用となっているので、経費で処理する。
  備　品……一般管理部門用となっているので、販売費及び一般管理費で処理する。

(4)　工事原価の振替（3級レベルでは原価要素別仕訳法になっている）
 ① 試算表残高

  材料費
  労務費　　（振替）
  外注費　──→ 未成工事支出金
  経　費(注)

 （注）決算整理事項(3)の¥95,000を加算する。

 ② 未成工事支出金から完成工事原価への振替

未成工事支出金

試算表残高	253,000	完成工事原価 2,642,000	→逆算で計算
材料費 労務費 外注費 経　費	2,575,000	次期繰越　186,000	←設問より
	2,828,000	2,828,000	

(5)　①　保険料の前払分は次期の費用となるため、販売費及び一般管理費の貸方に計上して当期の費用から除外する。
 ②　家賃の未払分は試算表上計上されていないので、販売費及び一般管理費の借方に計上して当期の費用に追加する。

(6)　預金利息の未収分は試算表上計上されていないので、受取利息の貸方に計上して当期の収益に追加する。

【損益計算書欄及び貸借対照表欄の記入】
 ★資産、負債、資本（純資産）に属する科目……貸借対照表欄に記入（試算表残高±整理記入）
 ★収益、費用に属する科目…………………………損益計算書欄に記入（試算表残高±整理記入）

演習 2-1

解答

① ¥ 86,700　② ¥ 86,640

③ ¥ 6,450　④ ¥ 17,125

⑤ ¥ 3,693,000　⑥ ¥ 555,000

解説

この出題形式は、検定試験の第2問として出題されているものであるが、原価計算の範囲の問題と考えられるので、ここで取りあげてみた。

(1) ① 先入先出法　前月繰越　　70個×¥450＝ 31,500
　　　　　　　　　第1回仕入　120個×¥460＝ 55,200
　　　　　　　　　　　計　　　190個　　　　 86,700

　　② 総平均法　前月繰越　　70個×¥450＝ 31,500
　　　　　　　　第1回仕入　150個×¥460＝ 69,000
　　　　　　　　第2回仕入　180個×¥455＝ 81,900
　　　　　　　　　　計　　　400個　　　　182,400
　　　　　　総平均単価　182,400÷400個＝¥456
　　　　　　材　料　費　¥456×190個＝86,640

(2)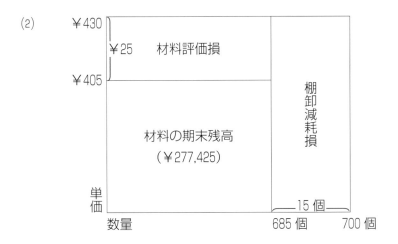

③ 棚卸減耗損　15個×￥430＝ 6,450
④ 材料評価損　￥25×685個＝17,125

(3) ⑤

（注）仕入割引高は、金融上の収益と考えられるので、営業外収益となる。

工事原価に計上　3,693,000
営業外費用に計上　17,000

材料の消費高	3,710,000
異常な原因による減耗損（営業外費用）	△17,000
工事原価に含める金額	3,693,000

上記の消費高￥3,710,000に正常な減耗損が含まれていた場合は、全額が未成工事支出金に振り替えられることになる。

(4) ⑥

材　料				未成工事支出金（材料費）			
期首	36,000	未成工事支出金	574,000	期首	83,000	完成工事原価	555,000
仕入	585,000	期末	47,000	材料	574,000	期末	102,000
	621,000		621,000		657,000		657,000

演習 2-2

解答

```
            材  料
(前月繰越)(  67,000) │(値引・返品)(  51,000)
                    │        (注1)
(仕  入)( 993,000) │(当月材料費発生高)( 938,000)
                    │(次月繰越)(  71,000)
          ─────────  ─────────
          (1,060,000)          (1,060,000)
```

```
         未成工事支出金(材料費)
(前月繰越)( 264,000) │(完成工事原価)( 953,000)
     (注2)           │
(当月材料費発生高)( 938,000) │(次月繰越)( 249,000)
          ─────────  ─────────
          (1,202,000)          (1,202,000)
```

```
         完成工事原価
(未成工事支出金)( 953,000) │
```

当月発生工事原価　¥　　938,000

当月完成工事原価　¥　　953,000

（注1）「未成工事支出金」でもよい（相手勘定科目）。
（注2）「材料」でもよい（相手勘定科目）。

演習 2-3

解答

労務費			
（賃金支払額）	(360,000)	（前月未払額）	(23,000)
（当月未払額）	(29,000)	（当月労務費発生高）	(366,000)
	(389,000)		(389,000)

未成工事支出金（労務費のみ）			
（前 月 繰 越）	(120,000)	（完成工事原価）	(336,000)
（当月労務費発生）	(366,000)	（次 月 繰 越）	(150,000)
	(486,000)		(486,000)

完成工事原価（労務費のみ）	
（未成工事支出金） (336,000)	

① 当月発生工事原価 ¥ 366,000

② 当月完成工事原価 ¥ 336,000

【ポイントとなる仕訳】
① 月初未払賃金の振替　（借）工 事 未 払 金　23,000　（貸）労　務　費　23,000
② 当 月 賃 金 支 払 額　（借）労　務　費　360,000　（貸）現　　　金　360,000
③ 月末未払賃金の計上　（借）労　務　費　29,000　（貸）工 事 未 払 金　29,000
④ 当月労務費の発生高　（借）未成工事支出金　366,000　（貸）労　務　費　366,000
⑤ 完成工事原価への振替　（借）完 成 工 事 原 価　336,000　（貸）未成工事支出金　336,000

【労務費の当月発生工事原価──図による解説】

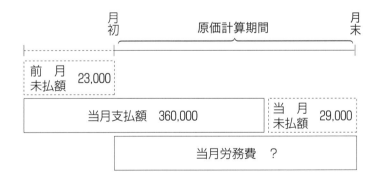

当月労務費＝　360,000　－　23,000　＋　29,000　＝ 366,000
　　　　　（当月支払額）（前月未払額）（当月未払額）

演習 2-4

解答

工事原価明細表
令和X年11月

(単位：円)

	当月発生工事原価	当月完成工事原価
Ⅰ. 材 料 費	859,000	874,000
Ⅱ. 労 務 費	420,000	435,000
Ⅲ. 外 注 費	582,000	601,000
Ⅳ. 経 費	350,000	363,000
（うち人件費）	(147,000)	(159,000)
合 計	2,211,000	2,273,000

解説

解答のポイントは、下記のような元帳記入を自分で行うことであろう。

材　料			
月初	65,000	値引返品	38,000
総仕入	904,000	未成工事支出金	859,000
		月末	72,000
	969,000		969,000

（仕入割引は控除しない）

未成工事支出金（材料費）			
月初	173,000	完成工事原価	874,000
当月発生	859,000	月末	158,000
	1,032,000		1,032,000

賃　金			
当月支払	426,000	月初未払	25,000
月末未払	19,000	未成工事支出金	420,000
	445,000		445,000

未成工事支出金（労務費）			
月初	114,000	完成工事原価	435,000
当月発生	420,000	月末	99,000
	534,000		534,000

外 注 費					未成工事支出金(外注費)			
当月支払	585,000	月初未払	36,000	月初	136,000	完成工事原価	601,000
月末未払	33,000	未成工事支出金	582,000	→当月発生	582,000	月末	117,000
	618,000		618,000		718,000		718,000

経 費					未成工事支出金(経費)			
(注1)当月支払	349,000	月初未払(注2)	8,000	月初	67,000	完成工事原価	363,000
(注3)月初前払	11,000	月末前払(注5)	14,000	→当月発生	350,000	月末	54,000
(注4)月末未払	12,000	未成工事支出金	350,000		417,000		417,000
	372,000		372,000				

(注1) 資料(3)のうち、賃金と外注費以外の科目の合計額
(注2) 資料(1)ハの未払事務用品費の金額（月初）
(注3) 資料(1)ニの保険料と地代家賃の合計額（月初）
(注4) 資料(1)ハの未払事務用品費の金額（月末）
(注5) 資料(1)ニの保険料と地代家賃の合計額（月末）

経 費（うち人件費）					未成工事支出金（経費中人件費）			
(注)当月支払	147,000	未成工事支出金	147,000	月初	38,000	完成工事原価	159,000
				→当月発生	147,000	月末	26,000
					185,000		185,000

(注) 資料(3)のうち、従業員給料手当、法定福利費、福利厚生費の合計額

〈別法〉

元帳記入に慣れてくれば、特に未成工事支出金の元帳の記入は省略し、次の要領で電卓をたたいて、完成工事原価を計算することができる。

	材料費	労務費	外注費	経費	経費(うち人件費)	計
月初未成工事原価	173,000	114,000	136,000	67,000	(38,000)	490,000
＋)当月発生工事原価	＋)859,000	＋)420,000	＋)582,000	＋)350,000	(＋)147,000	＋)2,211,000
－)月末未成工事原価	－)158,000	－)99,000	－)117,000	－)54,000	(－)26,000	－)428,000
＝)完成工事原価	874,000	435,000	601,000	363,000	(159,000)	2,273,000

演習 2-5

解答

問1　材料費　¥ 453,296　　　　問2　労務費　¥ 165,540

問3

①	②	③	④	⑤
×	○	○	×	×

解説

問1　鉄骨材の仕入単価：購入金額　10,900×74本＝806,600
　　　　　　　　　　　仕入運賃　　　　　　　　11,544
　　　　　　　　　　　　　　　　　　　　　　818,144
　　　　　　　　　　818,144÷74本＝11,056
　　　807号工事の材料費：11,056×41本＝453,296

問2　月額給与の配賦率：807号工事　83時間－9時間＝74時間
　　　　　　　　　　　812号工事　　　　　　　　　　42
　　　　　　　　　　　814号工事　　　　　　　　　　51
　　　　　　　　　　　　計　　　　　　　　　　　　167時間
　　　　　　　　配賦率　310,620÷167時間＝1,860
　　　807号工事の労務費：1,860×74時間＋27,900＝165,540

問3　工事原価と販売費及び一般管理費等の区分の問題
　　①　支店における総務課員は工事現場の業務に係わりをもたないので工事原価に算入しない（現場管理業務に従事する支店の担当者の給与であれば工事原価に算入する）。
　　②　工事原価に算入する。
　　③　工事原価に算入する。
　　④　工事現場の従業員と本社の従業員との懇親会費用は、企業内部の費用であり工事原価に算入しない。
　　⑤　資材盗難による損失は、異常な原因による損失となるので工事原価に算入せず、営業外費用又は特別損失として処理する。

演習 2-6

解答

先入先出法　¥ 153,200

総平均法　¥ 155,310

解説

		受入	払出	残高
2月1日	前月繰越	200kg@¥480		200kg
5日	払出し		160kg	40kg
10日	受入れ	130kg @¥520		170kg
17日	払出し		80kg	90kg
21日	払出し		70kg	20kg
24日	受入れ	60kg @¥530		80kg
	計	(390kg)	(310kg)	

① 先入先出法による払出し価額

```
5日   160kg×¥480              =  76,800
17日  40kg×¥480＋40kg×¥520 =  40,000
21日  70kg×¥520              =  36,400
                                153,200
```

② 総平均法による払出し価額

2月中の総仕入額　　200kg×¥480＋130kg×¥520＋60kg×¥530＝195,400

2月中の平均単価　　195,400÷390kg＝¥501.025 → ¥501

2月中の払出し価額　310kg×¥501＝155,310

演習 2-7

解答

問1 移動平均法　　　　　　問2 先入先出法

(A) ¥ 37,000　　　　　　(A) ¥ 37,500

(B) ¥ 62,400　　　　　　(B) ¥ 60,500

(C) ¥ 56,980　　　　　　(C) ¥ 59,000

解説

問1 移動平均法

材 料 元 帳

甲材料　　　令和X6年9月　　　（数量：kg、単価及び金額：円）

月	日	摘 要	受入 数量	受入 単価	受入 金額	払出 数量	払出 単価	払出 金額	残高 数量	残高 単価	残高 金額
9	1	前月繰越	400	150	60,000				400	150	60,000
	5	品川建材より仕入れ	100	140	14,000				500	148	74,000
	9	X工事に払出し				250	148	(A)37,000	250	148	37,000
	12	川崎建材より仕入れ	500	160	80,000				750	156	117,000
	16	Y工事に払出し				400	156	(B)62,400	350	156	54,600
	20	川崎建材より仕入れ	250	150	37,500				600	(注1)154	92,100
	26	Z工事に払出し				370	154	(C)56,980	230	(注2)153	35,120
	30	次月繰越				230	153	35,120			
			1,250	—	191,500	1,250	—	191,500			

（注1）　92,100 ÷ 600 = 153.5 → 154
（注2）　35,120 ÷ 230 = 152.6 → 153

問2　先入先出法

材料元帳

甲材料　　令和X6年9月　　（数量：kg、単価及び金額：円）

月	日	摘要	受入 数量	受入 単価	受入 金額	払出 数量	払出 単価	払出 金額	残高 数量	残高 単価	残高 金額
9	1	前月繰越	400	150	60,000				400	150	60,000
	5	品川建材より仕入れ	100	140	14,000				{400	150	60,000
									100	140	14,000
	9	X工事に払出し				250	150	(A)37,500	{150	150	22,500
									100	140	14,000
	12	川崎建材より仕入れ	500	160	80,000				{150	150	22,500
									100	140	14,000
									500	160	80,000
	16	Y工事に払出し				{150	150	22,500			
						100	140	14,000			
					（注1）	150	160	24,000	350	160	56,000
	20	川崎建材より仕入れ	250	150	37,500				{350	160	56,000
									250	150	37,500
	26	Z工事に払出し				{350	160	56,000			
					（注2）	20	150	3,000	230	150	34,500
	30	次月繰越				230	150	34,500			
			1,250	—	191,500	1,250	—	191,500			

（注1）（B）の金額　22,500 + 14,000 + 24,000 = 60,500
（注2）（C）の金額　56,000 + 3,000 = 59,000

演習 3-1

解答

工事間接費配賦表

配賦基準	工事間接費	配賦率	1号現場	2号現場	3号現場	4号現場
直接材料費基準	360,000	0.5	90,000	120,000	70,000	80,000

〈工事間接費から未成工事支出金への振替仕訳〉

借方科目	金額	貸方科目	金額
未成工事支出金	360,000	工事間接費	360,000

工事間接費

| 材料費等 | 360,000 | (未成工事支出金) | (360,000) |

未成工事支出金

| 材料費等 | XXXXX |
| (工事間接費) | (360,000) |

解説

計算過程

工事間接費(¥360,000)÷直接材料費合計(¥720,000)＝(0.5)配賦率
1号現場の直接材料費(¥180,000)×配賦率(0.5)＝(¥ 90,000)1号現場の配賦額
2号現場の直接材料費(¥240,000)×配賦率(0.5)＝(¥120,000)2号現場の配賦額
3号現場の直接材料費(¥140,000)×配賦率(0.5)＝(¥ 70,000)3号現場の配賦額
4号現場の直接材料費(¥160,000)×配賦率(0.5)＝(¥ 80,000)4号現場の配賦額

演習 3-2

解答

工事間接費配賦表

配 賦 基 準	工事間接費	配賦率	1号現場	2号現場	3号現場	4号現場
直接労務費基準	360,000	0.8	104,000	128,000	72,000	56,000
直接原価基準	360,000	0.2	96,000	114,000	80,000	70,000

解説 配賦率

- 直接労務費基準 $\dfrac{360,000}{450,000} = 0.8$
- 直接原価基準 $\dfrac{360,000}{1,800,000} = 0.2$

演習 3-3

解答

工事間接費配賦表

配 賦 基 準	工事間接費	配賦率	1号現場	2号現場	3号現場	4号現場
直接作業時間基準	360,000	480	67,200	120,000	81,600	91,200
機械運転時間基準	360,000	1,200	102,000	81,600	63,600	112,800
車両運転時間基準	360,000	1,500	63,000	97,500	73,500	126,000

解説

計算過程(直接作業時間基準)

工事間接費(¥360,000)÷直接作業時間合計(750時間)=(¥480)配賦率
1号現場の直接作業時間(140時間)×配賦率(¥480)=(¥ 67,200)1号現場の配賦額
2号現場の直接作業時間(250時間)×配賦率(¥480)=(¥120,000)2号現場の配賦額
3号現場の直接作業時間(170時間)×配賦率(¥480)=(¥ 81,600)3号現場の配賦額
4号現場の直接作業時間(190時間)×配賦率(¥480)=(¥ 91,200)4号現場の配賦額

・機械運転時間基準　配賦率 = $\dfrac{360,000}{300 時間} = 1,200$

・車両運転時間基準　配賦率 = $\dfrac{360,000}{240 時間} = 1,500$

演習 3-4

解答

問1　¥ 1,445

問2　¥ 1,530

問3　¥ 1,413

解説

M建設機械の年間予算　150,000 ＋ 840,000 ＋ 520,000 ＋ 380,000 ＝ 1,890,000

建設機械全体の共通予算のうちM建設機械の負担額　$2,384,000 \times \dfrac{800}{3,200}$ ＝ 596,000

　　　　　　　　　　　　　　　　　　　　　　　　　　　　　　　　　2,486,000

問1　2,486,000 ÷ 1,720 時間＝ 1,445.3 → 1,445

問2　(1,720 ＋ 1,630 ＋ 1,610 ＋ 1,540) ÷ 4 ＝ 1,625
　　　2,486,000 ÷ 1,625 時間＝ 1,529.8 → 1,530

問3　220 日× 8 時間＝ 1,760
　　　2,486,000 ÷ 1,760 時間＝ 1,412.5 → 1,413

演習 3-5

解答

現場監督者給料手当の予定配賦に関する問題

問1　¥ 4,056

問2　¥ 336,648

問3　¥ 126,204　　貸

解説

問1　当会計期間の予算額　5,245,650＋4,368,200＝9,613,850

当会計期間の予定配賦率　$\dfrac{9,613,850}{2,370\text{時間}}$＝4,056.4 … ⇒ 4,056

問2　4,056×83時間＝336,648

問3　当月の予定配賦額　4,056×(83時間＋321時間)＝1,638,624

工事間接費(従業員給料手当)

(実際)	1,512,420	(予定)	1,638,624
(差異)	126,204		

(借)工事間接費　126,204　(貸)工事間接費配賦差異　126,204

貸方（に発生した）差異

演習 3-6

解答

車両関係費の予定配賦に関する問題

問1　¥ 400

問2　¥ 34,000

問3　¥ 850　記号（A または B）　A

解説

問1　車両関係費予算　390,000＋430,000＋135,400＋57,500＝1,012,900

　　　予定配賦率　$\dfrac{1,012,900}{2,530\text{km}}$ ＝ 400.3 … ⇒ 400

問2　甲工事予定配賦額　400×85km＝34,000

問3　当月の予定配賦額　400×(85km＋148km)＝ 93,200
　　　当月の実際発生額　　　　　　　　　　　 92,350
　　　　配 賦 差 異　　　　　　　　　　　　　　 850（有利差異）

```
         工事間接費（車両関係費）
（実際）      92,350  │（予定）      93,200
（差異）         850  │
             93,200  │             93,200
```

（借）工事間接費　850　（貸）工事間接費配賦差異　850

　　　　　　　　　　↓
　　　　　貸方差異（コスト・ダウン）─→有利差異　A

演習 3-7

解答

報告書作成問題──工事間接費〈原価計算表あり〉

未成工事支出金

前月繰越	469,000	完成工事原価	1,652,780 ③
材料費	975,260	次月繰越	626,930
①労務費	342,160		
外注費	292,480		
直接経費	122,610		
②工事間接費	78,200		
	2,279,710		2,279,710

工事間接費

諸口	74,520	未成工事支出金	78,200 ②
工事間接費配賦差異	3,680		
	78,200		78,200

工事間接費配賦差異

前月繰越	5,430	工事間接費	3,680 ④
		次月繰越	1,750 ⑤
	5,430		5,430

工事別原価計算表　　　　　　　　　　　（単位：円）

摘要＼工事番号	No. 807	No. 808	No. 809	合計	
月初未成工事原価	469,000	—	—	469,000	
当月発生工事原価					
材料費	153,690	478,680	342,890	975,260	
労務費	54,130	172,170	115,860	342,160	①
外注費	62,050	123,710	106,720	292,480	
経費					
直接経費	6,240	72,850	43,520	122,610	
工事間接費	4,830	55,430	17,940	78,200	②
当月完成工事原価	749,940	902,840	—	1,652,780	③
月末未成工事原価	—	—	626,930	626,930	

```
            完成工事原価報告書
                                    (単位：円)
     Ⅰ. 材 料 費           864,990
     Ⅱ. 労 務 費           311,980       ⑥
     Ⅲ. 外 注 費           298,220
     Ⅳ. 経   費            177,590
       (うち人件費    70,660)            ⑦
         完成工事原価       1,652,780     ⑧
```

解説

① 未成工事支出金勘定の借方と工事別原価計算表の合計欄と一致する。
　　No.807 の材料費と No.809 の労務費は逆算して記入する。

② 工事間接費の予定配賦額
　　資料 2 及び 3 から、予定配賦率＠¥230 に各工事の機械運転時間を乗じて算出する。
　　　（仕訳）　（借）未成工事支出金　　78,200　　（貸）工事間接費　　78,200

③ 未成工事支出金勘定の貸方と工事別原価計算表の当月完成工事原価及び月末未成工事原価の合計と一致する。

④ 工事間接費配賦差異は、工事間接費勘定の上で差額として把握できる。
　　　（仕訳）　（借）工事間接費　　3,680　　（貸）工事間接費配賦差異　3,680

⑤ 前月繰越分と当月発生分との差額は、借方残高として次月に繰り越される。

⑥ No.807 と No.808 について、費目別に集計する。注意する点は、資料 1 の月初未成工事原価の費目別内訳金額を加算することを忘れないようにする。

⑦ 資料 1 の人件費と資料 4 の No.807 と No.808 の人件費の金額を加算して記入する。

⑧ 工事別原価計算表の当月完成工事原価の合計と一致する。

演習 3-8

解答

報告書作成問題——工事間接費〈原価計算表なし〉

完成工事原価報告書
(単位：円)

Ⅰ. 材 料 費	459,190
Ⅱ. 労 務 費	193,500
Ⅲ. 外 注 費	361,450
Ⅳ. 経 費	192,899
完成工事原価	1,207,039

工事間接費配賦差異月末残高 ¥ 2,185　記号（AまたはB） B

解説

(1) 原価計算表の作成（参考）

(単位：円)

摘要＼工事名称	A工事	B工事	C工事	合計	
前 月 繰 越	196,480	—	—	196,480	→資料2(1)
当月発生工事原価					
材 料 費	54,260	341,020	102,950	498,230	⎫
労 務 費	24,780	143,650	68,430	236,860	⎬→資料3
外 注 費	64,290	204,330	147,600	416,220	⎮
直 接 経 費	9,540	38,117	57,206	104,863	⎭
工 事 間 接 費	12,090	118,482	69,316	199,888	→資料4
当月完成工事原価	361,440	845,599	—	1,207,039	⎫→資料1
次 月 繰 越	—	—	445,502	445,502	⎭

(2) 完成工事原価報告書の作成（単位：円）

	（A工事） 前月繰越	（A工事及びB工事） 当月発生	計
材 料 費	63,910	395,280	459,190
労 務 費	25,070	168,430	193,500
外 注 費	92,830	268,620	361,450
経　　 費	14,670	178,229	192,899
計	196,480	1,010,559	1,207,039

(3) 工事間接費配賦差異

工事間接費配賦差異の月末残高を計算するにあたっては、工事間接費配賦差異勘定が解答欄に用意されていないので、自分で次のような元帳を作成して解答するとよいであろう。（単位：円）

工事間接費			
実際発生額	201,574	予定配賦額	199,888
		工事間接費 配 賦 差 異	1,686
	201,574		201,574

工事間接費配賦差異			
工事間接費	1,686	前月繰越	3,871
次月繰越	2,185		
	3,871		3,871

貸方残高

演習 3-9

解答

完成工事原価報告書
(単位：円)

Ⅰ. 材 料 費		283,010
Ⅱ. 労 務 費		222,370
Ⅲ. 外 注 費		321,730
Ⅳ. 経 費		157,370
完成工事原価		984,480

未成工事支出金残高　￥ 282,230

現場共通費配賦差異残高　￥ 367　記号（AまたはB）A

解説

(1) 原価計算表の作成（参考）

(単位：円)

摘要＼工事名称	83号工事	84号工事	85号工事	合　計	
前 月 繰 越	294,080	—	—	294,080	→資料 2(1)
当月発生工事原価					
材 料 費	—	178,200	90,500	268,700	→資料 3a
労 務 費	36,140	128,970	47,080	212,190	
外 注 費	58,920	165,760	81,270	305,950	→資料 3b
直 接 経 費	12,760	49,230	39,440	101,430	
現 場 共 通 費	4,560	55,860	23,940	84,360	→資料 4
当月完成工事原価	406,460	578,020	—	984,480	→資料 1
次 月 繰 越	—	—	282,230	282,230	

↓
未成工事支出金残高

① 材料費の計算（先入先出法）
　　7月11日（84号工事）　25 kg×¥1,080+135 kg×¥1,120 ＝　178,200
　　7月21日（85号工事）　50 kg×¥1,120+ 30 kg×¥1,150 ＝　　90,500
　　　　　　　　　　　　　　　　　　　　　　　　　　　　　　268,700

② 現場共通費（注）の予定配賦額
　　（注）「工事間接費」としての出題もあるので注意を要する。
　　83号工事　　12時間×¥380 ＝　 4,560
　　84号工事　 147時間×¥380 ＝　55,860
　　85号工事　　63時間×¥380 ＝　23,940
　　　　　　　　　　　　　　　　　84,360

(2) 完成工事原価報告書の作成（単位：円）

摘　要＼工事名称	83号工事		84号工事	合　計
	前月繰越	当月発生	当月発生	
材 料 費	104,810	－	178,200	283,010
労 務 費	57,260	36,140	128,970	222,370
外 注 費	97,050	58,920	165,760	321,730
経　費（注）	34,960	17,320	105,090	157,370
合　計	294,080	112,380	578,020	984,480

（注）直接経費と現場共通費の合計額

(3) 現場共通費配賦差異（単位：円）

演習 4-1

解答

(1)

部門費配分表　　　　　　　　　　　（単位：円）

費目	配賦基準	金額	施工部門		補助部門		
			第1部門	第2部門	仮設部門	車両部門	機械部門
部門個別費							
（細目省略）		—	—	—	—	—	—
個別費合計		460,400	211,900	146,400	23,250	35,700	43,150
部門共通費							
減価償却費	占有面積	225,000	(60,000)	(52,500)	(45,000)	(37,500)	(30,000)
燃料費	稼動時間×馬力数	476,100	(48,600)	(67,500)	(27,000)	(135,000)	(198,000)
福利費	従業員数	88,500	(29,500)	(23,600)	(14,750)	(11,800)	(8,850)
共通費合計		789,600	(138,100)	(143,600)	(86,750)	(184,300)	(236,850)
部門費合計		1,250,000	(350,000)	(290,000)	(110,000)	(220,000)	(280,000)

解説

★部門共通費の各費目の配賦率を計算することがポイントである。

① 減価償却費

$$配賦率 = \frac{部門共通費}{占有面積の合計} = \frac{225,000}{80+70+60+50+40} = \frac{225,000}{300 m^2} = 750$$

　　第1部門へ　　$80 m^2 \times 750 = 60,000$
　　第2部門へ　　$70 m^2 \times 750 = 52,500$
　　仮設部門へ　　$60 m^2 \times 750 = 45,000$
　　車両部門へ　　$50 m^2 \times 750 = 37,500$
　　機械部門へ　　$40 m^2 \times 750 = 30,000$

② 燃料費

$$配賦率 = \frac{部門共通費}{稼動時間 \times 馬力数の合計} = \frac{476,100}{120 \times 180 + 150 \times 200 + 80 \times 150 + 300 \times 200 + 400 \times 220}$$

$$= \frac{476,100}{21,600 + 30,000 + 12,000 + 60,000 + 88,000} = \frac{476,100}{211,600 時間} = 2.25$$

各部門への配賦額……各部門の配賦基準数値×配賦率

③ 福利費

$$配賦率 = \frac{部門共通費}{従業者数の合計} = \frac{88,500}{10+8+5+4+3} = \frac{88,500}{30 人} = 2,950$$

各部門への配賦額……各部門の配賦基準数値×配賦率

解答

(2)

借方科目	金額	貸方科目	金額
第1部門費	350,000	工事間接費	1,250,000
第2部門費	290,000		
仮設部門費	110,000		
車両部門費	220,000		
機械部門費	280,000		

```
         工事間接費                          第1部門費
諸   口  1,250,000 │(諸   口)(1,250,000)  (工事間接費)( 350,000)│

         第2部門費                          仮設部門費
(工事間接費)( 290,000)│                    (工事間接費)( 110,000)│

         車両部門費                         機械部門費
(工事間接費)( 220,000)│                    (工事間接費)( 280,000)│
```

演習 4-2

解答

(1)

部門費振替表　　　　　　　　　　　　（単位：円）

摘　要	合　計	第1部門	第2部門	修繕部門	材料管理部門	事務部門
部門費合計	1,160,000	400,000	300,000	180,000	120,000	160,000
修繕部門費	(180,000)	81,000	99,000			
材料管理部門費	(120,000)	42,000	78,000			
事務部門費	(160,000)	67,200	92,800			
合　計	1,160,000	590,200	569,800			
（配賦金額）		(190,200)	(269,800)			

解説

修繕部門費	第1部門へ	180,000×0.45＝81,000
	第2部門へ	180,000×0.55＝99,000
材料管理部門費	第1部門へ	120,000×0.35＝42,000
	第2部門へ	120,000×0.65＝78,000
事務部門費	第1部門へ	160,000×0.42＝67,200
	第2部門へ	160,000×0.58＝92,800

解答

(2)

借方科目	金　額	貸方科目	金　額
第 1 部 門 費	190,200	修 繕 部 門 費	180,000
第 2 部 門 費	269,800	材料管理部門費	120,000
		事 務 部 門 費	160,000

　　　第1部門費
| 工事間接費 | 400,000 | | |
| 諸　　口 | (190,200) | | |

　　　第2部門費
| 工事間接費 | 300,000 | | |
| 諸　　口 | (269,800) | | |

　　　修繕部門費
| 工事間接費 | 180,000 | 諸　　口 | (180,000) |

　　　材料管理部門費
| 工事間接費 | 120,000 | 諸　　口 | (120,000) |

　　　事務部門費
| 工事間接費 | 160,000 | 諸　　口 | (160,000) |

演習 4-3

解答

部門費振替表　　　　　　　　　　　　　　　　（単位：円）

摘　　要	合　計	第1部門	第2部門	修繕部門	材料管理部門	事務部門
部門費合計	1,160,000	400,000	300,000	180,000	120,000	160,000
事務部門費	(160,000)	51,200	70,400	25,600	12,800	
材料管理部門費	(132,800)	46,480	66,400	19,920	132,800	
修繕部門費	(225,520)	101,484	124,036	225,520		
合　　計	1,160,000	599,164	560,836			

（配賦金額）　　　　　　　　　（ 199,164）　（ 260,836）

借方科目	金額	貸方科目	金額
第1部門費	199,164	事務部門費	160,000
第2部門費	260,836	材料管理部門費	120,000
		修繕部門費	180,000

解説

事務部門費	第1部門へ	160,000×0.32＝ 51,200
	第2部門へ	160,000×0.44＝ 70,400
	修繕部門へ	160,000×0.16＝ 25,600
	材料管理部門へ	160,000×0.08＝ 12,800
材料管理部門費	第1部門へ	132,800×0.35＝ 46,480
	第2部門へ	132,800×0.50＝ 66,400
	修繕部門へ	132,800×0.15＝ 19,920
修繕部門費	第1部門へ	225,520×0.45＝ 101,484
	第2部門へ	225,520×0.55＝ 124,036

演習 4-4

解答

部門費振替表　　　　　　　　　　（単位：円）

摘要	合計	第1部門	第2部門	修繕部門	材料管理部門	事務部門
部門費合計	1,160,000	400,000	300,000	180,000	120,000	160,000
〈第1次配賦〉						
修繕部門費	(180,000)	90,000	54,000	—	27,000	9,000
材料管理部門費	(120,000)	55,200	40,800	9,600	—	14,400
事務部門費	(160,000)	76,800	67,200	11,200	4,800	—
				20,800	31,800	23,400
〈第2次配賦〉						
修繕部門費	(20,800)	11,648	9,152			
材料管理部門費	(31,800)	17,490	14,310			
事務部門費	(23,400)	12,168	11,232			
補助部門費配賦額	(460,000)	263,306	196,694			
合計	1,160,000	663,306	496,694			

※ 直接配賦法

借方科目	金額	貸方科目	金額
第1部門費	263,306	修繕部門費	180,000
第2部門費	196,694	材料管理部門費	120,000
		事務部門費	160,000

解説

〈第1次配賦〉
- 修繕部門費
  - 第1部門へ　180,000×0.50＝90,000
  - 第2部門へ　180,000×0.30＝54,000
  - 材料管理部門へ　180,000×0.15＝27,000
  - 事務部門へ　180,000×0.05＝9,000
- 材料管理部門費
  - 第1部門へ　120,000×0.46＝55,200
  - 第2部門へ　120,000×0.34＝40,800
  - 修繕部門へ　120,000×0.08＝9,600
  - 事務部門へ　120,000×0.12＝14,400
- 事務部門費
  - 第1部門へ　160,000×0.48＝76,800
  - 第2部門へ　160,000×0.42＝67,200
  - 修繕部門へ　160,000×0.07＝11,200
  - 材料管理部門へ　160,000×0.03＝4,800

〈第2次配賦〉
- 修繕部門費
  - 第1部門へ　20,800×0.56＝11,648
  - 第2部門へ　20,800×0.44＝9,152
- 材料管理部門費
  - 第1部門へ　31,800×0.55＝17,490
  - 第2部門へ　31,800×0.45＝14,310
- 事務部門費
  - 第1部門へ　23,400×0.52＝12,168
  - 第2部門へ　23,400×0.48＝11,232

演習 4-5

解答

部門費振替表──直接配賦法

部門費振替表 （単位：円）

摘　要	工　事　名　称		補　助　部　門　費		
	A工事	B工事	仮設部門	車両部門	機械部門
工事直接費・部門費（内訳省略）	3,286,200	④ 2,852,300	③ 526,800	② 454,000	① 684,200
⑤ 仮設部門費	210,720	316,080			
車両部門費	138,210	315,790			
⑥ 機械部門費	301,048	383,152			
補助部門費配賦額合計	649,978	1,015,022			
工事原価	3,936,178	3,867,322			

解説

① 資料2の当期機械部門費 ￥684,200 から転記する。
② 部門費振替表の車両部門費　138,210＋315,790＝454,000
③ 資料2の当期補助部門費発生総額 ￥1,665,000 から逆算して算出する。
　　1,665,000－454,000－684,200＝526,800
④ 資料3の完成工事原価の合計額 ￥7,803,500 から逆算して算出する。
　　7,803,500－3,286,200（A工事直接費）－1,665,000（補助部門費総額）＝2,852,300
⑤ 配賦率＝$\dfrac{526,800}{(8 \times 12)+(18 \times 8)}$＝2,195　　A工事：2,195×(8×12)＝210,720
　　　　　　　　　　　　　　　　　　　　　　　B工事：2,195×(18×8)＝316,080
⑥ 配賦率＝$\dfrac{684,200}{(24 \times 55)+(32 \times 52.5)}$＝228.0666…☆　A工事：☆×(24×55)＝301,048
　　　　　　　　　　　　　　　　　　　　　　　　　B工事：☆×(32×52.5)＝383,152

【別法】

⑤ A工事：$526,800 \times \dfrac{8 \times 12}{(8 \times 12) + (18 \times 8)} = 210,720$

　B工事：$526,800 \times \dfrac{18 \times 8}{(8 \times 12) + (18 \times 8)} = 316,080$

⑥ A工事：$684,200 \times \dfrac{24 \times 55}{(24 \times 55) + (32 \times 52.5)} = 301,048$

　B工事：$684,200 \times \dfrac{32 \times 52.5}{(24 \times 55) + (32 \times 52.5)} = 383,152$

演習 4-6

解答

部門費振替表――階梯式配賦法

部門費振替表　　　　　　　　　　（単位：円）

摘　要	合　計	第1部門	第2部門	車両部門	機械部門	材料管理部門
部門費合計	5,093,670	2,256,378	1,877,923	223,115	335,698	400,556
材料管理部門	(400,556)	156,217	180,250	48,067	16,022	
機械部門	(351,720)	160,568	175,860	15,292	351,720	
車両部門	(286,474)	138,616	147,858	286,474		
合　計	5,093,670	2,711,779	2,381,891			

解説

〈材料管理部門費〉

第1部門へ　$400,556 \times \dfrac{39\%}{39\%+45\%+12\%+4\%} = 156{,}216.8 \Rightarrow 156{,}217$

第2部門へ　$400,556 \times \dfrac{45\%}{39\%+45\%+12\%+4\%} = 180{,}250.2 \Rightarrow 180{,}250$

車両部門へ　$400,556 \times \dfrac{12\%}{39\%+45\%+12\%+4\%} = 48{,}066.7 \Rightarrow 48{,}067$

機械部門へ　$400,556 \times \dfrac{4\%}{39\%+45\%+12\%+4\%} = 16{,}022.2 \Rightarrow 16{,}022$

〈機械部門費〉

第1部門へ　$(335{,}698 + 16{,}022) \times \dfrac{42\%}{42\%+46\%+4\%(注)} = 160{,}567.8 \Rightarrow 160{,}568$

第2部門へ　$(335{,}698 + 16{,}022) \times \dfrac{46\%}{42\%+46\%+4\%(注)} = 175{,}860$

車両部門へ　$(335{,}698 + 16{,}022) \times \dfrac{4\%}{42\%+46\%+4\%(注)} = 15{,}292.1 \Rightarrow 15{,}292$

（注）材料管理部門の8％は加算しないことに注意する。
　　　（分母の合計は92％になっていることに注意）

〈車両部門費〉

第1部門へ　$(223{,}115 + 48{,}067 + 15{,}292) \times \dfrac{45\%}{45\%+48\%(注)} = 138{,}616.4 \Rightarrow 138{,}616$

第2部門へ　$(223{,}115 + 48{,}067 + 15{,}292) \times \dfrac{48\%}{45\%+48\%(注)} = 147{,}857.5 \Rightarrow 147{,}858$

（注）材料管理部門の2％及び機械部門の5％は加算しないことに注意する。
　　　（分母の合計は93％になっていることに注意）

演習 4-7

解答

部門費振替表──相互配賦法

部門費振替表　　　　　　　　　　　　（単位：円）

摘　要	合　計	第1部門	第2部門	車両部門	機械部門	材料管理部門
部門費合計	2,161,221	756,928	687,545	225,190	335,186	156,372
（第1次配賦）						
車両部門	225,190	105,839	96,832	───	13,511	9,008
機械部門	335,186	117,315	127,371	50,278	───	40,222
材料管理部門	156,372	59,421	73,495	6,255	17,201	───
				56,533	30,712	49,230
（第2次配賦）						
車両部門	56,533	29,523	27,010			
機械部門	30,712	14,725	15,987			
材料管理部門	49,230	22,009	27,221			
合計	2,161,221	1,105,760	1,055,461			
配賦金額		348,832	367,916			

解説

1. 第1次配賦

　〈車両部門費〉　　第1部門へ　　　225,190 × 0.47 ＝ 105,839.3 ⇒ 105,839
　　　　　　　　　　第2部門へ　　　225,190 × 0.43 ＝ 96,831.7 ⇒ 96,832
　　　　　　　　　　機械部門へ　　　225,190 × 0.06 ＝ 13,511.4 ⇒ 13,511
　　　　　　　　　　材料管理部門へ　225,190 × 0.04 ＝ 9,007.6 ⇒ 9,008

〈機械部門費〉　第1部門へ　　335,186 × 0.35 = 117,315.1 ⇒ 117,315
　　　　　　　　第2部門へ　　335,186 × 0.38 = 127,370.6 ⇒ 127,371
　　　　　　　　車両部門へ　　335,186 × 0.15 = 50,277.9 ⇒ 50,278
　　　　　　　　材料管理部門へ 335,186 × 0.12 = 40,222.3 ⇒ 40,222

〈材料管理部門費〉第1部門へ　　156,372 × 0.38 = 59,421.3 ⇒ 59,421
　　　　　　　　第2部門へ　　156,372 × 0.47 = 73,494.8 ⇒ 73,495
　　　　　　　　車両部門へ　　156,372 × 0.04 =   6,254.8 ⇒   6,255
　　　　　　　　機械部門へ　　156,372 × 0.11 = 17,200.9 ⇒ 17,201

2．第2次配賦

〈車両部門費〉　第1部門へ　（50,278 ＋ 6,255）× $\dfrac{47\%}{47\%+43\%(注)}$ = 29,522.7 ⇒ 29,523

　　　　　　　第2部門へ　（50,278 ＋ 6,255）× $\dfrac{43\%}{47\%+43\%(注)}$ = 27,010.2 ⇒ 27,010

〈機械部門費〉　第1部門へ　（13,511 ＋ 17,201）× $\dfrac{35\%}{35\%+38\%(注)}$ = 14,724.9 ⇒ 14,725

　　　　　　　第2部門へ　（13,511 ＋ 17,201）× $\dfrac{38\%}{35\%+38\%(注)}$ = 15,987.0 ⇒ 15,987

〈材料管理部門費〉第1部門へ　（9,008 ＋ 40,222）× $\dfrac{38\%}{38\%+47\%(注)}$ = 22,008.7 ⇒ 22,009

　　　　　　　　第2部門へ　（9,008 ＋ 40,222）× $\dfrac{47\%}{38\%+47\%(注)}$ = 27,221.2 ⇒ 27,221

（注）第2次配賦においては、第1部門と第2部門へのみ配賦するため、資料(2)の第1部門と第2部門の提供度合（％）を配賦基準数値として計算することに注意する。
　　　（第1次配賦のように単純に％を乗じて計算するのではないことに注意する。）

3．配賦金額…補助部門費の配賦金額（第1次配賦と第2次配賦の合計額）が解答として求められている。
　　第1部門　105,839 ＋ 117,315 ＋ 59,421 ＋ 29,523 ＋ 14,725 ＋ 22,009 ＝ 348,832
　　第2部門　 96,832 ＋ 127,371 ＋ 73,495 ＋ 27,010 ＋ 15,987 ＋ 27,221 ＝ 367,916

演習 4-8

解答

報告書作成問題――部門別計算〈原価計算表あり〉

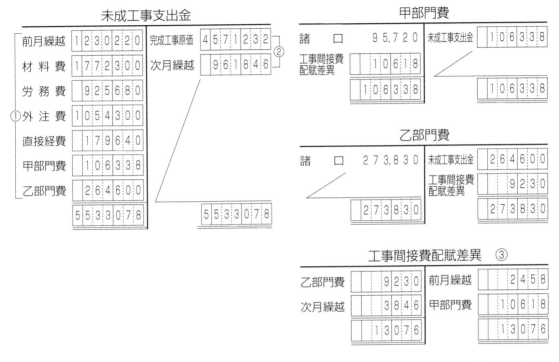

完成工事原価報告書

(単位：円)

Ⅰ．材　料　費	1,943,590	⎫
Ⅱ．労　務　費	942,990	⎬ ④
Ⅲ．外　注　費	1,132,740	⎪
Ⅳ．経　　　費	551,912	⎭
完成工事原価	4,571,232	⑤

解説

① 未成工事支出金勘定の借方と原価計算表の合計欄と一致する。
　月初未成工事原価……資料1(1)から転記する。
　甲部門費……資料3(1)により、当月発生工事原価の中の各工事毎の材料費の金額に予定配賦率6%を乗じて算出する。
　乙部門費……資料3(2)により、各工事毎の機械延運転時間に予定配賦率＠¥450を乗じて算出する。

② 未成工事支出金勘定の貸方と原価計算表の合計欄と一致する。

③ 工事間接費配賦差異
　前月繰越……資料1(2)から貸方に転記する。
　甲部門費……原価計算表の甲部門費の合計（予定額）が甲部門費勘定の貸方に転記されるので、借方の金額（実際額）との間で差異が生ずる。
　　（仕訳）（借）甲部門費　　　　10,618　（貸）工事間接費配賦差異　10,618
　乙部門費……原価計算表の乙部門費の合計（予定額）が乙部門費勘定の貸方に転記されるので、借方の金額（実際額）との間で差異が生ずる。
　　（仕訳）（借）工事間接費配賦差異　9,230　（貸）乙部門費　　　　　9,230

④ No.252～No.254について費目別に集計する。注意点は次のとおり。
　● 資料1(1)の前月から繰り越した未成工事支出金の費目別金額を加算すること。
　● さらに、経費は、資料3(4)により、直接経費、甲部門費及び乙部門費を合計した金額になること。

⑤ 原価計算表の当月完成工事原価の合計欄と一致する。

演習 4-9

解答

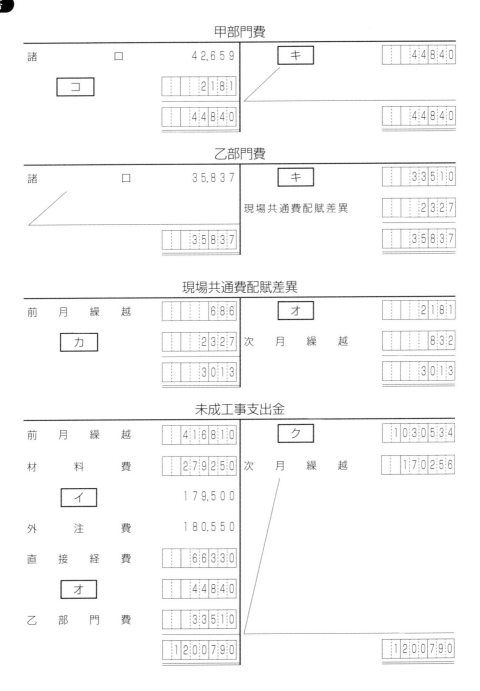

完成工事原価報告書

自 令和X3年9月1日
至 令和X3年9月30日

(単位：円)

Ⅰ. 材　料　費	411,790
Ⅱ. 労　務　費	246,160
Ⅲ. 外　注　費	221,950
Ⅳ. 経　　　費	150,634
完成工事原価	1,030,534

解説

解答のポイントは次のとおりである。

(1) 自分で略式の原価計算表を作成する（メモ書でよい）。様式を思い出せない場合は、未成工事支出金の元帳の勘定科目に合わせて作成するとよい。

原価計算表

工事番号 摘要	603(完)	604(完)	605(未完)	計	
前月繰越	416,810	—	—	416,810	→資料2(1)の合計
材　料　費	30,550	194,650	54,050	279,250	
労　務　費	41,920	99,670	37,910	179,500	→資料3(1)
外　注　費	47,800	87,110	45,640	180,550	
直接経費	14,680	37,280	14,370	66,330	
甲部門費	8,968	24,072	11,800	44,840	→資料4(1)
乙部門費	3,666	23,358	6,486	33,510	→資料4(2)
完成工事原価	564,394	466,140	—	1,030,534	→資料1
次月繰越	—	—	170,256	170,256	

(2) 現場共通費配賦差異の前月繰越額（資料2(2)）
元帳記入……借方残高と貸方残高の純額で記入する。
2,476 － 1,790 ＝ 686（借方残高）

(3) 現場共通費の予定配賦額
甲部門費……資料4(1)により、各工事毎の直接作業時間に予定配賦率＠¥472を乗じて算出する。
乙部門費……資料4(2)により、当月発生工事原価のなかの各工事毎の材料費の金額に予定配賦率12%を乗じて算出する。

(4) 完成工事原価報告書の作成
603及び604号工事について費目別に集計する。注意点は次のとおりである。
① 資料2(1)の前月からの繰越額の費目別金額を加算すること。
② 経費は資料4(3)により、直接経費、甲部門費及び乙部門費を合計した金額になること。

演習 4-10

解答

完成工事原価報告書

(単位:円)

Ⅰ. 材 料 費	1,114,180
Ⅱ. 労 務 費	538,500
Ⅲ. 外 注 費	1,207,300
Ⅳ. 経 費	273,570
完成工事原価	3,133,550

工事間接費配賦差異月末残高 ¥ 3,930　記号（AまたはB）A

解説

(1) 原価計算表の作成（参考）

(単位:円)

摘要＼工事番号	X工事（完成）	Y工事（完成）	Z工事（未完成）	合　計	
					（完成・未完成）→資料1
前 月 繰 越	477,900	—	—	477,900	→資料2(1)
当月発生工事原価					
材 料 費	762,900	225,680	628,760	1,617,340	⎫
労 務 費	283,500	156,800	237,600	677,900	⎬ →資料3
外 注 費	523,800	465,200	284,650	1,273,650	⎪
直接経費	68,200	41,300	53,400	162,900	⎭
甲部門費	34,320	49,920	67,080	151,320	→資料4(1)
乙部門費	28,350	15,680	23,760	67,790	→資料4(2)
当月完成工事原価	2,178,970	954,580	—	3,133,550	
次 月 繰 越	—	—	1,295,250	1,295,250	

(2) 完成工事原価報告書の作成（単位：円）

	X工事 前月繰越	X工事 当月発生	Y工事 当月発生	合計
材料費	125,600	762,900	225,680	1,114,180
労務費	98,200	283,500	156,800	538,500
外注費	218,300	523,800	465,200	1,207,300
経　費	35,800	130,870（注）	106,900（注）	273,570
合　計	477,900	1,701,070	954,580	3,133,550

（注）直接経費、甲部門費及び乙部門費の合計額である。

(3) 工事間接費配賦差異（単位：円）

甲部門費

実際発生額	148,150	予定配賦額	151,320
工事間接費配賦差異	3,170		
	151,320		151,320

乙部門費

実際発生額	70,120	予定配賦額	67,790
		工事間接費配賦差異	2,330
	70,120		70,120

工事間接費配賦差異

前月繰越（注）	4,770	甲部門費	3,170
乙部門費	2,330	次月繰越	3,930　→借方残高
	7,100		7,100

（注）甲部門と乙部門の純額にて記入する。
　　　8,520 − 3,750 = 4,770（借方残高）

演習 5-1

解答

1.

(1)

(単位：円)

	借方科目	金額	貸方科目	金額
第1期末	未成工事受入金 完成工事原価	75,000,000 64,500,000	完 成 工 事 高 未成工事支出金	75,000,000 64,500,000
第2期末	未成工事受入金 完成工事未収入金 完成工事原価	25,000,000 155,000,000 154,800,000	完 成 工 事 高 未成工事支出金	180,000,000 154,800,000
第3期の 引渡時	完成工事未収入金 完成工事原価	45,000,000 39,000,000	完 成 工 事 高 未成工事支出金	45,000,000 39,000,000

(2)

第1期末 ¥ 10,500,000　第2期末 ¥ 25,200,000　第3期の引渡時 ¥ 6,000,000

(3)

(単位：円)

	借方科目	金額	貸方科目	金額
第3期の 引渡時	未成工事受入金 完成工事未収入金 完成工事原価	100,000,000 200,000,000 258,300,000	完 成 工 事 高 未成工事支出金	300,000,000 258,300,000

2.

(単位：円)

No.	借方科目	金額	貸方科目	金額
(1)	未成工事受入金 完成工事未収入金 完成工事原価	1,250,000 6,250,000 6,000,000	完 成 工 事 高 未成工事支出金	7,500,000 6,000,000
(2)	完成工事未収入金 完成工事原価	2,900,000 2,100,000	完 成 工 事 高 未成工事支出金	2,900,000 2,100,000

3.　¥ 2,000,000

解説

1.
(1) 第1期末

完成工事高　$300,000,000 \times \dfrac{64,500,000}{258,000,000} = 75,000,000$
　　　　　　　　　　　　(0.25)

第2期末

工事進捗度　$\dfrac{64,500,000 + 154,800,000}{258,000,000} = \dfrac{219,300,000}{258,000,000} = 0.85$

完成工事高　$300,000,000 \times 0.85 - 75,000,000 = 180,000,000$

第3期の引渡時

完成工事高　$300,000,000 - 75,000,000 - 180,000,000 = 45,000,000$

(2)

	完成工事高		完成工事原価		工事利益
第1期末	75,000,000	−	64,500,000	=	10,500,000
第2期末	180,000,000	−	154,800,000	=	25,200,000
第3期の引渡時	45,000,000	−	39,000,000	=	6,000,000
計	300,000,000		258,300,000		41,700,000
	⇓		⇓		
	(3)の完成工事高		(3)の完成工事原価		

2.
(1) ・前期の処理

完成工事高：$15,000,000 \times \dfrac{3,000,000}{12,000,000} = 3,750,000$
　　　　　　　　　　　　　(0.25)

仕訳：（借）未成工事受入金　3,750,000（注）　（貸）完成工事高　　3,750,000
　　　　　　完成工事原価　　3,000,000　　　　　　未成工事支出金　3,000,000

（注）未成工事受入金の残高　$5,000,000 - 3,750,000 = 1,250,000$

・当期の処理

工事進捗度：$\dfrac{3,000,000 + 6,000,000}{12,000,000} = 0.75$

完成工事高：$15,000,000 \times 0.75 - 3,750,000 = 7,500,000$

(2) ・前期の処理

完成工事高：$6,000,000 \times \dfrac{1,400,000}{4,000,000} = 2,100,000$
　　　　　　　　　　　　(0.35)

仕訳：(借) 完成工事未収入金　2,100,000　　完成工事高　　2,100,000
　　　　　　完成工事原価　　　1,400,000　　未成工事支出金　1,400,000

・当期の処理

完成工事高：$6,000,000 \times \dfrac{1,400,000 + 2,100,000}{4,200,000 \text{（注）}} - 2,100,000 = 2,900,000$

（注）工事原価総額の見積額を変更した場合は、変更が行われた期に処理し、過去に遡った修正は必要ない。

3. 成果の確実性を事後的に獲得した場合は、過去に遡った修正は必要なく、当期から工事進行基準を適用する。

$25,000,000 \times \dfrac{3,500,000 + 14,500,000}{22,500,000} = 20,000,000$
　　　　　　　　　　　　(0.8)

演習 5-2

解答

問1　(1) ¥ 3,145,200　　(2) ¥ 42,000

問2

No.	借方科目	金額	貸方科目	金額
①	販売費及び一般管理費(注)	8,000	当　座　預　金	12,000
	前払保険料	4,000		
②	当　座　預　金	200,000	工　事　未　払　金	200,000
③	当　座　預　金	300,000	完成工事未収入金	300,000

(注)「保険料」の場合もある。勘定科目の指示に注意する。

解説

問1　(1)

銀行勘定調整表

	自社残高	銀行残高
調 整 前 残 高	2,635,000	3,145,200　(逆算で求める)
① 入金通知未達	(＋) 368,000	
② 未取付小切手		(－) 179,000
③ 出金通知未達	(－) 36,800	
調 整 後 残 高	2,966,200 ＝	2,966,200

(2)

銀行勘定調整表

	自社残高	銀行残高
調 整 前 残 高	Ⓐ	Ⓑ
① 時 間 外 預 入		(＋) 60,000
② 入金通知未達	(＋) 75,000	
③ 未取立小切手		(＋) 45,000
④ 出金通知未達	(－) 12,000	
調 整 後 残 高	Ⓒ ＝	Ⓒ

Ⓐ＋ 75,000 － 12,000 ＝Ⓑ＋ 60,000 ＋ 45,000

Ⓐ＝Ⓑ＋ 60,000 ＋ 45,000 － 75,000 ＋ 12,000

Ⓐ＝Ⓑ＋ 42,000

問2 ・①出金通知未達、②未渡小切手、③入金通知未達であり、いずれも自社残高を修正する。

・①前払保険料 $12,000 \times \dfrac{4}{12} = 4,000$

・決算整理後の当座預金残高
　　37,000 − ① 12,000 + ② 200,000 + ③ 300,000 = 525,000
　　　　　　　　　　　　　　　　　　　　　　　　　↓
　　　　　　　　　　　　　　　　　　　　　　期末残高証明書

演習 5-3

解答

1.

(単位：円)

No.	借方科目	金　額	貸方科目	金　額
(1)	投資有価証券 有価証券利息	1,940,000 2,650	当　座　預　金	1,942,650
(2)	当　座　預　金	568,400	投資有価証券 投資有価証券売却益	535,000 33,400
(3)	当　座　預　金 支　払　利　息 差　入　有　価　証　券	1,975,000 25,000 2,500,000	借　入　金 投資有価証券	2,000,000 2,500,000
(4)	有価証券評価損	90,000	有　価　証　券	90,000

2. ￥　　85,300

> 解説

1.
(1) 満期保有目的であるから、「投資有価証券」勘定で処理する。

$$2,000,000 \times \frac{97}{100} = 1,940,000$$

(2) 購入時の1株あたりの帳簿価額：$\dfrac{3,000株 \times 520 + 45,000}{3,000株} = 535$

　売却したA社株式の帳簿価額：1,000株 × 535 = 535,000
　A社株式の売却額：1,000株 × 580 − 11,600 = 568,400
　なお、A社株式は、取引関係の強化を目的に長期に保有しているため、「投資有価証券」勘定で処理する。

(3) 手持の有価証券と区別するため「差入有価証券」に振り替える。金額は帳簿価額で処理する。

(4) 評価損　1,900,000 − 1,810,000 = 90,000
　　　　　（帳簿価額）　（時価）

（注）「長期保有目的」であれば、次のような仕訳になるので注意を要する。
　　　（借）投資有価証券評価損　90,000　　（貸）投 資 有 価 証 券　90,000

2.
A社株式の取得原価　　2,000株 × 220 + 4,400 = 444,400
A社株式の売却額　　　1,000株 × 310 − 2,500 = 307,500 ①

売却株式の帳簿価額　　$444,400 \times \dfrac{1,000株}{2,000株} = \underline{222,200}$ ②

投資有価証券売却益（①−②）　　　　　　　　$\underline{85,300}$

演習 5-4

解答

(1)

(単位：円)

借方科目	金　額	貸方科目	金　額
工事未払金	2,450,000	当 座 預 金	2,401,000
		仕 入 割 引	49,000

(2) ① ¥ 850　　② ¥ 36,000

解説

(2) ① 取得原価＝仕入代金＋引取運賃－仕入割戻
　　　　　　＝500,000＋18,000－8,000＝510,000
　　仕入単価＝510,000÷600個＝850
　　（仕入割引は金融上の収益と考えられるので、材料の取得原価には影響させない）

② 仕入代金をxとすると、$x－x×0.018＝1,964,000$
　　　　　　　　　　　　　　$0.982x＝1,964,000$
　　　　　　　　　　　　∴　$x＝2,000,000$
　仕入割引額　2,000,000－1,964,000＝36,000
　　（または、2,000,000×0.018＝36,000）

演習 5-5

解答

(単位:円)

No.	借方科目	金額	貸方科目	金額
(1)	不渡手形	350,000	当座預金	350,000
	裏書手形	350,000	受取手形	350,000
(2)	当座預金	1,477,500	割引手形	1,500,000
	手形売却損	22,500		
(3)	割引手形	950,000	受取手形	950,000
(4)	工事未払金	2,300,000	完成工事未収入金	2,300,000
(5)	材料	500,000	受取手形	380,000
			工事未払金	120,000
	手形裏書義務見返	380,000	手形裏書義務	380,000

解説

(1) 裏書した手形が不渡になったときは、支払った時点で「不渡手形」勘定を借方に計上する。また、裏書時に評価勘定を用いているため、「裏書手形」勘定で処理する。

(2) 評価勘定方式による偶発債務を表示するため、貸方は受取手形ではなくて、「割引手形」となる。

(3) 支払期日に決済されたので、偶発債務が消滅したため、割引手形の借方に記帳する。

(4)

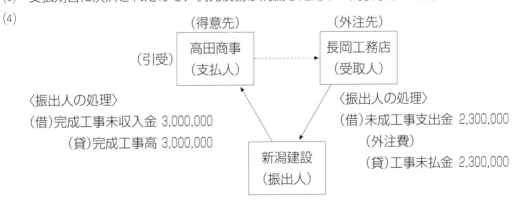

〈為替手形の振出〉 (借)工事未払金　2,300,000　(貸)完成工事未収入金　2,300,000

(5) 対照勘定方式による偶発債務を表示するため、「受取手形」という手形債権を消滅させ、新たに「手形裏書義務」勘定の貸方に記帳する。

演習 5-6

解答

問1

(単位：円)

No.	借方科目	金額	貸方科目	金額
(1)	当座預金 支払利息	493,750 6,250	手形借入金	500,000
(2)	手形貸付金	700,000	当座預金	700,000

問2　¥ 1,100,000

解説

問1
(1) 借り入れにあたって約束手形を振り出しているので、「手形借入金」勘定で処理する。
(2) 貸し付けにあたり、証書の代りに約束手形を受け取っているので「手形貸付金」勘定で処理する。

問2

債権金額￥1,200,000＞取得価額￥1,000,000であり、差額￥200,000を弁済期までの4年間にわたって取得価額に加算していくことになる。

● 毎期加算していく金額　200,000÷4年＝50,000

参　考　仕　訳

令和X1年 1月 1日	1,000,000	(借)手形貸付金 1,000,000　(貸)現金 1,000,000
令和X1年12月31日	50,000	(借)手形貸付金 50,000　(貸)受取利息 50,000
	1,050,000	
令和X2年12月31日	50,000	(借)手形貸付金 50,000　(貸)受取利息 50,000
	1,100,000	

演習 6-1

解答

問1

(単位：円)

No.	借方科目	金額	貸方科目	金額
(1)	建物	17,500,000	建設仮勘定 営業外支払手形	14,200,000 3,300,000
(2)	減価償却累計額 営業外受取手形 機械装置売却損	1,380,000 750,000 170,000	機械装置	2,300,000
(3)	完成工事未収入金 建物 のれん	2,800,000 6,500,000 1,400,000	工事未払金 未払金 当座預金	1,200,000 1,500,000 8,000,000
(4)	貯蔵品 減価償却累計額 機械装置除却損	30,000 2,450,000 120,000	機械装置	2,600,000

問2　① ¥55,000　② ¥260,000　③ 7年

解説

問1

(1) 本社倉庫が完成したときに、建設仮勘定から本勘定（建物）に振り替える。
固定資産の取得のために振り出した約束手形は、営業取引以外の取引から発生したので、「営業外支払手形」で処理する。

(2) 固定資産の売却によって受取った約束手形は、営業取引以外の取引から発生したので、「営業外受取手形」で処理する。
機械装置売却損（注）
売却代金 − 売却資産の簿価 ＝ 売却損益
750,000 − (2,300,000 − 1,380,000) ＝ △170,000　（損失）
(注)固定資産売却損でも誤りではないが、売却損の前に、機械装置とか、車両運搬具をつけた勘定科目としての出題が多い。検定試験では〈勘定科目群〉の指示に従うこと。

(3) 買収時の資産及び負債をそのまま借方及び貸方に記入する。
　　　受入れた純資産（資産－負債）　6,600,000
　　　当座預金による支払額　　　　　8,000,000
　　　差額（のれん）　　　　　　　　1,400,000

(4) 固定資産を使用の途中で廃棄処分する場合に、公正な評価額がある場合は、その評価額を「貯蔵品」勘定（資産）に計上し，公正な評価額と未償却残高との差額は、固定資産除却損（又は益）勘定で処理する。

問2

① 「のれん」の償却については、20年以内に均等額以上の償却を行うことが要求されている。
　・買収時の仕訳を示すと次のとおりである。
　　　（借）材　　　料　1,200,000　　（貸）工事未払金　2,200,000
　　　　　　建　　　物　4,400,000　　　　　借　入　金　2,500,000
　　　　　　土　　　地　2,000,000(注)　　　当 座 預 金　4,000,000
　　　　　　の　れ　ん　1,100,000
　　　（注）土地については、時価が明示されているので、時価で受け入れることに注意する。
　・のれんの償却額　　1,100,000 ÷ 20年 ＝ 55,000

② ・交換によって取得したトラックの取得原価 1,500,000 － 200,000 ＝ 1,300,000
　　　（交換差金を受け取った場合は適正簿価から減算する。）
　　・年間の減価償却費 1,300,000 ÷ 5年 ＝ 260,000
　　・参考：交換時の仕訳　　（借）現　　　金　　200,000　　（貸）車両運搬具 1,500,000
　　　（直接記入法）　　　　　　　車両運搬具 1,300,000

③

	Ⓐ 取得原価	Ⓑ 耐用年数	定額法による年間償却額 Ⓐ/Ⓑ
機械甲	2,700,000	6年	450,000
機械乙	9,000,000	10年	900,000
機械丙	1,440,000	4年	360,000
計	13,140,000		1,710,000

　　加重平均法　13,140,000 ÷ 1,710,000 ＝ 7.68 ⟶ 7年

演習 6-2

解答

問1

(単位：円)

No.	借方科目	金額	貸方科目	金額
(1)	機械装置	300,000	当座預金	500,000
	修繕引当金	150,000		
	未成工事支出金（注）	50,000		
(2) イ	未成工事支出金	16,000	機械装置減価償却累計額	16,000
(2) ロ	販売費及び一般管理費	356,000	退職給付引当金	356,000
	退職給付引当金	32,000	未成工事支出金	32,000

（注）機械等経費でもよい。〈勘定科目群〉の指示に注意する。

問2　① ¥ 215,000

　　　② ¥ 25,000

解説

問1

(1) 改良費の部分￥300,000は資産として計上する。残額￥200,000のうち、￥150,000は修繕引当金を充当し、修繕引当金の残高を超える金額￥50,000は工事原価とする。

(2) イ．予定計上額　　26,000×12＝312,000
　　　　実際発生額　　　　　　　　328,000
　　　　差額（帳簿上計上不足）△16,000（未成工事支出金に加算）

　　ロ．予定計上額　　22,000×12＝264,000
　　　　実際発生額　　　　　　　　232,000
　　　　差額（帳簿上過大計上）　　32,000（未成工事支出金から減算）

問2
① 自己都合による退職給付要支給額を退職給付引当金とする方法で考える。
・退職金支払時の仕訳（現金支払とする）
　　（借）退職給付引当金　　21,000　　（貸）現　　　　金　21,000
・引当金の増加額の仕訳
　　（借）退職給付引当金繰入額　56,000　（貸）退職給付引当金　56,000

退職給付引当金

退職金支払	21,000	前期末	215,000 →逆算
当期末	250,000	増加額	56,000
	271,000		271,000

②
・前期の完成工事未収入金の貸倒れ
　　（借）貸倒引当金　　23,000　　（貸）完成工事未収入金　23,000
・当期の完成工事未収入金の貸倒れ
　　（借）貸倒損失（注）　15,000　（貸）完成工事未収入金　15,000
（注）当期分については、前期の貸倒引当金の設定対象になっていないため。
・前期末に設定した貸倒引当金の残高　58,000 － 23,000 ＝ 35,000
・当期末の貸倒引当金の設定額　2,000,000 × 0.03 ＝ 60,000
・差額補充法による貸倒引当金繰入額　60,000 － 35,000 ＝ 25,000

演習 6-3

解答

問1
(単位：円)

No.	借方科目	金額	貸方科目	金額
(1)	減価償却累計額 火災未決算	4,550,000 2,450,000	建物	7,000,000
(2)	未収入金	6,000,000	火災未決算 保険差益	5,750,000 250,000
(3)	現金 売上割引	2,462,500 37,500	完成工事未収入金	2,500,000

問2　¥ 56,960

解説

問1　(1) 保険金額が確定するまで、事務所の帳簿価額を「火災未決算」勘定で一時的に処理しておく。

(2) 火災未決算勘定の借方に計上されていた金額
　　10,000,000−4,250,000＝5,750,000（帳簿価額）

火災未決算勘定は、保険金額が確定した時に貸方に振り替えられる。確定した保険金額と帳簿価額との差額は、保険差益で処理する（未決算勘定の金額より保険金額が少ない場合は、「火災損失」（注）で処理する）。保険金は、正式査定を受けた時点ではまだ入金されていないので「未収入金」で処理する。

（注）「災害損失」の場合もあるので、勘定科目群の指示に注意したい。

(3) 売上割引の金額　2,500,000×0.015＝37,500

問2　工事代金の未収額を x とする。

$x - x \times 0.016 = 3,503,040$

$0.984x = 3,503,040$

∴　$x = 3,560,000$

売上割引額　3,560,000×0.016＝56,960

（または、3,560,000−3,503,040＝56,960）

演習6-4

解答

問1　　　　　　　　　　　　　　　　　　　　　　　　　　　　　　　（単位：円）

No.	借方科目	金額	貸方科目	金額
(1)	別 段 預 金	15,300,000	新株式申込証拠金	15,300,000
(2)	資 本 金	10,000,000	資本金減少差益(注)	10,000,000
(3)	繰越利益剰余金	6,600,000	未 払 配 当 金 利 益 準 備 金	6,000,000 600,000
(4)	損 益	1,810,000	繰越利益剰余金	1,810,000
(5)	法人税、住民税及び事業税	2,590,000	仮 払 法 人 税 等 未 払 法 人 税 等	1,250,000 1,340,000
(6)	新株式申込証拠金	14,400,000	資 本 金 株式払込剰余金	10,000,000 4,400,000
(7)	完成工事未収入金	1,620,000	完 成 工 事 高 仮 受 消 費 税	1,500,000 120,000

（注）減資差益とする場合もあり、勘定科目群の指示に注意する。

解説

(1) 増資による新株発行の効力が発生（払込期日）するまで、別段預金と新株式申込証拠金で処理する。金額は、払込価額（¥85,000）×発行株数（180株）で計算する。

(2) 資本金の減少は、資本金をその他資本剰余金(資本金減少差益)に振り替える処理を行う。

(3) 取締役会の決議によって、中間配当とそれに伴う利益準備金の積立が行うことができる。中間配当の原資は繰越利益剰余金になるので、それを借方に計上する。

　　利益準備金の積立額は中間配当金の $\frac{1}{10}$ である。

(4) 当期純利益は損益勘定の貸方残高を意味する。当期純利益の金額を損益勘定の借方に記入し（損益勘定の残高を¥0にする）、繰越利益剰余金勘定の貸方に記入する。その結果、繰越利益剰余金の残高は¥2,360,000となる。

(5) 当期負担分の法人税、住民税、事業税は「法人税、住民税及び事業税」勘定で処理する。仮払法人税等は、中間納付の時、借方に計上してあるはずである。決算時に貸方に振り替え、年間の税額から差し引いた残額が未払法人税等として計上される。

(6) 資本金　200株×50,000＝10,000,000（資本組入額）
　　 株式払込剰余金　（72,000－50,000）×200株＝4,400,000

(7) 税抜方式であるから、消費税の額を「仮受消費税」として貸方に計上する。

解答

問2　① ¥ 12,500,000　　② ¥ 2,300,000
　　 ③ ¥ 550,000

解説

① 会社は設立にあたり、授権資本（授権株式数）の$\frac{1}{4}$以上の株式を発行しなければならない。授権株式数の$\frac{1}{4}$が最低限度となる。

$$1,000 株 \times \frac{1}{4} \times 50,000 = 12,500,000$$

② 受入純資産　　25,600,000－13,300,000＝12,300,000
　　　　　　　　　（諸資産）　　（諸負債）
　　合併による交付株式　　200株×50,000＝10,000,000
　　　差額（合併差益）　　　　　　　　　 2,300,000

〈参考〉仕訳で考えれば次のとおりになる。
　　　　（借）諸資産　　25,600,000　　（貸）諸負債　　13,300,000
　　　　　　　　　　　　　　　　　　　　　　資本金　　10,000,000
　　　　　　　　　　　　　　　　　　　　　　合併差益　 2,300,000

③ 株主配当金　$5,500,000 \times \frac{1}{10} = 550,000$

　　準備金積立額　31,500,000＋550,000＝32,050,000＜50,000,000 $\left(資本金の\frac{1}{4}\right)$
　　　　　　　　　（既積立額）
　　　　　　　　　　　　　　　　　　　　必ずチェックすること。

$\left(本問の場合、資本金の\frac{1}{4}以内であるから、¥550,000の積立ができる\right)$

演習 6-5

解答

問1 (単位:円)

借方科目	金額	貸方科目	金額
当 座 預 金	49,250,000	社　　　債	49,250,000

問2　¥ 16,000

解説

問1　社債発行時の仕訳

(借)当座預金　4,925,000　(貸)社債　4,925,000　(5,000,000 × $\frac{98.50}{100}$)

問2　償却原価法の適用

額面総額と払込金額の差額：5,000,000 − 4,925,000 = 75,000
社債の価額に加算する金額：75,000 ÷ 5年 = 15,000

各期の社債の価額

	社債価額
×1.4.1	4,925,000
加算	15,000
×2.3.31	4,940,000
加算	15,000
×3.3.31	4,955,000
加算	15,000
×4.3.31	4,970,000

⇒ 上記のうち×4.4.1に額面金額¥1,000,000を買入償還

◎買入償還に対応する社債価額　4,970,000 × $\frac{1,000,000}{5,000,000}$ = 994,000

・買入償還時の仕訳(当座預金による支払とする)

(借)社　債　994,000　(貸)当座預金 1,010,000　(1,000,000 × $\frac{101}{100}$)
　　　社債償還損　16,000

演習 7-1

解答

① ¥ 51,400　　② ¥ 91,600

③ ¥ 110,300　　④ ¥ 40,400

解説

①

```
期首─────────当期─────────期末
  │ 期首前払額 7,700 │
            │    当期の支払額 ?    │
  │  当期の費用（損益計算書）52,600  │ 期末前払額 6,500 │
```

当期費用のうち当期支払額　52,600－7,700＝44,900
期末前払分＝当期支払額　　　　　　　　　6,500
当期における保険料支払額　　　　　　　51,400

〈参考〉〔期首の再振替仕訳〕（借）保険料　　　7,700　（貸）前払保険料　7,700
　　　　〔支払時の仕訳〕　　（借）保険料　　　　　　　（貸）現　金
　　　　〔期末の決算整理仕訳〕（借）前払保険料　6,500　（貸）保険料　　　6,500

```
              保険料
(期首)前払保険料  7,700 │(期末)前払保険料  6,500      7,700＋☐＝59,100
現　金           ☐    │損　益         52,600              ☐＝51,400
                59,100│               59,100
```

②

```
         期              期
         首    当期      末
         |──────────────|
┌─────────────────────┐
│ 期首未払額 16,000    │
└─────────────────────┘
┌─────────────────────────────┐┌──────────────────┐
│    当期の支払額　？         ││期末未払額 12,800 │
└─────────────────────────────┘└──────────────────┘
         ┌───────────────────────────────────┐
         │   当期の費用（損益計算書）88,400  │
         └───────────────────────────────────┘
```

　　当期費用のうち当期支払額　88,400 － 12,800 ＝ 75,600
　　期首未払分＝当期支払額　　　　　　　　　　　　16,000
　　　　当期における利息の支払額　　　　　　　　　91,600

〈参考〉〔期首の再振替仕訳〕　（借）未払利息　16,000　（貸）支払利息　16,000
　　　　〔支払時の仕訳〕　　　（借）支払利息　[　　]　（貸）現　金　　[　　]
　　　　〔期末の決算整理仕訳〕（借）支払利息　12,800　（貸）未払利息　12,800

```
               支払利息
現　金        [     ]  │（期首）未払利息  16,000    [     ]＋12,800＝104,400
（期末）未払利息 12,800 │損　益           88,400    [     ]＝91,600
              ─────────│─────────
              104,400  │                104,400
```

③

```
         期              期
         首    当期      末
         |──────────────|
┌─────────────────────┐
│ 期首未収額 22,000    │
└─────────────────────┘
┌─────────────────────────────┐┌──────────────────┐
│    当期の収入額　？         ││期末未収額 47,300 │
└─────────────────────────────┘└──────────────────┘
         ┌───────────────────────────────────┐
         │   当期の収益（損益計算書）135,600 │
         └───────────────────────────────────┘
```

　　当期収益のうち当期収入額　135,600 － 47,300 ＝ 88,300
　　期首未収分＝当期収入額　　　　　　　　　　　　22,000
　　　　当期における利息の収入額　　　　　　　　 110,300

〈参考〉〔期首の再振替仕訳〕　（借）受取利息　22,000　（貸）未収利息　22,000
　　　　〔収入時の仕訳〕　　　（借）現　金　　[　　]　（貸）受取利息　[　　]
　　　　〔期末の決算整理仕訳〕（借）未収利息　47,300　（貸）受取利息　47,300

```
               受取利息
（期首）未収利息 22,000 │現　金          [     ]    [     ]＋47,300＝157,600
損　益          135,600│（期末）未収利息 47,300    [     ]＝110,300
              ─────────│─────────
              157,600  │                157,600
```

④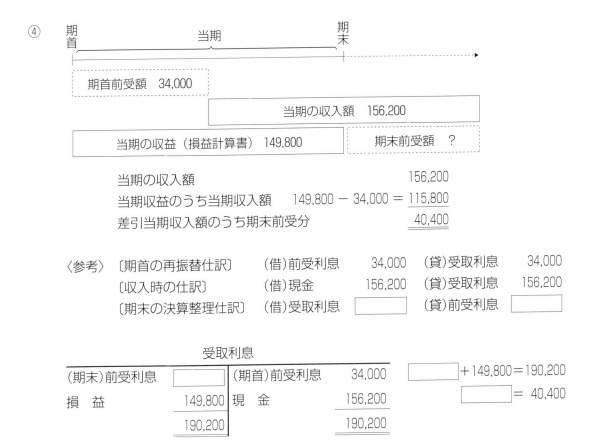

演習 7-2

解答

精算表

(単位：円)

【参考】	勘定科目	残高試算表 借方	残高試算表 貸方	整理記入 借方	整理記入 貸方	損益計算書 借方	損益計算書 貸方	貸借対照表 借方	貸借対照表 貸方
(資産)	現　　　　金	3,240			(1) 300			2,940	
(資産)	当 座 預 金	98,400						98,400	
(資産)	受 取 手 形	728,000						728,000	
(資産)	完成工事未収入金	1,182,000			(6) 75,000			1,107,000	
※(資産)	貸 倒 引 当 金		36,200		(7) 500				36,700
(資産)	未成工事支出金	1,845,300		(2) 65,000 (4) 1,800 (5) 65,000 (9) 990	(8) 2,000 (11) 183,000			1,793,090	
(資産)	材 料 貯 蔵 品	184,000			(2) 65,000			119,000	
(資産)	仮 　払　 金	74,500			(3) 18,000 (12) 56,500				
(資産)	機 械 装 置	750,000						750,000	
※(資産)	機械装置減価償却累計額		326,300		(4) 1,800				328,100
(資産)	備　　　　品	75,600						75,600	
※(資産)	備品減価償却累計額		37,800		(4) 12,600				50,400
(負債)	支 払 手 形		938,000						938,000
(負債)	工 事 未 払 金		297,000		(5) 65,000				362,000
(負債)	借 　入　 金		526,000						526,000
(負債)	未成工事受入金		334,000		(6) 120,000				454,000
(負債)	仮 　受　 金		195,000	(6) 75,000 (6) 120,000					
(負債)	完成工事補償引当金		6,500		(9) 990				7,490
(負債)	退職給付引当金		710,640	(8) 2,000	(8) 28,000				736,640
(純資産)	資 　本　 金		800,000						800,000
(純資産)	繰越利益剰余金		250,000						250,000
(収益)	完 成 工 事 高		3,745,000				3,745,000		
(費用)	完 成 工 事 原 価	3,172,800		(11) 183,000		3,355,800			
(費用)	販売費及び一般管理費	103,400		(4) 12,600 (8) 28,000	(10) 28,000	116,000			
(収益)	受取利息配当金		43,250				43,250		
(費用)	支 払 利 息	28,450		(3) 12,000		40,450			
		8,245,690	8,245,690						
(資産)	前 払 費 用			(3) 6,000 (10) 28,000				34,000	
(費用)	貸倒引当金繰入額			(7) 500		500			
(費用)	雑 　損　 失			(1) 300		300			
(負債)	未払法人税等				(12) 53,580				53,580
(費用)	法人税､住民税及び事業税			(12) 110,080		110,080			
				710,270	710,270	3,623,130	3,788,250	4,708,030	4,542,910
	当期（純利益）					165,120			165,120
						3,788,250	3,788,250	4,708,030	4,708,030

(注) 整理記入欄の(1)～(12)は〈決算整理事項等〉との関連を示すために記入しているものであり、実際の検定試験では記入しないこと。

【参考】 学習の参考として示してある。→解答としては不要である。

※ 「資産の評価勘定」といわれ、残高は貸方に生じる。

解説

1. 決算整理仕訳

(単位:円)

No.	借方 勘定科目	金額	貸方 勘定科目	金額
(1)	雑損失	300	現金	300
(2)	未成工事支出金	65,000	材料貯蔵品	65,000
(3)①	支払利息	12,000	仮払金	18,000
	前払費用	6,000		
(4)	未成工事支出金	1,800	機械装置減価償却累計額	1,800
	販売費及び一般管理費	12,600	備品減価償却累計額	12,600
(5)	未成工事支出金	65,000	工事未払金	65,000
(6)	仮受金	75,000	完成工事未収入金	75,000
	仮受金	120,000	未成工事受入金	120,000
(7)	貸倒引当金繰入額	500	貸倒引当金	500
(8)	販売費及び一般管理費	28,000	退職給付引当金	28,000
	退職給付引当金	2,000	未成工事支出金	2,000
(9)	未成工事支出金	990	完成工事補償引当金	990
(10)	前払費用	28,000	販売費及び一般管理費	28,000
(11)	完成工事原価	183,000	未成工事支出金	183,000
(12)	法人税、住民税及び事業税	110,080	仮払金	56,500
			未払法人税等	53,580

(1) 過不足の発生原因が不明なので「雑損失」で処理する。

(2) 「棚卸減耗は工事原価に算入する」とあるのは「未成工事支出金」で処理する。

(3) ① 前払費用:$18,000 \times \frac{1}{3} = 6,000$

② 法人税等の中間納付額については、(12)で処理する。

(4) ① 機械装置:予定計上額　　　　$8,600 \times 12 = 103,200$
　　　　　　　実際発生額　　　　　　　　　　105,000
　　　　　　　計上不足(未成工事支出金に加算)　△1,800

② 備品:$\frac{75,600}{6年} = 12,600$

(5) 「仮設撤去費の未払分」は工事原価になるので、「工事未払金」として処理する。

(6) ① 「完成工事の未収代金」は「完成工事未収入金」で処理する。

② 「工事契約による前受金」は「未成工事受入金」で処理する。

(7) 売上債権の期末残高：受取手形　　　　　　　　　　　　　728,000
　　　　　　　　　　完成工事未収入金 1,182,000 − 75,000 = 1,107,000
　　　　　　　　　　　　　　　　　　　　　　　　　　　　1,835,000
　　貸倒引当金の当期設定額　　　　1,835,000 × 0.02 = 36,700
　　貸倒引当金の試算表残高　　　　　　　　　　　　　　　36,200
　　差額補充額　　　　　　　　　　　　　　　　　　　　　　 500
　　（注）費用科目について…この出題では、勘定科目欄に「貸倒引当金繰入額」が指示されているので、その指示に従う。

(8) 本社事務員：予定計上をしていないので、当期繰入額は「販売費及び一般管理費」として計上する。
　　現場作業員：予定計上額　　　　　3,700 × 12 = 44,400
　　　　　　　　実際発生額　　　　　　　　　　　　 42,400
　　　　　　　　過大計上（未成工事支出金から減算）　2,000

(9) 完成工事補償引当金の当期設定額　3,745,000 × 0.002 = 7,490
　　完成工事補償引当金の試算表残高　　　　　　　　　　　6,500
　　　　　　　　差額補充額　　　　　　　　　　　　　　　 990

(10) 前払費用：$84,000 \times \dfrac{4}{12} = 28,000$

(11) 未成工事支出金

未成工事支出金

残高試算表	1,845,300	整理(8)	2,000
整理(2)	65,000	完成工事原価	183,000 →逆算で求める
整理(4)	1,800	次期繰越	1,793,090 ←設問より
整理(5)	65,000		
整理(9)	990		
	1,978,090		1,978,090

(12) 解き方の順序
　① (1)〜(11)の決算整理仕訳を行い、「整理記入」欄に記入する。
　② (1)〜(11)の段階で「損益計算書」欄と「貸借対照表」欄を記入する。
　③ 「損益計算書」欄で税引前当期純利益を計算する。
　　　(1)〜(11)の段階：収益合計　　　3,788,250
　　　　　　　　　　　 費用合計　　　3,513,050
　　　　　　　　　　　 税引前当期純利益　275,200
　④ 当期の法人税、住民税及び事業税　275,200 × 0.4 = 110,080
　　　法人税等の中間納付額（整理(3)②）　　　　　　56,500
　　　未払法人税等　　　　　　　　　　　　　　　　53,580

2. 損益計算書欄及び貸借対照表欄の記入
　★資産、負債、資本（純資産）に属する科目…貸借対照表欄に記入（試算表残高±整理記入）
　★収益、費用に属する科目………………………損益計算書欄に記入（試算表残高±整理記入）

演習 7-3

解答

精算表 (単位：円)

【参考】	勘定科目	残高試算表 借方	残高試算表 貸方	整理記入 借方	整理記入 貸方	損益計算書 借方	損益計算書 貸方	貸借対照表 借方	貸借対照表 貸方
(資産)	現　　　　金	3,500						3,500	
(資産)	当　座　預　金	74,500						74,500	
(資産)	受　取　手　形	610,000						610,000	
(資産)	完成工事未収入金	955,000			(4) 40,000			915,000	
※(資産)	貸　倒　引　当　金		29,200		(5) 1,300				30,500
(資産)	未成工事支出金	864,000		(1) 3,200 (3) 2,000 (7) 2,200 (8) 4,200	(6) 1,100 (10) 2,500			872,000	
(資産)	材　料　貯　蔵　品	82,400			(1) 3,200			79,200	
(資産)	仮　　払　　金	46,200			(2) 5,200 (11) 41,000				
(資産)	機　械　装　置	480,000						480,000	
※(資産)	機械装置減価償却累計額		386,000		(3) 2,000				388,000
(資産)	備　　　　品	64,000						64,000	
※(資産)	備品減価償却累計額		28,000		(3) 9,000				37,000
(負債)	支　払　手　形		644,000						644,000
(負債)	工　事　未　払　金		51,300		(7) 2,200				53,500
(負債)	借　　入　　金		200,000						200,000
(負債)	未成工事受入金		148,500						148,500
(負債)	仮　　受　　金		40,000	(4) 40,000					
(負債)	完成工事補償引当金		6,500	(2) 5,200	(8) 4,200				5,500
(負債)	退職給付引当金		435,000	(8) 1,100	(6) 25,000				458,900
(純資産)	資　　本　　金		600,000						600,000
(純資産)	繰越利益剰余金		140,000						140,000
(収益)	完　成　工　事　高		2,750,000				2,750,000		
(費用)	完　成　工　事　原　価	2,156,000		(10) 2,500		2,158,500			
(費用)	販売費及び一般管理費	122,000		(3) 9,000 (6) 25,000	(9) 700	155,300			
(収益)	受取利息配当金		4,600				4,600		
(費用)	支　払　利　息	5,500				5,500			
		5,463,100	5,463,100						
(資産)	前　払　家　賃			(9) 700				700	
(費用)	貸倒引当金繰入額			(5) 1,300		1,300			
(負債)	未払法人税等				(11) 132,600				132,600
(費用)	法人税、住民税及び事業税			(11) 173,600		173,600			
				270,000	270,000	2,494,200	2,754,600	3,098,900	2,838,500
	当期（純利益）					260,400			260,400
						2,754,600	2,754,600	3,098,900	3,098,900

(注) 整理記入欄の(1)～(11)は〈決算整理事項〉との関連を示すために記入しているものであり、実際の検定試験では記入しないこと。

【参考】 学習の参考として示してある。→解答としては不要である。

※ 「資産の評価勘定」といわれ、残高は貸方に生じる。

解説

1. 決算整理仕訳

(単位：円)

No.	借方 勘定科目	金額	貸方 勘定科目	金額
(1)	未成工事支出金	3,200	材料貯蔵品	3,200
(2)	完成工事補償引当金	5,200	仮払金	5,200
(3)	未成工事支出金	2,000	機械装置減価償却累計額	2,000
	販売費及び一般管理費	9,000	備品減価償却累計額	9,000
(4)	仮受金	40,000	完成工事未収入金	40,000
(5)	貸倒引当金繰入額	1,300	貸倒引当金	1,300
(6)	販売費及び一般管理費	25,000	退職給付引当金	25,000
	退職給付引当金	1,100	未成工事支出金	1,100
(7)	未成工事支出金	2,200	工事未払金	2,200
(8)	未成工事支出金	4,200	完成工事補償引当金	4,200
(9)	前払家賃	700	販売費及び一般管理費	700
(10)	完成工事原価	2,500	未成工事支出金	2,500
(11)	法人税、住民税及び事業税	173,600	仮払金	41,000
			未払法人税等	132,600

(1) 「棚卸減耗を工事原価に算入する」とあるのは「未成工事支出金」で処理する。

(2) ① 「過年度の完成工事に関する補修費」は「完成工事補償引当金」で処理する。
　　② 法人税等の中間納付額については、(11)で処理する。

(3) ① 機械装置：予定計上額　　　5,000 × 12月 ＝ 60,000
　　　　　　　　実際発生額　　　　　　　　　　　62,000
　　　　　　　　計上不足（未成工事支出金に加算）　△2,000

　　② 備品：定率法　(64,000 − 28,000) × 0.250 ＝ 9,000

(4) 「工事の未収代金の回収分」は「完成工事未収入金」で処理する。

(5) 売上債権の期末残高：受取手形　　　　　　　　　　610,000
　　　　　　　　　　完成工事未収入金 955,000 － 40,000 ＝ 915,000
　　　　　　　　　　　　　　　　　　　　　　　　　　1,525,000
　　　貸倒引当金の当期設定額　　　　1,525,000 × 0.02 ＝ 30,500
　　　貸倒引当金の試算表残高　　　　　　　　　　　　　29,200
　　　　差額補充額　　　　　　　　　　　　　　　　　　 1,300

(6) 本社事務職員：予定計上をしていないので、当期繰入額は「販売費及び一般管理費」として計上する。
　　　現場作業員：予定計上額　　　　　　　3,300 × 12 ＝ 39,600
　　　　　　　　　実際発生額　　　　　　　　　　　　　38,500
　　　　　　　　　過大計上（未成工事支出金から減算）　 1,100

(7)「完成工事に係る仮設撤去費」は工事原価となるので、未計上分は工事未払金として処理する。

(8) 完成工事補償引当金の当期設定額　　2,750,000 × 0.2% ＝ 5,500
　　完成工事補償引当金の試算表残高　　　6,500 － 5,200 ＝ 1,300
　　　　差額補充額　　　　　　　　　　　　　　　　　　 4,200

(9) 本社家賃の前払分は「前払家賃」で処理する。

(10)

　　　　　　　　　　　未成工事支出金

残高試算表	864,000	整理(6)	1,100	
整理(1)	3,200	完成工事原価	2,500	→逆算で求める
整理(3)	2,000	次期繰越	872,000	←設問より
整理(7)	2,200			
整理(8)	4,200			
	875,600		875,600	

(11) 解き方の順序
　① (1)～(10)の決算整理仕訳を行い、「整理記入」欄に記入する。
　② (1)～(10)の段階で「損益計算書」欄と「貸借対照表」欄を記入する。
　③「損益計算書」欄で税引前当期純利益を計算する。
　　　(1)～(10)の段階：収益合計　　 2,754,600
　　　　　　　　　　　費用合計　　 2,320,600
　　　　　　　　　　　税引前当期純利益　434,000

④ 当期の法人税、住民税及び事業税　　434,000 × 0.4 ＝ 173,600
　　法人税等の中間納付額（整理(2)②）　　　　　　　　41,000
　　未払法人税等　　　　　　　　　　　　　　　　　132,600

2. 損益計算書欄及び貸借対照表欄の記入
　　★資産、負債、資本（純資産）に属する科目……貸借対照表欄に記入
　　　　　　　　　　　　　　　　　　　　　　　　（試算表残高±整理記入）
　　★収益、費用に属する科目…………………………損益計算書欄に記入
　　　　　　　　　　　　　　　　　　　　　　　　（試算表残高±整理記入）

演習 8-1

解答

（単位：円）

No.	本・支店	借方科目	金額	貸方科目	金額
(1)	本店	支店	80,000	当座預金	80,000
	支店	当座預金	80,000	本店	80,000
(2)	本店	支店	20,000	材料	20,000
	支店	未成工事支出金	20,000	本店	20,000
(3)	本店	支店	120,000	完成工事未収入金	120,000
	支店	現金	120,000	本店	120,000
(4)	本店	受取手形	75,000	支店	75,000
	支店	本店	75,000	完成工事未収入金	75,000
(5)	本店	支店	27,500	支払手形	27,500
	支店	未成工事支出金	27,500	本店	27,500
(6)	本店	支店	23,600	現金	23,600
	支店	旅費交通費	23,600	本店	23,600
(7)	本店	支店	8,700	減価償却累計額	8,700
	支店	減価償却費	8,700	本店	8,700

解説

● 仕訳のポイント
　「本店」勘定及び「支店」勘定以外の勘定科目の場所（借方または貸方）を押さえる。
　　→それは「本店の仕訳」か「支店の仕訳」かを判断する。
　　→相手科目として「本店」勘定または「支店」勘定を決める。

● 解答例(1)

★「小切手を振り出した」⟶（貸）当座預金
　⟶本店が振り出した⟶本店としての仕訳を行う⟶相手科目は「支店」勘定
　　〔本店の仕訳〕（借）支　　店　80,000　　（貸）当座預金　80,000

★「当座預金に預入れた」⟶（借）当座預金
　⟶支店が預入れた⟶支店としての仕訳を行う⟶相手科目は「本店」勘定
　　〔支店の仕訳〕（借）当座預金　80,000　　（貸）本　　店　80,000

〈参考〉

①本店における元帳

支　店

(1)	80,000	(4)	75,000
(2)	20,000	残高	204,800
(3)	120,000		
(5)	27,500		
(6)	23,600		
(7)	8,700		
	279,800		279,800

②支店における元帳

本　店

(4)	75,000	(1)	80,000
残高	204,800	(2)	20,000
		(3)	120,000
		(5)	27,500
		(6)	23,600
		(7)	8,700
	279,800		279,800

演習 8-2

解答

1. ¥ 5,300　　2. ¥ 500　　3. ¥ 25,000
4. ¥ 92,000

解説

1. 諸勘定の付け替え時の仕訳：

（借）現　　　金	2,500	（貸）工 事 未 払 金	800
材　　　料	1,200	機械装置減価償却累計額	600
機 械 装 置	3,000	本　　　店	5,300 →逆算で算出
	6,700		6,700

2. ① 未達取引の仕訳
　　・未達材料（支店）（借）未達材料　　800　（貸）本店　　800
　　・未達現金（本店）（借）未達現金　1,200　（貸）支店　1,200
　② 元帳記入
　　・本　店

支　店			
未達整理前	2,500	未達現金	1,200
		未達整理後残高	1,300
	2,500		2,500

　　・支　店

本　店			
未達整理後残高	1,300	未達整理前	500 →逆算
		未達材料	800
	1,300		1,300

3. 本店仕入分の合計：336,000 ＋ 189,000 ＝ 525,000

　内部利益：$525,000 \times \dfrac{0.05}{1 + 0.05} = 25,000$

4. ・期中取引

本店の仕訳					支店の仕訳			
（借）支　店 47,000	（貸）備　品 47,000				（借）備　品 47,000	（貸）本　店 47,000		
（借）現　金 23,000	（貸）支　店 23,000				（借）本　店 23,000	（貸）現　金 23,000		
（借）支　店 12,000	（貸）現　金 12,000				（借）交際費 12,000	（貸）本　店 12,000		

　・本店の支店勘定

支店			
期首	56,000	現金	23,000
備品	47,000	期末	92,000
現金	12,000		
	115,000		115,000

演習 8-3

解答

1. ¥ 245,000   2. ¥ 252,000   3. ¥ 389,000

解説

1. 名古屋支店：(借) 本　　　店　25,000　　(貸) 現　　　金　25,000
   静 岡 支 店：(借) 旅費交通費　25,000　　(貸) 本　　　店　25,000
   本　　　店：(借) 静 岡 支 店　25,000　　(貸) 名古屋支店　25,000
   本店の静岡支店勘定：当初残高220,000 ＋ 25,000 ＝ 245,000
   　　　　　　　　　　　　　　　　(借方)　　(借方)　　(借方)

2. 仙 台 支 店：(借) 現　　　金　48,000　　(貸) 本　　　店　48,000
   青 森 支 店：(借) 本　　　店　48,000　　(貸) 完成工事未収入金　48,000
   本　　　店：(借) 仙 台 支 店　48,000　　(貸) 青 森 支 店　48,000
   本店の青森支店勘定：当初残高300,000 － 48,000 ＝ 252,000
   　　　　　　　　　　　　　　　　(借方)　　(貸方)　　(借方)

3. 〈出張旅費の立替〉
   大 阪 支 店：(借) 本　　　店　33,000　　(貸) 現　　　金　33,000
   名古屋支店：(借) 旅費交通費　33,000　　(貸) 本　　　店　33,000
   本　　　店：(借) 名古屋支店　33,000　　(貸) 大 阪 支 店　33,000
   〈支払利息の支店負担〉
   大 阪 支 店：(借) 支 払 利 息　42,000　　(貸) 本　　　店　42,000
   本　　　店：(借) 大 阪 支 店　42,000　　(貸) 支 払 利 息　42,000
   〈本店の大阪支店勘定〉
   　　　　　　　　　　当初残高380,000 － 33,000 ＋ 42,000 ＝ 389,000
   　　　　　　　　　　　　(借方)　　(貸方)　　(借方)　　(借方)

一般財団法人 建設産業経理研究機構
Foundation for Accounting Research in Construction Industry (FARCI)
　建設産業経理研究機構は、建設業経理に係る諸問題を検討し、その成果等に関する情報を提供することにより、建設業者の経理の適正化、人材育成を図り、経営の強化に資することを目的として設立された調査研究機関です。
　次の業務を実施しています。
(1)　建設業経理検定試験のための「概説書」等を含む書籍の発刊
(2)　当機構の機関誌の発行
(3)　建設業経理等に係る各種の調査研究
(4)　建設業経理等に係る各種のコンサルティング
(5)　建設業経理等に係る講演会、セミナー等の開催
(6)　建設業経理等に係る情報システム等の構築と普及
(7)　その他関連する業務

建設業経理士検定試験　学習テキスト 2級

平成30年7月1日　発行　　　　　　　　　　定価：3,300円
令和6年7月10日　第7刷　　　　　　　　（本体3,000円＋税10%）

編集・発行　　一般財団法人 建設産業経理研究機構
　　　　　　　〒105-0001　東京都港区虎ノ門4丁目2番12号
　　　　　　　　　　　　　虎ノ門4丁目MTビル2号館
　　　　　　　電話 03（5425）1261　FAX 03（5425）1262

この図書の全部、または一部の複写、転写及び転載を禁じます。